Visual Culture and Critical Theory II
Everyday Life and Popular Culture
Edited by Joyce C. H. Liu

文化的視覺系統 II

日常生活與大眾文化

劉紀蕙 主編

麥田講堂 3

文化的視覺系統 II：日常生活與大眾文化
Visual Culture and Critical Theory II: Everyday Life and Popular Culture

編　　　者　劉紀蕙（Joyce C. H. Liu）
責 任 編 輯　胡金倫
總 經 理　陳蕙慧
發 行 人　涂玉雲
出　　　版　麥田出版
　　　　　　城邦文化事業股份有限公司
　　　　　　100台北市中正區信義路二段213號11樓
　　　　　　電話：(02)2356-0933　傳真：(02)2351-9179
發　　　行　英屬蓋曼群島商家庭傳媒股份有限公司城邦分公司
　　　　　　104台北市中山區民生東路二段141號2樓
　　　　　　網址：www.cite.com.tw
　　　　　　客服服務專線：(886)2-25007718；25007719
　　　　　　24小時傳真專線：(886)2-25001990；25001991
　　　　　　服務時間：週一至週五上午09:00~12:00；下午13:00~17:00
　　　　　　劃撥帳號：19863813　戶名：書虫股份有限公司
　　　　　　讀者服務信箱：service@readingclub.com.tw
香港發行所　城邦（香港）出版集團有限公司
　　　　　　地址：香港灣仔軒尼詩道235號3樓
　　　　　　電話：(852) 25086231　傳真：(852) 25789337
　　　　　　E-mail: hkcite@biznetvigator.com
馬新發行所　城邦（馬新）出版集團 Cite (M) Sdn. Bhd. (458372U)
　　　　　　11, Jalan 30D/146, Desa Tasik, Sungai Besi,
　　　　　　57000 Kuala Lumpur, Malaysia
　　　　　　電話：(603) 90563833　傳真：(603) 90562833
　　　　　　E-mail: citecite@streamyx.com
印　　　刷　中原造像股份有限公司
初 版 一 刷　2006年9月15日

售價／350元

ISBN-13：978-986-173-091-2
ISBN-10：986-173-091-5

總序
可見性問題與視覺政體

劉紀蕙

一、可見性的問題

　　我們要如何討論文化論述中被固著的「可見性」，以及其背後被消費與交換的象徵價值？我們是否可以討論意識形態所塑造的「主觀狀態」如何涉及自我厭惡、自我鄙視，或是恐懼他者，甚至將對他者之嫌惡加上道德的合理化？當我們討論文化再現時，無論是文化他者或是文化主體，其實重點已經不在於正面形象或是負面形象的問題，而在於如何理解此形象為何被預期？此「看到」的主觀位置如何被建構？如何自行重複生產？其中牽連了什麼樣的主體化過程？我們是否可以檢討不同文化與歷史過程中促成區辨美醜善惡之主觀狀態的問題？

　　洪席耶（Jacques Rancière）所討論的影像倫理政體（ethical regime of images）之問題，便涉及了此區辨美醜善惡的感覺體系。人們對於影像之規範，牽涉了社群與個人的存在樣態，屬於共同社會習慣（ethos）的問題（20-21），例如影像是否真實？影像有何功能？產生什麼效果？是否神聖？是否褻瀆？是否合宜？是否應該被

禁止？然而，這些社會習慣如何被產生，便是必須繼續問的問題。洪席耶指出，我們透過感官所認知而認為是不證自明之事實，其實是基於一套辨識相同事物也同時區分了事物之內相對位置與功能的感覺體系；也就是說，感覺體系之配置（partage）牽連了共享與排除的邏輯（12）。感性政體（regime of the sensible）決定了事物的可見與不可見，可說或是不可說，可以被聽到或是無法被聽到，為何是噪音，以及誰可以說話，可以出現，而誰又不可出現，不可參與。洪席耶所討論的感覺分配之美學政體，牽連了這些感覺的配置，以及區分疆界的體系（42）。

　　「可見性」之可欲求或是被厭憎，並不是人性本然之美感或是善感，而是被文化所強行內置的感覺體系。法農（Frantz Fanon）在《黑皮膚，白面具》（*Black Skin, White Masks*）中十分精采地點出意識形態如何囚禁觀看的模式，以及美醜的區辨，以至於被殖民者同時將自身囚禁於自己的膚色，以及永遠的自卑、恐懼、自我厭惡中。他所討論的「以皮膚的感受方式存在」的內化劣勢感，所謂「劣勢感的表皮化」（epidermization）（法農　68），正好說明了主體的自我意識如何被固著於身體形象的可感外部，而且透過自己看他人如何看自己的想像而定位。概念的空間化透過感覺的空間化而增強，或是說，概念與感覺都被此「可以被看見」的空間化過程封閉而固定，繼而以一種辯證模式反覆彼此增強。被固定化的差異，造成了分離、遺棄與匱乏的恐懼，使我對於不被此系統認可的部分，產生了身體性的排斥、厭惡與推離，甚至刺激了我對於他者的慾望，一種內化為靈魂深處的慾望：

　　　　從我靈魂最黑的部分，穿越暈影地帶，有種突然變成白人的
　　　　慾望將我升起。
　　　　我不要被看成是黑人。我要被看成是白人。

……（白種女人）在愛我的同時，證明了我值得白人的愛。
眾人愛我如同愛一個白人。（法農　129）

此處，我們清楚看到法農指出了慾望結構的問題：我要成為我
自己應該出現的形象，我為了被認可而教化自己、改變自己，渴望
漂白膚色、轉換語言、校正口音，修正姿態、氣質、品味與個性，
甚至口齒與喉嚨嗓音之間的差異，也成為文雅與粗鄙的辨識標誌。
這種近乎無意識的慾望結構，並不依附於體質或是遺傳，而是由文
化內置所造成的（法農　80, 277）。

劣勢感或是優越感，透過被體制化與概念化的「可見性」所操
作；慾望的對象，也以「可見性」而尋找到了向我出現的客體。這
就是為什麼荷米・巴巴（Homi K. Bhabha）直接指出殖民論述以「可
見性」（visibility）作為權力的操作，而牽涉了「看與被看」的機制，
也就是窺看慾望、模擬慾望、監視機制，以及被監視的慾望（Bhabha
375-76）。阿圖塞（Louis Althusser）的國家機器隱喻，也清楚地說明
了意識形態的觀看／監視位置與主體的關係：國家的召喚如同神的
光照亮從屬主體，個體以主體的方式從屬於絕對主體，並執行絕對
主體的意志[1]。傅柯（Michel Foucault）的全景敞視（panopticon）理
論更以隱藏的「眼睛」作為權力核心，此空間具有「縱向可見性以
及橫向不可見性」的特性：權力擁有者應該是可見的，卻又是不可
確知也不可被清楚看見的，而被囚禁者則處於被隔絕與被觀察的孤
立狀態（傅柯，〈規訓〉 200-201）。阿圖塞與傅柯所討論的觀看問
題其實都指向了主體如何進入一個被意識形態或是共識場域所架構
出的自居位置，如何自行約束自己的行為思想，使其符合此隱形觀
看眼睛的要求，而完成了主體的位置，也是主觀的位置。

---

[1] "Absolute Other Subject", "the Unique and Absolute Subject" ("Ideology" 320, 322).

　　然而，這種主體位置與認同工程，正是拉岡（Jacques Lacan）所討論的空間化與視覺化的虛構之「我」。拉岡鏡像理論之重點在於，鏡像階段的內在活動揭露一種投注外在空間形式的欲力能量，此空間化的假想形象可以是神，或是理想的自我、理想的種族與階級形象等。拉岡指出，進入社會的辯證矛盾之前，幼兒的鏡像階段便已經呈現了捕捉固定空間形象的偏執，根據社會辯證關係而建構出的人類知識，更具有偏執妄想的性質（"Mirror" 4）。國家、權力、意識形態的優勢位置，透過主體與對象之間的觀看辯證關係而具體形象化，但其根本是有其誤識與偏執之性質的。

　　拉岡曾經詳細分析過有關觀看的複雜性。拉岡說，我看之前，我已經先被光所照射而被看到，來自外部的凝視決定了我是誰。透過此凝視，我進入了光亮；透過此凝視，我被照相，顯像為一幅圖案（"Gaze" 106）。這個外部的凝視先於觀看之前便已經存在了，觀者被一種「前置的凝視」回望（pre-existence of a gaze）——我只看一個定點，而我被全面觀看（"Gaze" 72）。拉岡認為主體不是如同笛卡兒（René Descartes）之理論所暗示的可以觀看、思考而超越之主體，這種主體已經被化約為點狀而沒有身體的觀看位置。拉岡指出，主體是慾望主體。我們渴望要看的，或是我們被制約而看得到的，已經是在此歷史文化場域中被架構出的對象，一個失去而渴望復得的對象：「凝視之向我們展現，是以一種我們過去的精神動力可以再次尋得的象徵形式出現，也就是說，我們在此形式中看到形成閹割焦慮的匱乏」（"Gaze" 77）。

　　我們所看到的，是我們因焦慮而渴望要看的，這個焦慮起因於匱乏感，或是劣勢感；我們所看到的，是文化要我們看的，那是慾望的對象，是那永遠無法捕獲的「小客體」。我們在圖像中看到的馴化、教養、文明、吸引的力量，也是拉岡要討論的被分離而不斷追尋的「小客體」，"objet petit a"。我們內在動力之分裂就在此視覺

場域中展現。我的再現之場所，我所穿戴的面具，是帶有誘惑之性質的。這個誘惑，使得我要成為我之所以被期待而我渴望成為的形象。這就是主體形象最為矛盾的問題。拉岡指出，精神分析的作用不在於提出解釋世界的哲學觀點，而正是在於讓主體可以從這個絕對凝視的虛幻連結中解除[2]。

　　因此，法農所說的「劣勢感的表皮化」、區辨美醜親疏的口音標誌、靈魂深處從內而外的慾望，巴巴所說的操縱權力而進行窺看、被看、模擬、監視，或是拉岡所說的「小客體」，都是建立於「可見性」的基礎。什麼是「本質」的存在？皮膚、口音與慾望的本質在何處？顯然，「本質」也是被空間化與概念化的可見性。

　　此可見性是如何被欲求？要被誰看？被誰認可？這個可以認可「我」而如同光源一般的「他者」，其實就是我們所賴以存在卻沒有意識到的象徵法則與知識體系。阿爾伯提（Leon Battista Alberti）所提出的藉以區分視域之內高低大小遠近層級的網狀格線（grid），如同知識分類與區隔，實際上是個「光學上的錯覺」（optical illusion）。這個讓我們看到與區隔的象徵法則與知識體系，也同時建立了讓我們看不到或是扭曲視像的界線。

　　本書文章中所提及具有壓迫性的概念化知識，包括西方、亞洲、主體、內地人、本島人、「種的邏輯」，都是建立於被固定下來的觀看位置與空間化形象，所謂的刻板印象便是一例。知識的抽象概念與封閉固定，正如黑格爾（G. W. F. Hegel）所討論的思想否定自身與朝向空間化的暴力：自我意識透過自身外在化的暴力，突破界線，朝向彼岸，而將自我意識對象化與實體化（黑格爾 21）。黑格爾指出，思維的辯證運動，就如同力的往復運動。「力」就是他物本身，力也是回返到自身的力（黑格爾 92）。整體運動是持續

---

2 "We shall cut him off from this point of ultimate gaze, which is illusory." ("Gaze" 77).

不斷的連續體，不可分割。任何思想或是存在的狀態若停止了持續辯證的運動，則會脫離了存有的整體狀態，而僵化為空間化與實體化的概念式命名。被固定下來的概念，是具有排他性與自我犧牲的主觀配置。

檢討「可見性」如何被重複製造或是被挪用，如何成為區隔我他的刻板印象，概念的封閉空間結構如何被完成，主客對立中如何含有觀看、控制、施虐，以及主客位置互換的曖昧關係[3]，則是視覺文化研究可以進行的工作。

二、視覺文化與視覺政體

視覺文化涉及甚廣，從藝術、電影、電視、攝影、紀錄片、廣告、漫畫等再現文本，到歷史的視覺紀錄，文學中的圖像性，論述中的觀看機制，甚至日常生活物件、服裝時尚、都市景觀等文化產物。然而，視覺圖像引發的問題相當複雜。正如巴特（Roland Barthes）曾經在〈圖像的修辭〉（"Rhetoric of the image"）一文中指出，影像之中含有語言、情感、行為、文化、象徵等多重符碼；這些交錯的符碼系統，使得圖像的表義活動牽涉甚廣。而且，閱讀任何影像，我們還需要注意的，是這些符號系統背後隱藏的論述位置。羅莎琳・克勞絲（Rosalind Krauss）已經指出，就以最接近寫實面向的攝影而言，「攝影作品其實是由一組與外界相互鉤連的條件所構成，此構成因而提出了一些新的陳述，此陳述亦可能經過該

---

3 觀看，主客對立時，必然會產生客體化的作用，以及此客體化所牽連的攻擊、否認或是壓抑。知識型本身也呈現了觀點的壓抑性。有關視覺慾望所含有的施虐／受虐，窺視暴露，愛／恨種種複雜情感狀態，以及主客位置互換的問題，可以參考佛洛依德（Sigmund Freud）之 "Instinct and its vicissitudes"，奧托・費尼切爾（Otto Fenichel）"The Scoptophilic Instinct and Identification"。

作品而被調整。我們要注意的問題便是此作品在何種場域中被發言，透過何種法則被執行，牽連哪一些關係而使得此操作得以進行」（"Photography's discursive Spaces" 206）。因此，面對影像，我們除了要注意影像的符號系統之外，也需要注意此影像所呈現的某種預設的觀看框架與觀看位置，以及特定的論述位置。此論述位置的鑲嵌，使得影像可以被當作「檔案」或是博物館展示來閱讀。影像檔案與博物館陳列以繁複的細節與論述層次，反映了當時歷史文化脈絡之下的論述構成：無論是影像中人物的服飾、髮型、肢體語言，或是都市空間、電影廣告看板、商店招牌，或是通俗雜誌的封面圖像與插畫，都會說出當時文化環境的內在結構。其中所牽涉的論述構成，可能是當時的美學論述，也可能是當時的科學或是政治論述，當然也可能是特定文化內的宗教論述。因此，閱讀影像，就像是伴隨著正統歷史文獻而平行延伸的檔案系統，使我們得以一窺整體心態史與生活史的旁枝細節。

　　然而，此檔案與博物館所反映的，時常並不是清楚可見而可歸類的檔案範疇，繁複的論述構成與意識形態之中仍然牽涉了「可見性」的雙向配置。正如前文已經說明，影像牽連了好與壞，美與醜，悅目與刺眼等其實屬於價值系統的美感經驗。什麼樣的影像是不可接受、怵目驚心、引發鄙視嫌惡甚至嘔吐之感的卑賤影像？而什麼樣的影像則是賞心悅目、心嚮往之，甚至是膜拜仿效的崇高對象？這些視覺上的層級區分、安定或是排除，其實已經受制於較大的歷史文化脈絡之召喚和辨認過程，以及認同工程所執行的移置與固著。因此，這些視覺系統所牽扯的，必然涉及文化中有關意識形態，以及族群、階級、性別、國家之權力位置的問題。這些可見性的視覺系統以拓撲學的方式與文字論述並存，或隱或顯，時而以正向的方式補充史料檔案，時而則以負向的方式遮蔽卻又揭露更多的感性政體。

　　二十世紀末葉，思想界與學術界對於視覺理論與視覺文化的研究日益關注[4]。以艾玟絲（Jessica Evans）與霍爾（Stuart Hall）於1999年編的《視覺文化：讀本》（*Visual Culture: The Reader*）來看，書中收入的理論家相當廣泛，包括佛洛依德、法農、阿圖塞、班雅明（Walter Benjamin）、紀德堡（Guy Debord）、傅柯、羅蘭‧巴特、卡佳‧絲爾薇曼（Kaja Silverman）、蘇珊‧桑塔格（Susan Sontag）、羅莎琳‧克勞絲、羅拉‧莫薇（Laura Mulvey）、賈克琳‧蘿絲（Jacqueline Rose）、布萊森（Norman Bryson）、布赫迪厄（Pierre Bourdieu）、巴巴、普拉特（Mary Louise Pratt）等。這些大量思想家與文化研究者的理論架構中呈現的視覺取向，反映了不容忽視的知識體系發展與結構轉變。這些屬於批判傳統的視覺理論提醒我們：探究文化中的視覺系統，並不在處理視覺文本的構圖或是透視點的形式轉變的問題，也不是以自然寫實或是經驗實證的方式尋求文本視覺細節的指涉，而是要進入影像以及文化中有關可見性、

---

[4] 九〇年代前半期的視覺理論與視覺文化研究，以布萊森、邁克爾‧安‧霍利（Michael Ann Holly）及基斯‧馬克賽（Keith Moxey）合編的《視覺理論：繪畫與詮釋》（*Visual Theory: Painting and Interpretation*, 1991）與《視覺文化：影像與詮釋》（*Visual Culture: Images and Interpretations*, 1994），馬丁‧傑（Martin Jay）的《低垂的眼睛：20世紀法國思想中對視覺的詆毀》（*Downcast Eyes: The Denigration of Vision in Twentieth-Century French Thought*, 1993），米契爾（W. J. T. Mitchell）的《圖像理論》（*Picture Theory*, 1994）等書最具代表性。九〇年代中後期，視覺理論則與文化研究關係更為密切，以艾玟絲與霍爾合編的《視覺文化：讀本》最具代表性的。此外，簡克斯（Chris Jenks）編的《視覺文化》（*Visual Culture*, 1995），尼可拉斯‧米爾佐夫（Nicholas Mirzoeff）編輯的《視覺文化讀本》（*Visual Culture Reader*, 1998），馬利塔‧斯特肯（Marita Sturken）與麗莎‧卡特賴特（Lisa Cartwright）的《看的操練：視覺文化介紹》（*Practices of Looking: An Introduction to Visual Culture*, 2001），愛琳‧胡柏—格林希爾（Eilean Hooper-Greenhill）的《博物館與視覺文化詮釋》（*Museums and the Interpretation of Visual Culture*, 2001）等書亦充分顯示視覺文化研究的取向。

觀看位置與視覺化的視覺政體。

　　所謂「可見性」、「觀看位置」與「視覺化」的視覺政體,包括圖像修辭所牽涉的神話與意識形態、規訓機制與論述所隱藏的「全景敞視」、「可見性」的科技問題與政治問題、觀視角度中隱藏的國家機器召喚、種族階級差異或是性別位置,觀看中的主客體相對位置,以及其中雙向牽引的愛恨並存:這些議題其實都環繞著對象被視覺化之後所被賦予的象徵價值、意識形態與情感層級等面向的視覺政體問題。

　　傅柯在《臨床醫學的誕生》(*Naissance de la Clinique*)一書中對於知識體系內在的「可見物」與「不可見物」如何被分配,主客觀看位置如何內化為理性話語之語義與語法結構,如何與說話者與不被說者的區分聯繫,如何觀察此分配/區分的空間化機制,如何透過此空間化分配進行監視與控制,如何扣連了權力的位移,已經做了最為精采的演繹。他以十九世紀醫學經驗話語所展現的「醫學凝視」(medical gaze)為思考問題,討論此醫學凝視如何以自發的運動往復循環,「居高臨下,向日常經驗分派知識。這種知識是它從遠方借來的,而它使自身成為這種知識的匯聚點和傳播中心」(《臨床醫學的誕生》 34)。這種醫學凝視與知識匯聚傳播的轉譯過程,會日益繁衍,在更深的層次上同時發生:透過更深層次的扣合,各種匯聚之知識都是同構物;也就是說,「觀察的目光與它所感知的事物是通過同一個邏各斯(Logos)來傳遞的,這種邏各斯既是事物整體的發生過程,又是凝視的運作邏輯」(《臨床醫學的誕生》 120)。

　　我們不能忽視此種理性凝視與視覺感性政體的深層關係:從醫療體系與法規到社區與個人的關係,擴展到日常生活的感知模式、清潔衛生的概念、歷史的進化與退化、地理政治,以及國家治理的各個層面,都以正負向的模式分享了這個理性知識凝視的運作,以

及事物感知的結構。十九世紀以降對於文藝現象頹廢「退化」症狀的焦慮，以及對於國家之人種退化的焦慮，其實是以一種無意識運作的模式彼此扣連，而輾轉翻譯播散到文化論述與視覺圖像的細節中。透過視覺政體切入，我們可以將理性知識話語、文字藝術感性回應之主觀想像，以及往復循環抗拒命名的真實整體之間，如同波羅米昂三環結（Borromean Knot）的拓撲學關聯[5]，對現實所牽連的符號層、想像層與真實層之間的動態變化關係，進行較為複雜的理解，而不至於停留在現實的平面表象或是固定地層關係的理解。

三、「視覺文化與批判理論」國際營

　　《文化的視覺系統》這套書分為二冊，上冊的主軸是「帝國─亞洲─主體性」，下冊的主軸是「日常生活與大眾文化」。這兩冊書記錄了一場學術盛會。2002 年交通大學新興文化研究中心以及外文系邀請了六位國際學者進行「視覺文化與批判理論」國際營的講座系列，他們是：荷米‧巴巴、周蕾（Rey Chow）、南西‧阿姆斯壯（Nancy Armstrong）、酒井直樹（Naoki Sakai）、墨美姬（Meaghan Morris），以及原本邀請了但是後來不克前來的卡佳‧絲爾薇曼。這六位學者晚近的文化研究都指向了視覺系統所揭露的論述檔案與可見性的問題，以及衍伸出的文化差異與主體性問題。我們也邀請了台灣學者參與回應：丁乃非、白瑞梅（Amie Parry）、林

---

5 拉岡在 1974 至 1975 年間的講座中，使用此波氏結來說明符號層、想像層與真實層三者之間的相互依賴關係，並探討此三者之間的相同處。每一個圓環代表此三層中的一層，因此有一些元素會在此三個圓環的交會處。根據迪倫‧伊文斯（Dylan Evans）的解釋，波氏結至少有三條線或是圓環所組成，不過，這個鎖鍊卻可以無限制的加上更多的圓環，而保留其波氏結的特性；也就是說，如果一個圓環鬆脫，則整個鎖鍊都會散落的現象（18-20）。

文淇、林建國、邱貴芬、陳奕麟、張小虹、單德興、廖炳惠、廖朝陽、蔡明發與蘇哲安（Jon Solomon）。以專業水準翻譯論文的都是積極參與台灣文化場域的學者：朱惠足、吳雅鳳、李秀娟、林秀玲、林建國、賀淑瑋、馮品佳、楊芳枝、廖咸浩、廖朝陽、劉紀蕙、蔣淑貞、蔡秀枝、蘇子中。

　　這兩冊書將當年激烈的學術對話展現在讀者眼前。我們看到理性知識的凝視與主觀位置感知的配置之不同回應模式。「帝國—西方—主體性」是荷米‧巴巴，南西‧阿姆斯壯與酒井直樹在第一冊中反覆關照的問題：影像所呈現的社會文化檔案性格，以及影像所標示出的視覺／空間的疆界，「內」與「外」的文化差異，以及主客體的領域被重新組織，語言中的異域感，以及文化中心與文化邊緣之對立所造成的種族幻想與自我銘刻。「日常生活與大眾文化」則是周蕾與墨美姬在第二冊中所尖銳提出的質問：我們看到有關「可見性」的問題從文化差異與主體論述的領域滲透到日常生活與大眾文化的經驗當中。電影所再次銘刻的亞洲性、壯麗感與種族矛盾，是否是個可以複製的幻影，一個異國情調而可被消費的商品？電影的恐懼敘事是否再次呈現了影像的內與外之分類系統？而動作片、跨國想像、全球大眾文化、懷鄉敘事，是透過影像騷動著不安的慾望、摩擦出不同於意識形態的具有觸感的身體空間，還是透過日常生活與細節的感性回歸，而再次召喚出集體生命模式？卡佳‧絲爾薇曼的〈銀河〉所探討的主體如何透過語言活動追求「知覺同一性」，而使得語言內充滿能量的視覺欲力，主體性亦在此非對象性的語言中浮現，則側面地回應了視覺政體與主體出現的複雜面向。

目　次

Ⅱ 文化的視覺系統

日常生活與大眾文化

文化視角與日常生活

幻影學門[*]

周蕾（Rey Chow）著
林建國譯

　　電影學術研究和其他類型的學術論述裡，近來最常見的一個問題，多以這樣的方式表述：這個學門中我人在哪裡？為何不見我被代表或者再現？我和我族群如此被代表和再現的意思是什麼？我和我族群被隱匿不見了的意思又是什麼？這些問題，關乎認同政治需求之急和遍布之廣，牽動的又是這層關係：再現形式如何陳述主觀的在地空間與歷史。這是電影研究與文、史研究，漸為族群文化所羈絆的一個理由：各個族群（無論國家、階級、種族、族裔，甚至性取向）面對電影的普遍性性格，彷彿各自生產了一個在地變種，強求批評家們就算在談攝影機器的一些共性時，也須處理各個集體性的獨特性。例如1998年美國電影研究學會（Society of Cinema Studies）年度會議的一份報告就指出：「從早到晚九個會議室所發表超過四百篇的論文之中，就有近半處理了族裔、性別和性意識的再現政治學」（Andrew　348）¹。克莉斯汀・格蕾喜爾（Christine

---

* 原文篇名為 "A Phantom Discipline"
1 這份資料取自電影研究史一個旁徵博引的討論。

Gledhill）和琳達・葳蓮斯（Linda Williams）也寫道，西方電影研究目前面對著自己「跨國性理論化（……）之下（……）隨時會出現的瓦解」（"Introduction" 1）。事情演變到這種地步，究竟是怎麼回事？

在這篇只有（英文）五千字空間的文章裡探討這問題，我想回到電影過去被理論化的幾個重要時刻，談談它們如何衝擊過我們今天對電影的思考。我舉的例子難免有其選擇性，不過仍希望以下的討論，可以點出一些有用的普遍性問題。

二十世紀之初當電影吸引了歐洲理論家的批評注目，並未建立在我們今天所認知的認同政治之上。電影使瓦爾特・班雅明（Walter Benjamin）、錫格弗理特・克拉考爾（Siegfried Kracauer）和爾恩斯特・布洛赫（Ernst Bloch）等文化批評家神迷的，反而是它出自技術研發層面的新奇特質，為這個世界複製了它之前所未能想見的相似性。早年電影及其理論的建立雖然仰賴過攝影，但電影和攝影不同，在於它在視覺景觀（visual spectacle）裡複製動作的能力。當這種電動圖像帶來的是種新穎的寫實觀，大大延伸靜態攝影的模擬論，則幾個世紀以來再現機制所本的理論基礎，就得做番徹底的重新思考。就這點班雅明常被人引述的宏文〈機械複製時代的藝術作品〉（"The Work of Art in the Age of Mechanical Reproduction", 1936），討論電影對古典審美觀念帶來的挑戰，就沒有多少其他論見足以匹敵。這篇文章，連同他論夏爾・波特萊爾（Charles Baudelaire）抒情詩之作，藉著描述他所稱氣暈（aura）之敗落——氣暈作為根植於藝術作品原創時空裡所有的獨特性質，定義了電影的這番美學挑戰。對於班雅明，影片之徹底被技術穿透，促成它在符號學意義上明顯不過的透明度，意味著一個全新社會學態度的出現，使得再現跟複製性而非不可替代性聯結，從而為我們塑造出種種對於再現的期待；可以一再重複的拷貝，而非單一的原件，如今成了重點。班

雅明視此根本上的聖像破壞論（或視此原作神聖性的剝離）為一種
解放。技術上可被複製的影片圖像，此刻不再受到特定時空和歷史
的限制，而是隨處可得、可被世俗化，因此也就可被民主化。

　　如此回顧，有必要指出的是班雅明等批評家這種對電影景觀的
看重，而這份關注在當代電影研究裡似乎不再看見。就他那一代的
批評家而言，影片忠實而又不加選擇的寫實觀──準確地記錄，卻
又不做區別──宣示的是人類的視力被攝影機之眼超越。他們所理
解的電影起源，於是帶著某種非人性論的意味，即使電影提供的實
用性服務是用來講人的故事。如此根植於機械本身的精密、效率和
完美的非人性論，在二十世紀之初完全是被正面地看待。電影既然
擴大和延展了種種這些可能性：捕捉運動、記錄色彩、迴轉逝去的
時間，放大、加快或是舒緩生命中稍縱即逝的片刻，電影也就首先
被視為一項躍進、一個對人類感官內在極限的超越。一如塞爾給・
愛森斯坦（Sergei Eisenstein）、齊卡・維爾托夫（Dziga Vertov）和雷
夫・古雷曉夫（Lev Kuleshov）這些早年蘇維埃電影導演的理論工
作和實際操作所示，電影在班雅明的想法裡是一道轉變所有能見物
的力量，用以增強、繁衍、多樣化它的維度。電影也就促成視覺無
意識（the optical unconscious）的出現：一方面是向來就是無意識的
視覺的浮現，而跟著浮現的又是視覺形態裡的無意識。

　　早年對電影景觀所進行的這些理論工作，曾粗略描述過觀賞者
的回應。電影當年雖與再現性的寫實觀聯結甚密，卻不盡然假設觀
者位置的穩定性。湯姆・甘寧（Tom Gunning）便說：

　　　動畫的出現，雖常與準確度和科學方法聯想，其實所引發的
　　還有令人驚奇的效應、神祕而又難解的奇觀。故而寫實性再現
　　中所見的新發明，不必然將觀者確立在一個既穩定又安妥的位
　　置。反而，人們對動畫這般迷眩，加上動畫極其生動的意象，

所帶來的是全然的模稜與曖昧，甚至頭暈目眩。（326）

　　總之我們不該忘記的是，當初電影主要被當作是一項技術躍進
時，這番景觀所帶來的曖昧模稜、頭暈目眩，如何又被批評家們理
論化。雖說觀眾看電影時恍如置身畫內，他們之缺乏（主體）穩定
性，一般認為是舉世皆準的經驗，並不從收受經驗的個別歷史去理
解。班雅明或許出於這層理由，論述中大量使用了震撼（shock）
的概念：在他眼中，這份作為現代主義全盛期出現的感受，可跟蒙
太奇等同，並可往上追溯到波特萊爾的藝術作品和佛洛依德的分析
工作（這只是其中兩個例子）。正當其他批評家以本體論式的審美
觀，看待這份電影中經驗到的震撼，視之為突兀性、猛烈度、消逝
片刻的瞬息感等諸種經驗的成果[2]，班雅明則認為震撼可大大有其
政治意涵。這點顯見於他對貝爾托特·布萊希特（Bertolt Brecht）
史詩劇場的討論（詳〈什麼是史詩劇場？〉["What Is the Epic
Theater?"] 和《瞭解布萊希特》[Understanding Brecht]）。其中他指出
電影蒙太奇的等同設計，可以用在劇場場景裡（指戲中不帶感情的
外來者闖入，擾斷、中止行進中的舉止跟動作，促成一個凍結場景
的出現），在在顯示班雅明最具啟發意義的洞見，取自內在於美學
形式某種陌生化的能力，並賦予這能力一個批判性反思的意向。
（他未完成的《拱廊商場研究計畫》[The Arcades Project] 所提辯證影
像的概念，或可歸類為這類視覺元件的集合，有助於發動歷史變革
之用）。於是把影片視為震撼來處置，並由此引申，把此一電影景
觀的特質跟觀賞者的總體反應聯想，班雅明也就視電影為一個前瞻
性（forward-looking）的媒體[3]。當然這點看法可能帶來的政治危

---

2 例子可舉法國導演和電影理論家讓·厄普斯坦（Jean Epstein）上鏡性質（photogénie）
　的觀念，被他定義為難以言詮與定義的電影本質。

害，他自有所察，何況在他所處的一九三○年代，影片一樣容易被納粹和法西斯操縱。只不過他這樣的強調，純屬烏托邦，祈求電影表徵所有進步的可能。

　　相形之下，於一九五○年代法國寫作的安德列・巴贊（André Bazin），就未曾對電影景觀抽象而又震人的效應有過熱衷。反而他是從電影影像的本體論（ontology）角度進行理論化工作，視時間的保存為這影像的功能。他寫道：「攝影（⋯⋯）為時間抹上香料以防腐，純然解救它於自然的腐化。（而在電影裡）事物的影像，則是有史以來第一次，也是它們續存的影像，彷彿是變異化身為木乃伊」（*What Is Cinema?* 14-15）。如果電影在早先一個世代，跟作為進步表徵的時間有所關聯，則巴贊的理論重點也就全然迥異。電影在他的年代不再是新奇的事物，而是大眾文化的家常便飯，三○年代曾令理論家們雲湧的影視震撼，如今讓位給巴贊文字裡現象學導向的沉思，而似非而是的地方是，這沉思都和時間的留駐與中止有關。正當作為靜止時間的電影影像，提供了班雅明採取歷史行動的動力，所提供巴贊的卻是他的回望，回首眷顧著不再存在的那點什麼。早期電影理論論述所見有滿懷的希望和未來主義，如今因為進程結束，而由某種懷舊情愫取代。結果時間在電影景觀裡成為化石，也在那裡獲得救贖[4]。

　　儘管有人批評巴贊，不過他之把電影影像理解為逝去的時間，並不意味他的電影理論在政治立場上就必然後退或者保守。事實

---

3 班雅明同代人布洛赫即將此前瞻性潛能發展為一道希望原則，他有關影片和大眾文化烏托邦式的論見，影響了其後幾個世代的文化理論家，其中又數詹明信（Fredric Jameson）最有名。（詳珍・M・歌恩斯 [Jane M. Gaines] 相關系譜學的討論。）克拉考爾則是另一位班雅明當年同道，寫過大量的電影文章。

4 就這點，巴贊跟許多早年的電影理論家一樣，仍仰賴攝影及電影與它的類近性來思考電影。

上，當他看出電影影像（總是已經）蘊含在追溯既往的效力之中，也便機敏地解析它是如何被蘇聯當局利用，所懷的政治目的，有別於資本主義好萊塢（詳他 1950 年〈蘇維埃電影中的史達林神話〉["The Stalin Myth in Soviet Cinema"] 一文）。在這些宣傳影片中，約瑟夫・史達林（Joseph V. Stalin）總以軍事天才和不朽領導的身分出現，更現身為族中長者和里鄰朋輩，總是和藹可親，樂於協助百姓。巴贊透過他對這些影片的描述，發現電影景觀在蘇維埃導演的手裡，變成了一個全真的現實，一個完美的形象，使得真實世界裡的史達林必須想辦法匹配。巴贊於是說，史達林雖然活著，卻好像被當作死人看待；他在自己發亮的形象旁邊只能懷舊賴活，一次又一次無望地嘗試變成自己。真實世界裡的史達林成了史達林形象拙劣的模仿。有趣的是，巴贊這般對蘇維埃宣傳影片尖銳而又敏銳的解說，所動用電影影像的理論並未取自其震人的效應，尤指具備變革潛力或是對未來滿懷希望的那種，而是來自電影影像穩定、恆常、靜止的效應。電影影像在這裡擁有的是不朽時間的地位，逼迫我們回顧更好、更大、更輝煌已逝的過往。巴贊所帶給我們的精闢教誨是，懷舊就像對未來的期待一樣，可以歸咎於電影影像，本身一樣可以是徹頭徹尾的政治信息，當然也就可以激發行動。

在歐陸，這一番跟電影影像的時間性在理論上的往還，傳統上重心多放在影片與其再現世界的關係。及至一九六〇、七〇和八〇年代，電影在英美學院取得學術地位以後，情況有了不同發展。電影作為一個知識研究的領域，為了尋求體制上的合法地位，只有訂出自己更細緻的學門特色。一方面，繼續把電影景觀做更抽象的理論化是有其可能，尤當符號學取得批判支點之後，電影也就被視為表意功能的一種。克利斯典・梅茲（Christian Metz）的著作，特別是《語言和電影》（*Language and Cinema*），以及《電影語言》（*Film Language*），即開出一條思考路徑，問問電影是否可以算是索緒爾

（Ferdinand de Saussure）定義下的語言；如果不是，電影的運作邏輯
又會是什麼。梅茲的計畫，主要在形構出結構體的感知可能性是在
哪裡。這結構體是一個排列組合的網絡，有其物質性，概念上和肉
體的「粗俗」物質性必須有所區隔。梅茲及其弟子們的出現，遂使
電影的理論化從班雅明和巴贊各對視覺景觀的執著，細密地推進到
電影之產生，以及組織意義的內在規律去。這樣的理論化走得越是
唯心、唯理之後，包括梅茲在內的電影批評家（如他《想像界符指》
[The Imaginary Signifier] 一書所示），最後便落得向精神分析折返，
藉作理論周濟，下探人的幻想與慾望等更為棘手卻又揮之不去的議
題，不過也觸及了性意識的政治面向，一補符號學解釋常見的闕漏
[5]。如今回顧，我們不免看見符號學和精神分析是兩道朝內看的運
動，分別作為各自門規建立的時刻。這點就電影研究掙扎著尋求自
己身分的建構而言，有其症狀性的意義。無論是透過電影符指所做
的苦工，或是透過各主體性被電影機器隨處招呼（interpellated）所
做的差遣，電影研究基於大環境的專業壓力，也就只好來這麼一番
（借個術語）「鏡像自我反照」（mirroring）了。

　　而時間這個老問題，雖然過去多半只在電影影像的層面論辯，
現在就在這節骨眼上碎得體無完膚。時間再也不能被抽象地把握，
純被視為未來或者過去；既然看似不證自明的電影影像，本來就藉
由心智、文化、歷史各個過程產生，有關時間的理解便得從這兒開
始。於是對電影影像先天本性的這番關注，乃漸而移位到討論觀閱

---

[5] 有關符號學和精神分析之間複雜的緊張關係，泰瑞莎・德・蘿雷蒂斯（Teresa de
　 Lauretis）即做過很具啟發意義的歷史考察。她引用了女性主義理論同門蘿拉・莫
　 薇（Laura Mulvey）的看法，點出烙印在這層緊張關係裡的性別政治，而她自己的
　 論述正是很好的例子，說明這兩種理論模式如何在作影片分析時可以兩相合作。
　 一九八○年代，建立在莫薇理論貢獻上女性主義電影理論方面的其他代表性研
　 究，可詳絲爾薇曼（Kaja Silverman）和竇安（Mary Ann Doane）等人。

情境（spectatorship）的政治。在一九七〇和八〇年代的英美電影研究裡，如甚具影響力的不列顛期刊《屏幕》（*Screen*）上所見的，歐陸焦點原先都放在電影影像上，現在逐步被其他形態的問學方法補強和取代。它們整合了以下理論：馬克思主義、結構主義與後結構主義、精神分析（代表人物有拉岡 [Jacques Lacan] 和路易・阿圖塞 [Louis Althusser]）。然而卻是女性主義電影理論——達德理・安德魯（Dudley Andrew）所稱「英美電影研究最早也最顯著的創發力」（344）——真正帶動了這番針對歐陸焦點徹底的重新擘畫。

蘿拉・莫薇（Laura Mulvey）於1975年的開創性論文〈視覺快感和敘事電影〉（"Visual Pleasure and Narrative Cinema"），便把電影影像的問題（連同其時間意涵），轉化為一則故事，並且是她認為性別上甚為偏頗的故事[6]。她並未視電影影像為單一的整體，反而是以解構的策略伺候，透過敘事議題的導入，將視覺上既明顯而又統一的現象解體。對那個決定某些特定影像如何被觀看的敘事元素，莫薇稱之為凝視（the gaze）。最重要的是，莫薇稱此影像和凝視之間的時間落差為父權。她於是認為，至少就古典好萊塢通俗劇而言，男性窺望癖開立了凝視別人的指令，結果女性只合扮演被動兼被拜物的客體，成為供觀賞用的漂亮形像。莫薇有她明確的目標：「有人說，分析快感或是美感就是將它們破壞，這正是本文的立意」（"Visual Pleasure" 16）。梅姬・漢姆（Maggie Humm）於是說：「莫薇的論文標示的是電影理論一個認知上的大躍進：從形式主義而又未標示性別差異的符號學分析，跨一大步瞭解到觀看影片

---

6 就電影層面的敘事問題做其理論思考，當年並非只有莫薇一人。她的同道包括了讓—路易・波特里（Jean-Louis Baudry）、梅茲、史提芬・希斯（Stephen Heath），以及保羅・維爾門（Paul Willemen），當年都對電影敘事各自發表了重要的看法，然而卻只有莫薇提及性別政治。

時，牽涉的總是主體標示了性別的身分」（17）。莫薇因為堅持電影
及至最底層，是被（異性戀的）性別差異所結構，乃完成了她男性
同行們所不感興趣之事：將電影影像及至目前自發與物化的地位敲
開和抽離，將之重新安插在進行著的男女文化爭戰的劇情中——那
個由意識形態和敘事迫害所發動的劇情[7]。

　　對於電影影像強占、欺瞞的個性，女性主義電影理論的質疑有
憑有據，並以勇敢的作為打造其政治立場，避免女性觀閱者失去自
我，完全跨入男人所生產有關女性之性的電影影像。然而，這樣不
正又落入——借用馬丁・傑（Martin Jay）研究現代法國理論的詞彙
——偶像恐懼的知識傳統之中，雖然本意並非如此？這個說法我傾
向同意，卻有必要附加說明：在理論和體制層面偶像恐懼可帶來不
小的收穫[8]。所帶來的反面動力，認知到電影影像壓抑了某些存在
影像之外的事物，正好形成電影的研究往學界擴散時習見的母題：
先是在英語學系，多半視電影為通俗文化來接受；再是外國語言與
文學系，把電影看作又另一個學習「他者」文化的方法；最後是在
大學所有社會科學與人文系裡，把電影融入現在流行的對所謂全
球傳媒現象的討論。意即女性主義電影理論在英美世界，啟動了電
影研究在學院體制裡的散播，很像米歇爾・傅柯（Michel Foucault）
所稱壓抑假說（the repressive hypothesis）的操作：概念化被壓抑的

---

7 詳漢姆細緻的陳述，將莫薇文章置於一九六〇和七〇年代聯合王國的歷史文脈。
　　當時也正好是不列顛的知識界左派，跟壯大中的女性主義理論相遇的時刻。
8 舉個例子，它問了電影生產政治學裡一個重要的問題：我們有哪些辦法去製作以
　　不同方式被敘述的影片？許多針對莫薇論戰文字而引發的批評，包括一九八〇年
　　代女性主義，都聚集在她之破壞快感的觀點，遂有人提出反論，試著為快感的正
　　面價值平反，特別是女性觀閱者的快感。我的論點完全不同，因談的是莫薇原本
　　所做的反面進撃，如何在智識及體制層面帶來斬獲、如何可被複製，跟我們（充
　　塞了影像的）大環境文化中的偶像恐懼，又是如何引人深思地結合在一起。

對象（連同對欠缺 [lack] 和閹割的投注），是以論述的繁衍和增殖來做增強。（於是莫薇用來攻打陽具中心論的「政治武器」，竟是佛洛依德派的精神分析，便非純然的巧合了 ["Visual Pleasure" 14]。）不過這例子特殊之處在於，壓抑假說已被叫到視覺場域裡運作，並以偶像恐懼的形式現身；至於壓抑所被假定的作用者（是為欠缺之來源），就似非而是地沒有別人，只有（飽滿、自足的）電影影像本身[9]。

　　由於從電影視覺場域，到敘事性及意識形態研究所發生的典範轉換，概由壓抑假說的力道所帶動，這一轉換的影響，便大大超出電影研究的範疇。就學術角度而言，這類典範的轉換理應帶來關於各類差異性的研究。莫薇這篇論文發表之後的這幾十年[10]，電影與文化批評家們引申了她作品的意涵（通常也做了化約），對電影影像的自然性質做了一番問題化的處置。電影理論和分析的焦點，也就不再限於影像本身、其魔力，或是其變得永恆不朽的本能，而是

---

[9] 莫薇對古典好萊塢電影的批評，從她根除西方影像的隱然目的來看，我們自可視其論著為不列顛對法國一些理論家政治企圖的回應。他們包括茱莉亞·克莉斯蒂娃（Julia Kristeva）、菲力普·索列（Philippe Sollers）和羅蘭·巴特（Roland Barthes）等人，概為法國期刊《如是》（*Tel Quel*）的同仁，期刊並於一九六〇和七〇年代期間，刊登過對西方思想批判、對毛派中國常作理想化的文章。關於二十世紀中期歐洲前衛派對非西方事物本身的迷戀、英美女性主義電影理論對佛洛依德派精神分析的採納（目的在發展出烏托邦式的另類出路），以及傅柯之批判壓抑假說隸屬於體制的生產性（連同此壓抑對一些概念如欠缺和閹割的高評價），凡此種種形成了一個聚集各樣複雜度的無限組合，有待一番整理。至於所做出的整理，又該如何顯示電影的視覺場域直到今天所做的理論化，意義是在哪裡？顯然又是個大問題，只能在篇幅更長的論述中處理，只是在此我至少需要提一提。

[10] 有必要記上莫薇一筆的是，她在歷史的後見之明中，批評了之前論戰意見裡自己的二元對立觀，修訂了早年的一些觀察。詳其〈轉變〉（"Changes"）一文（1985年首次發表）。

逐漸轉向辨別與批判敘事跟意識形態如何交織出影像的進程。比爾‧尼可斯（Bill Nichols）言簡意賅地這樣總結此一大勢：「相對於一個客觀、外在的世界，以及透過語言傳達出來關於這世界的真相，視覺事物不再是手段，用以鑑定事實的可靠性。視覺事物現在組成了主體經驗的意識界，作為知識的場所，還有權力」（42）。正當莫薇這些女性主義批評家，持續改造女性主義質疑父權的論述模式，其他批評家則以其他類型的社會性問學法，將凝視和影像之間的落差，從階級、種族、族裔、國家和性取向角度，揭開視覺性和身分認同上支配模式的壓抑效應（例如，可以想想有關東方主義再現機制的後殖民研究中無數的批判）。與此同時，他們也對內在於各種形式觀閱情境中的模稜與曖昧做出理論化──由此推之，也觸及了各種形式的觀看和主體性。

　　在這些摧毀快感跟美感影像的集體努力之下，時間的問題架構又有了怎樣的變化？一方面，時間變得無限地多元和相對：既然每一群觀閱者都帶著自己的企求、質疑問題、政治議程去面對電影影像，我們變得很難只談影像本身，反而得有意願將影像植入前述各個進程重新觀閱、重攝影像、重新組合。這或許解釋了何以出現那麼多的出版品討論電影製作，討論各個不同文化裡電影的收受（巴西、華語、法、德、香港、印度、伊朗、以色列、義大利、日本、韓國、西班牙等，都是幾個常見的例子）。與此同時，這種理論化電影影像的多元文化途徑，卻又讓人覺得似乎大可預測；在地文化就算不同，各個文化族群面對電影影像時所採行的理論步驟，常見的卻是相似或是資歷相通的批評特權。這份特權可以這樣說明：「各具特色的文化興起，及至具備能見度以後，重心便從普遍性中的各個民主型（法律之前人人平等，無視性別、膚色和性取向等的差異），基進地移位至個別性，所堅持的平等正好建基於性別、膚色和性取向等等的差異之上」（Nichols　40）。如此「性別、膚色

和性取向等等的差異」，於是都只繁衍了大量研究議程、爭取體制空間和經費的競爭，連同包括出版、學生的訓練和出路在內種種自我複製的機轉。本文開始時提起的身分認同政治，難免就是一些（時間意義上）這樣的難局，出自壓抑假說在電影的視覺場域裡運作時，典型的增殖與散播機制。

　　然而反諷的是，電影研究雖引發了知識界的熱度[11]，在眾多大學的人文教程裡仍居相對邊緣的位置（若與英語、歷史，或是比較文學相較）。難道是一九六〇年代以來的專業化嘗試已經失敗？而又難道各理論家把學門變得專精的努力，只落得幻影一個？這些問題，至少有兩種辦法可以回答。

　　電影作為學界一個學門如果形如幻影，未取得中心地位，是因為和其他類型的知識生產有著密不可分的關係。今天的人文科系教師，無論電影是否他們的專長，都會將影片或其片段納為教材，進行得理所當然。同理，一股穩定的出版量來自（像我這類）愛好電影的業餘人士，只是我們都不具備電影研究的正式訓練，通常並還持續從事其他學門的研究。正因為電影多半定位在以下兩者之間的縫隙：一方面電影是具體可感、可作檔案歸類的產品（專精的建檔功夫和館藏體制成為必要），另一方面，電影又是世世代代觀眾著迷卻又稍縱即逝的經驗（是為他們小資產階級生活之經緯），恐怕它永遠只能是個模稜、曖昧的研究對象，疆界開放而又不穩定。然

---

11 目前已有好幾個出版社提供了電影書籍的出版系列，其中包括印第安那、劍橋、哥倫比亞、加州、伊利諾、德州、普林斯頓，以及不列顛電影學院（British Film Institute）。電影及相關視覺文化的文集不斷出現在書局裡，可詳以下各編輯較為晚近的編著，如格蕾喜爾（Gledhill）和葳蓮斯（Williams）；希耳（Hill）與姬蒲森（Gibson）；菰甌哈特（Shohat）與斯塔姆（Stam）；裴特羅（Petro）；安德魯（Andrew），由莎芙多（Shafto）協助；艾玟絲（Evans）與霍爾（Hall）；汀格康姆（Tinkcom）與薇拉里荷（Villarejo）。

而此處蘊含著的，可能就是它智識前景最有意思的地方。雖說批評家如格蕾喜爾和葳蓮斯，視目前處境（也是）一個「全球化多媒體之後電影即將解體」的情境（Gledhill and Williams 1），我倒覺得，要說電影的未來已讓位給新的媒體為時甚早。反而，這不確定的一刻，提供了我們寶貴的機會，以相異於目前通行的角度，重估電影帶來的衝擊。

　　這也就帶到我的第二個論點，以及幻影的另一層含義。馬克思告訴我們，商品欲發揮它最大的力量正是透過幻影。意思是，某種符號學的等級階層現在被翻轉一過，使向來純被視作影像和再現的（它們均次等於真實事物），以其散發感染力的優先性，逐漸蟠踞整個社會：作為商品的擬像（simulacrum）它侵占了（並被誤以為是）出自人類勞動的原件。當女性主義電影理論使我們警覺女性在電影裡被拜物的地位時，其間的偶像恐懼，極其重要地呼應了一九六〇至七〇年代初期政治運動所伴隨的道德感，用以尋求軍事暴力的終結、賦予公權被剝奪者公民的權力。然而一如當年充滿自覺的抗議行動和示威，正因女性主義電影理論從某種壓抑假說的邏輯裡取得力量，它便同步傳達另一個信息。這信息是，性別與性意識的政治（連同種族、階級與族裔的）就是媒體景觀的政治[12]。說實在，女性主義批評家的決心，用以顛覆廣布的女性拜物影像，意味了當年擬像的政治學如日中天；這些先以機械再以電子方式生產的影像，也就很快成為一個實在並無所不在的戰場。於是從一開始，女性主

12　一如南西・阿姆斯壯（Nancy Armstrong）所說：「六〇年代政治運動的舞台上發生了一個重要的轉變：從我們堅持認為是真實的（real）實際行動與衝突層面，轉進到論述、再現和表演的層次，在那裡我們如何想像跟真實界（the real）的關係，由衝突本身所決定」（42）。她的論文激越地討論了維多利亞思維裡偶像恐懼的遺緒，跟一九六〇年代美國，以傳媒為對口的運動事件引發所謂的文化轉折，兩者之間的連接。

義電影理論家們便面對著矛盾的任務。一方面，在陽具中心論的凝視之下被模擬（再）生產的電影影像（或視覺場域）必須根除，另一方面，她們又須嘗試再僭用電影影像（或視覺場域），以一套另類的凝視、歷史與目的從中滲透。她們否決了一群影像製造者運作力的同時，對於之前無緣取得這運作力的人們，又得起而頌揚這運作力。如果電影影像曾對女性做出錯誤的再現，她們難免就須主動做另一再現，而且還主動爭取擁有及運作視覺場域、為婦女們虛構影像、為她們廣播故事，彷彿只有這樣，女性主義電影理論才能成其解放婦女的政治大業[13]。

於是，找出自己（屏幕之內之外）的正確形象、鏡像和再現這種嘗試，作為定位身分認同的終極手段，是我們這個不斷擴張的幻影場域裡，一個新出現的拜物式閱讀。而且這被拜之物，連同它各類擬像，用以貫徹身分認同、主體性與運作力等鬥爭信念的，不再局限於性別政治，而在各個學門裡廣泛地重複與複製；對影像的非難，跟著的常是影像大量的滋生與流竄——不是有關不同階級人們的影像，就是不同的種族、國家或性取向。

認同政治本身的走勢雖然很後現代、很花俏，在我所簡略勾勒電影影像的歷史文脈裡，反而會是個政治倒退。認同政治既堅持說，人造影像反正就跟各文化族群的生命、歷史呼應，也就暗中對這些影像投以一個擬人化的寫實主義（an anthropomorphic realism）。據早年理論家們所見，這正好又是影片偶像破壞論過去所要摧毀的。我們不要忘了，屏幕上所出現的是影像而不是人，對電影身分認同由認同政治帶動的陳規認知，便須揚棄。我認為，接

---

13 異性戀色情畫在電影發源時曾參上一腳，如今以相同邏輯，將女性身體赤裸地拜物化，做商品買賣之用。是為再現政治學不斷丟給女性主義理論一個爭議性的挑戰，作為案例深具典範意義。詳葳蓮斯敏銳的分析。

受這些影像的人造本質，會將我們解放自表面兼肉身認同的束縛，提醒我們經濟學和身分、幻想之間尚未理論化的關係。最近西歐和北美對東亞電影的著迷，正是一個適恰的相關例子[14]：面對撩人的電影影像，我們應該試著讓這份著迷，指向背後某種亞洲性真身，還是做得中肯一點，視亞洲性本身為一個可以複製的幻影，一個異國情調的、可被消費的商品？把這亞洲性搞得好吃又好入口的，不只是功夫傳奇、動作喜劇、愛情故事和史蹟列傳等電影文類，還有成套的多媒體論述（烹飪、服飾、草藥、買春、小孩領養、非法移民、模範少數民族的政治等等），同時被資本在全球的流通所支配，同時並對這流通做出貢獻。如果東亞電影不必再經受一次壓抑假說的儀式，如果其影像漂亮的表面，不必被偶像恐懼論撕開，並堅持遣返到某種再現前的真實界，我們又該如何將目前的處境理論化？

　　電影面對著現代性裡身分認同的問題時，若占據了相對優勢的地位，是因為作為媒體的電影一直教導我們，互動性同時也是商品化的過程[15]，這點早在互動性的概念被包裝、同質化、緊緊鎖在鍵盤和電腦螢幕之間的點按關係之前，就已經發生。在人造與人性、亮麗與俗麗之間，在烏托邦的吸引力和粗俗娛樂的低下之間，電影影像百年來都在把這麼一種模式的互動性大眾化，將之散播。其間任何的身分認同，都必須是人的內容、感官、情緒，跟機器和經濟兩個進程危危然相契合的結果。我們有待處理的課題，是電影把人

---

14 例如特森（Tesson）、克爾（Kehr）諸文。東亞電影、導演和男女演員，除了現身世界各地影展，贏得主要獎項之外，也穩健地湧進西方主流電影在西歐和北美的各條通路。晚近討論此一課題很有意思的幾本書，有博威爾（Bordwell）、兒麗希（Erlich）和德塞爾（Desser）、丘靜美（Yau），以及吉本（Yoshimoto）。

15 歌恩斯（Gaines）指出道，電影雖然常和資本主義的消費觀聯想，但是作為商品的電影，其組成成分是什麼卻又曖昧不清，有待進一步思考（105-106）。

本身打了個叉的基進意義——更確切說，把人類當作幻影物體來召喚的意義。

本人要感謝麥可・絲爾薇蔓（Michael Silverman），提供了本文題目的靈感，以及很有助益的評語和批評。

理論的抗拒[*]

周蕾（Rey Chow）著
蔡秀枝譯

一、知識區隔化（compartmentalization）

　　在有關當代批評著述的論戰中，攻擊後結構主義理論，指稱它是菁英主義，說它是一種遺忘現實的現象，這樣的論點已經變得有些稀鬆平常。事實上，這個在一九六〇年代後期和一九七〇年代，於後結構主義萌芽時期所引發的熱烈爭辯——這個將長久以來，如語言、主體、文本和意義等被珍藏和自然化的概念，加以問題化的論戰——在今日，仍繼續時而復出在最負盛名的學術期刊的篇章中，這樣的狀況的確有些令人驚訝。雖然批評家抱怨的內容，在經過經營後，已經變得較為精巧，所以當時所謂後結構主義的弊病，現在則是因後殖民主義，尤其是有色女性的聲音[1]而益增，但是爭論中掛念的，卻仍舊是語言的角色這個議題。而這也正是我本篇論文想要討論的議題。

---

[*] 原文篇名為 "The Resistance of Theory; or, the Worth of Agony"

[1] 見最近（一九九〇年代末期）蘇珊・格巴（Susan Gubar）的申訴（878-902）。

在對理論進行攻擊（theory-attacking）的儀式中，語言的角色總是被典型地當成是一種溝通的工具。在這個論點中所暗藏的一個假設，就是這個工具需要保持清晰、透明，即使當它所要傳達的主題是非常的困難的時候，也必須如此。換句話說，語言之所以存在，僅是為了要成為一個管道，而它的功能，就是要傳遞有關世界的訊息、事件與問題，但是，絕對不是要傳遞有關語言自身[2]的任何問題。這並不是個新主張，而有關常識（以及清澈的語言）和抽象思維（令人困惑的語言）之間差異的辯論，也是現代性的一個特色。然而，一旦我們將這個論戰置於現代性的脈絡之中時，有一點特色將必須立即補上：那就是，這些對語言的清晰與透明的要求，事實上都僅只是選擇性地加諸於某些知識的生產之上，而並未因之加諸於其他種知識之上。在高等教育中，這樣的情形主要是存在於人文的訓練中，尤其是那些處理假設每個人都能理解的事務——例如：故事敘述、小說閱讀、寫作等等——因為這些領域是被認為是要遵守這些語言的要求的。然而奠基於科學和科技（例如醫學、電腦科技、工程、生化研究等等）或法律等這些建築在曖昧的、不能穿透的語言上的學科訓練，則被認為是無法為一般人所能理解，而且它們顯然特殊化的語言用法，似乎並沒有因此被貼附上這個持續的污名。在其他這些學門裡，語言的不可親近性，反而被當作是執行者專業的表徵，而不是反啟蒙主義的表徵：依據這樣的邏輯來看，如果一個科學家、醫生，或律師能夠以每個人都能看得懂的方式來寫作，那是可以的，是很好的——但是這將是人們額外的獲致，因為人們並不期盼他或她要如此做。

---

2 關於這進行中的論辯，有一個眾所周知的例子，請見喬治・歐威爾（[George Orwell 166-77]）。喬治・歐威爾認為現代英語的「劣質化」是導因於政治強制下的順應與腐敗。

　　這樣有關語言應該如何被使用的兩極化的假設——一端是人文學科，另一端是科學和專業交易——應該要放在一個更大範圍的歷史景象之中，並且我們必須將二十世紀末這個較小的，雖然並非比較不具批判性的，所謂理論和推介理論的批判性著述的論戰置於其中來看。如果語言已經被壓縮到是一種工具主義的形式（它早已被其他抱怨理論語言的「腐敗」的批評家們給壓縮到此境地），這樣的工具主義本身，其實也早已經是現代主義將人文知識的生產和播散當作一種「傳達」的發展，因而製造出來的產物。在這樣的發展中，相對於一個日漸專業化的世界，人文知識無論如何總是被人們期待著必須繼續是宇宙共通的和相關的，也就是說，每個人都應該有資格、有權利瞭解它（然而科學與專業交易卻被允許擁有更嚴格的會員資格）。這樣不公平的知識區隔化，意味著語言的使用已經被階級性的做了區化：如果某人恰巧探求的是人文學科——譬如寫作小說——那麼不管他的知識是多麼地深奧，他都沒有權利像火箭科學家般，可以自由地選擇與使用他的語言。人文學者不能夠擁有科技語言，因為人文學科非關任何科技事物；他們處理的是一般人的事物。當然，人文學者操控下的語言，必須仍舊是每個人類所共通享有的這個相同的語言。於是，假如一個人並非科學家、醫生，或律師，或高科技導師，那麼他就必須要用一般大眾都能理解的方式來談話或寫作。

　　一旦我們能將批評者對「清晰」語言的要求的歷史性如此地凸顯出來，那麼我們就能夠理解那些經常伴隨在對後結構理論的敵對批評中，充滿道德的、自以為是的論點。批評家在批判那些被理論扭曲了的寫作時，不只傾向於將理論刻板化為壞寫作，還將之刻畫為是一種背離真實世界的道德淪喪。而這樣的作為其實正是以一種不經意的方式，與那些工具主義者連成一氣，穩定地導致人文知識的死亡與退化。這些批評家們認為他們對那些用理論寫作的人的責

難，是代替全球被剝奪權利的大眾而發的。根據這些批評家們的說法，這廣大群眾是無法經由這些菁英式的語言使用，而得到任何益處。這些理論寫作者在接受、忍耐和演練近似於（在科學和專業交易中就是這樣）一個因為專業化而變得複雜的語言時，他們是被反理論的道德家看作是人民的敵人，因為這些理論寫作者總是傾向於嘗試不要去解決這些廣大人民的苦楚。總而言之，後結構主義理論，一如更抽象的思維，正是這樣的道德家們，經由運用一種稱為常識的利他主義，所要努力抗拒的[3]（在後結構主義之前的時代，哲學是這個不利閱讀和不實際的語言的代表）。然而反諷的是，這些自命為人民保護者的人，通常都穩當地位居特權機構之中，而他們擁有的地位，也和那些被他們攻擊的理論家一樣，並未因此離這些世間的苦難者更近一點。

二、理論的抗拒和苦悶鬱積之點

在慣常一般關於菁英主義的老生常談中，尤其是有關常識和抽象思維這樣的兩極化之誤導中，位於理論基礎的基本意圖，總是常常被人們遺忘。我相信，不論我們是否假設如此的意圖是已經實現，或是將可以被實現，任何二十世紀末對於理論衝擊的負責評估，都需要將這些意圖納入考量。

從開始到目前為止，這樣的意圖總是根本地挑戰著西方理體的通則。其中，後結構主義理論尤其是如此，因為它正是由知識論的地平線上，以一種書寫變異的特殊形式冒現。它具有一種在西方思維中堅持保有它自己獨立自律的身分的，不可被削減的隱喻性

---

3 參見保羅・德曼一篇關於抗拒的簡潔分析（3-20）。以後本文中有關此篇文章的引文，皆僅附頁碼。

（metaphoricity）。正如保羅・德曼（Paul de Man）所言：

> 文學理論的形成是當文學文本的研究無法再根據非語言學的，亦即歷史的和美學的，考量來進行時所產生的……當討論的客體不再是意義或價值，而是生產的、意義接受的，和它們被制定之前的意義形態時——此隱含的意義就是，這樣的制定是有爭議的，以至於需要以獨立學科的批判探查來考量它的可能性和狀態。（7）

當後結構主義理論將注意力放在語言的物質性時，就是要指出，語言體現了一種具體的勞動。於此，後結構主義與馬克思主義倒是有著某些重要的相似性：這個被召喚來要從西方社會內部進行反抗，來質疑認知領域的穩定性，並因此得以重新宣稱它的勞動成果的被壓迫者，其實正是語言本身。在後結構主義者手中，語言緊張待命，掙脫它昔日臣服於思維的鎖鏈，對迄今所有有關象徵豐足和知識論上自我滿足的舊日虛幻假想提出質疑，並拒絕語言就是語言（language-as-language）這樣的慣常抹殺。因此這理論的革命所重建的，是西方理念中既有的一個原初差異。所以語言的身分是——在此處我們將完成後結構主義與馬克思主義的比較——無異於寄生的工人，是在辛苦工作幫忙建立整個寄主社會的完整時，一個被剝削的，不可或缺的「異族」，但是它的存在卻持續地被否定。德曼在文中寫道：「理論的抗拒是對有關語言的語言使用的抗拒。因此它是對語言本身的抗拒或對語言含有不能被壓抑為直覺的因素或功能的這種可能性的抗拒」（12-13）[4]。

---

[4] 參見後結構主義早期另一篇著名的、發人省思的論文：羅蘭・巴特（Roland Barthes）根據語言自我指涉能力，探討現代文學中語言的地位的論文（134-56）。

　　那些在批評寫作上追求後結構理論的人發現，為了敬重他們在語言唯物論上的貢獻，他們始終都在與那些期待，也堅持語言作為一個傳達工具的透明性的人們爭戰著。要迎戰這種「常識」，後結構主義者還擊道：正是這種期待，永久否決了語言的物質性（勞動）（the work）。為了要使這物質性不再被否定，他們必須要堅守某些原則：

　　（一）語言作品絕對無法與緩慢但既定的時間（以及，其中所暗含的，差異）流動分開；

　　（二）任何對語言的透明性的假設，都必須被有系統地去神話（demystified）為一種尚未被檢視的思維的意識態度；

　　（三）任何否定語言作品，並且要我們相信「自然」、「本質」、「身分」、「根源」等等的嘗試，都必須被警戒地加以解構；

　　（四）任何對（後結構主義）理論的抗拒都徵兆著一種對其自身理論的假設（[對理論的] 攻擊所反映的是攻擊者的焦慮，而非被控訴者的罪行）的盲目（De Man　10）。

　　在做回顧時，承認後結構主義批評思維力量的特殊本質是重要的。這力量在此種思維運用它最大的能量時最易被覺察，而且它在攻擊時傾向於採取全然的否定——雖然是相當自信的：一種深層的，對字面的、自然化的意義的不信任；一種頑固的拒絕指涉或做指涉的後延；毅然地揭發任何似乎缺乏符號自覺的語言使用；蓄勢揭穿那些挑戰任何上述部分，但又自陷迷惑的人的假面[5]。

---

[5] 以下德曼的這段話對這些要點提供了一個具特徵性的總結：「我們所謂的意識形態正是語言和自然實體的混雜，是指涉和現象論的混雜。要揭露意識形態的錯亂，文學性的語言學比起其他形式的探究而言，包括經濟學，是一個有力的和不可或缺的工具，也是一個證明它們發生的一個決定性因素。那些責難文學理論忘卻社會和歷史的（亦即意識形態的）現實的人，只是敘述著他們對他們想要懷疑的工具所暴露出來的，有關他們自己意識形態的困惑的憂慮」（11）。

　　這強大的力量，我們必須補充，也是一種抗拒的力量。

　　在後結構主義理論努力阻止導致語言降級的工具主義橫掃全球的英雄式——甚或是西斯芬式（Sisyphian）的徒勞——作風中，我們見到了夾帶著前衛政治美學的動機標的浪漫派現代主義的遺產（於此，請思考英國與德國，以及法國的浪漫思潮對德曼的重要性，以及尼采 [Friedrich Wilhelm Nietzsche]、海德格 [Martin Heidegger]、李維史陀 [Claude Lévi-Strauss]、阿陶 [Artaud] 和其他人對早期的德希達 [Jacques Derrida] 的重要性）。語言的不透明、曖昧、不可解——這些現代主義者的藝術與文學作品的特質，以及他們對寫實主義與模擬再現的厭惡，也同樣可以用來形容許多解構批評寫作。以後結構主義的情形而言，這些特質比較不像是一種詩學和美學的替代標記，而像是與一九六〇年代西方許多其他社會運動一般，是一種立基於提升自覺的異議政治的符號。同時，恰好也因為後結構主義可以被視為是二十世紀晚期現代主義的版本，它的理論操演也同樣歷經著現代主義的自我矛盾。我們可以說，後結構主義理論正如現代主義一般，原是希望與大眾站在同一陣線，但最終卻僅有極少數的大眾能瞭解它的說法與寫作的方式。這極端的閱讀與寫作事件，以顛覆一個不堪忍受的政權（西方理體中心主義和它的許多「意識形態的錯亂」，借用德曼[6]的話來說）的行動為起始，力求朝向一個能夠真正反映（普羅階級）語言運作的實際情形的自由、民主的秩序。雖然後結構主義在這個（語言）議題上從事它最本質的戰鬥，但是卻以一種相反於它的哲學前提的方式，將後結構主義寫作轉而變成為人民的敵人，而因此失敗在這個議題上。

　　在這永久的矛盾中，後結構主義理論，因為它平等主義的渴望與它處在「菁英」的實踐的裂縫中，因之所產生的無解的苦悶鬱

---

6 這個片語是出自之前取自德曼文中的引文，見註釋5。

積，最終也許可以被描述為是受到了某種基督教誓約所拘策。對那些有信仰的人而言，它似乎宣稱：「絕對不要在意你目前必須穿越的崎嶇道路。要信仰（語言的作用），將你的信仰轉變成實踐，然後（有一天，或者來生）你將得救。你必須學習放棄當下因為所有世俗的事件（解讀：語言的可親近性）而得到的快樂，因為那是虛假的。苦悶鬱積，只有苦悶鬱積，才是通往真理的道路——通往救贖之路。」

三、神話之作

在我們必須承認後結構主義批評思維的重要介入性之時，我們也許應一視同仁地要認知到它本身的（也是意識形態的）困境。這個困境也許可以經由重讀一本令人難忘的小書，羅蘭・巴特在一九五〇年代所寫的《神話學》（*Mythologies*）[7]，來作有效的掌握。我的讀者也許早已熟悉巴特當時將符號學用新穎的方式，引介到大眾文化的題材——，以及被媒體中介的題材上，做符號式的閱讀。但是在此，我要將焦點放在巴特的論述中，一個比較重要的，有關現代性中語言問題的看法上。

在這本書的理論部分，巴特提出他對「神話」一詞的一個系統的分析。巴特的神話，以今日的語言來說，可以說是意義的眾多領域的介面，因此意義無法在一個範疇中適當地穩定，而是有能力在不同的範疇中轉換、滑動，也因此可以提供無盡的機會進行複製、歧義和意識的操控。就目前的討論而言，對這些議題的複雜性具有高度暗示的，並不是巴特提出的符號學分析，而是他在定義神話

---

[7] 文中的（英文）選文與翻譯皆選自安耐特・拉佛斯（Annette Lavers）所編的 *Mythologies*。以後本文中有關此書內的引文，皆僅附頁碼。

時，所面臨的兩個衝突矛盾時刻。

　　第一個時刻是出現在相對於城市與人為物件（巴特在書中的第一個部分就此做頗多熱情分析）的相對客體的自然和鄉村之上，是在巴特所附加其上的，那徘徊不去的浪漫主義裡被發現。我們會在神話學中「左派神話」的章節裡遭逢這個時刻。此處，撇開他在之前所舉證種種神話的遍在和它不可避免的運作，巴特在此主張存有一種非神話的語言——「人作為生產者」的語言，這樣的人想將現實轉化，而不是把現實當成印象來儲藏（146）。究竟是什麼樣的人在經常敘說這政治的，非神話的語言？巴特的例子向我們揭示著：

　　　　假如我是個伐木人，而且我被引導著說出我正砍倒的樹木（to name the tree），不論我的句子形式為何，我「說出這樹」（speak the tree），我不是談論它（speak about it）……在樹和我之間，什麼都沒有，只有我的勞動（labor），亦即，一種動作（action）。（145）

　　巴特稱這為「伐木人的真語言」（the real language），他也將這一種真語言當成「被壓迫的人」的語言（148-49）。

　　這樣的認為有一種語言，可以因為其物質的喪失與貧乏，而免於被神話化的說法是很有趣的，因為對照於巴特他自己的符號學式閱讀，這仍是知覺的一個結構之剩餘，而這剩餘則仍籠罩在一個穩定的、尚未被污染的意義源頭之中。這個觀念，作為此種感知結構的特點，傾向於將其自身附加在某些人物之上，例如農夫、無產階級、小孩、窮人、被壓迫者等等。因此巴特提到這個鄉下伐木人和他的樹也不無意外。雖然這是巴特自己的分析洞見，但是顯然巴特在這個伐木人和被壓迫者的身上讀到了一種與語言直接的，未被中介的（unmediated）聯結——巴特寫道：他們的語言是「一種談話

的移轉形式」（148）──接著，巴特就把這種關係當作政治的抗拒（對中產階級神話化過程的抗拒）和真理。

　　我想要強調的第二個時刻，可以在神話學中名為「神話是被竊取的語言」的章節裡找到。巴特在這裡並未用不明確的說法來闡明神話作為吸納和再包容每件事的能力，包括抗拒它的行為在內。「當意義對神話而言，太過滿載而不能被侵入時」，巴特寫到，「神話會繞著它走，然後把它整個扛走」（132）。在這裡巴特的例子有著特殊的意義──現代數學和前衛詩的語言：

　　　　在其自身中，**數學語言**無法被曲解，它已採取各種可能預防詮釋的措施：沒有任何寄生的意義可以進入其中。而這就是為何神話要將它整個帶走；它帶走某個數學公式（$E=mc^2$），然後把這個不能改變的意義變成數學性質的純粹符指（132。原著強調）。

　　　　當代詩歌……嘗試要將符號轉形回意義：最終它的理想將不是要獲致文字的意義，而是事情本身的意義……這是它為何要遮蔽語言，要極盡所能增加概念的抽象性和符號的曖昧性，並且將能指和所指的聯結拉到極致……詩歌占據著與神話相反的位置：神話是越級虛飾成一個實際系統的符號學系統；詩歌則是降格矯飾為一個實質系統的符號學系統。

　　　　但是一如數學語言的例子，詩歌所提供的抗拒使它成為神話的理想獵物：明顯的缺乏符號的秩序，此乃實質次序的詩的切面，它會被神話所擄獲，被變形為一個空的符指，然後這空的符指將會被用來指涉詩歌……在猛烈抗拒神話後，**詩歌**綁手綁腳的臣服於神話之下（133-34。原著強調）。

　　這些例子暗示巴特所描述的神話過程，可以被視為是原存於現代性經驗和語言政治的一個過程，因此語言將無法，如某些人所持續認定的那樣，再繼續毫無疑問地被假設是在透明的狀態下運作。這樣將語言視為是一種麻煩——由於它的缺乏忠貞與它的隨時可被勸服——的來源的誇大歷史覺察正是部分導致抗拒行為的來由，例如現代數學和現代詩學所發動的抗拒。在這兩個例子中，抗拒都是以一種刻意的漠視、排除和不能穿透的形式來表現，是用來預先防範內容歷經神話無情的殺戮，但是限制接近的機會只有導致啟蒙的發生。正如巴特所指出，這樣的抗拒，不論是多麼複雜巧妙的警戒和防範，都很難阻止神話，因為神話有一種能力甚至可以擄獲——特別是——抵抗它最劇烈的東西：

　　　　神話可以抓取每件事物，頹敗每樣東西，甚至連拒絕靠近它的行動亦然。所以語言客體在初期愈是抗拒它，最後將會愈墮落；全然地抵抗它的，將完全地臣服於它。（132-33）

　　巴特關於神話的論點，對於批評語言、神話／意識形態間的關係和抗拒神話／意識形態的努力（這仍存在於關心今日理論和批評寫作的論辯之中）做了闡明啟發。總而言之：如果反理論道德家的位置可以與巴特在他滑回渴望一個未被中介的，可以不用語言而「被述說」的真理的時刻的位置匹敵，那麼後結構主義者批評寫作的位置，我們可以說，是類似於現代詩和E=mc²這些特殊語言的位置。雖然第一個位置也許可以容易地以理論上太過天真和站不住腳來駁斥，然而巴特所證明的，更加令人不安的，則是第二個位置。這個理論上狡猾的位置，最終也將是一個完全有弱點的，可被收編的位置。

四、全球化的力量

　　換言之，後結構主義理論的革命，是處於某種兩難之中：一方面，它嘗試想用真實地敘述來抵抗各種「意識形態的錯亂」（尤其包含將語言降格成為透明傳達工具的論點）；然而另一方面，它被迫要處處認知神話操控力量的神聖不可侵犯和遍在。

　　這個失敗的革命，很像現代主義，也必須在一個較大的範疇中，在現代性對語言和全球文化的需求中，被考量。如果美學上自覺的、費解的語言，在西方會被視為是一種歷史的反叛，反抗逐漸走向啟蒙運動以後的工具主義的趨勢，那麼在世界的其他地方，在那些必須擺脫民族傳統的包袱，以尋求現代化的文化裡，語言的問題毋寧總是被定義為它如何能變得更清楚，更能被理解，更能被使用──簡言之，它如何能變成更具競爭性的工具，來幫助開發中國家在未來更進步。例如二十世紀初期的現代中國，就正是處在後者這種掃除過去本土／民族語言──尤其是語言中陳舊、晦澀的文學特質──的文化狂熱裡[8]。因此，似乎在二十世紀初期，現代性已經將全世界區隔化為兩個顯然分離，但是事實上，又互相糾纏的半球體：在工業化的西方，一個前衛的語言戲碼，首先在現代主義裡上場，然後經由後結構主義，被一種強烈地清教徒式抗拒所驅使，反抗著進步的工具主義；至於其他開發中地區，一股拚命努力想援引（而非抗拒）進步的工具主義來將本土文化更新，以求度過這個一點也不亞於被迫與西方人接觸的創傷。一方面，美學的／批評的語言的命運將變得更專業化、更難讀懂，也因此顯得多餘（如此它

___

[8] 我在別處對現代中國的語言和文學曾做過歷史的詳細說明，所以將不在此處重複討論。讀者可參見《婦女與中國現代性》（*Woman*），第2及3章，以及《寫在家國以外》（*Writing*), chapter "Media, Matter, Migrants"。

將無法被輕易挪用）；另一方面，政治人物、官僚、知識分子和文化工作者所面臨的實際工作，將是去創造一種可以被適當地運作、傳達和使用的語言——一種專為強化國家和文化為目的的工具。

在二十世紀末，全球化的力量，以一種無法被預知的方式，使現代性這兩種似乎不相容的兩邊面面相覷。例如，中國、日本、台灣、新加坡和韓國，這些亞洲國家在經濟上蓬勃發展，具有充足的財經資源可以用於「文化交換」，因此即使是最神祕的、語言學上不容輕視的西方理論，都已經在這些地方找到前所未有的冒現管道。許多西方理論家在全球化的標題下，成為鼓吹有此必要傳播他們的理論到世界不同角落的推動者，而且他們傳道的熱情也漸漸得到回報，在不同地方受到當地文化經紀人的歡迎，被他們當作是能夠與西方國家已設立的機構，尤其是北美洲那些資金雄厚的機構，進行多種類型的交易的機會。

一如現代詩和 $E=mc^2$，理論的批評語言，相反於它自身的期待，已經開始過著一個新的神話人生——作為一個全球商品，它的市場魅力就在於它近似難以理解的特性。正如神話的操控邏輯所顯示，批評文章愈是難以理解，則其中存有某種優越價值的暗示就愈強；有愈多觀眾感受到無法「理解它」的挫敗與威嚇，他們就更渴望要追求「它」。從北半球到南半球，在橫跨太平洋兩岸與大西洋兩岸的國際研討會上，這數不清的有關理論的敘述與應用，就是見證。理論是否仍是它初發時的那個政治的異議事件？它是否已經相反地變成一個成功繁盛的企業，而且它外擴和傳播的力量通常與抗拒那個曾經激發它拒絕被理解的神話無關？

在智力交換的新全球路線中，曾經替理論換得菁英主義辱名的苦悶，伴隨理論對語言流通的自覺以揭發意識形態的錯亂的苦楚鬱積，已經有了新的價值。實際上，對工具主義者語言的清晰性的革命挑戰，已經轉型成為有可能產生文化和財經資本的獲利方法。就

像缺乏理解力的大眾，將$E=mc^2$的神祕召喚當作是「現代數學性質」，許多不懂理論的歷史特性的人，也正傾向於將這些名字，如班雅明（Benjamin）、巴巴（Bhabha）、巴特勒（Butler）、德希達（Derrida）、傅柯（Foucault）、詹明信（Jameson）、克莉斯蒂娃（Kristeva）、拉岡（Lacan）、薩依德（Said）、史碧娃克（Spivak）、紀傑克（Žižek）等人當成是許多速食公式，作為一種指涉一件、也僅只一件東西的方式——亦即，他們知道這個叫作理論的東西，亦即，他們的說法時髦地充滿理論性。如果早期理論的抗拒能被類推為是一種結合傳統基督教所允諾的，在此生此世之外的救贖的動力，這抗拒也許在新的千年期間能被歷史化並且重新載滿意義，一如那繁盛的多國資本主義無法停止的慣性，這個「意識形態的錯亂」在未來的數十年間，將有可能會繼續多樣化、再生產和重造它自己。

多愁善感的回歸[*]
——張藝謀與王家衛近期電影中的「日常生活」手法

周蕾（Rey Chow）著

賀淑瑋譯[**]

在現實中根本沒樹——有梨樹、蘋果樹、老樹和仙人掌——可其實並沒有樹。所以，電影無法「複製」（寫出）一棵樹；它可以複製一棵梨樹，一棵蘋果樹，一棵年紀較大的樹，一棵仙人掌——但絕非樹。這在原始的楔行文字中的情形也正好相同。因此，產生於決定人類紀元的科技，電影語言是否可能因為其科技特質，恰恰和原始民族的實驗有幾分相似？

——巴索里尼（Pier Paolo Pasolini）[1]

---

[*] 原文篇名為 "Sentimental Returns: On the Uses of the Everyday in the Recent Films of Zhang Yimou and Wong Kar-wai"。本文所使用《花樣年華》電影劇照，係經澤東電影有限公司授權使用。

[**] 譯者註：本篇乃根據周蕾教授於2002年5月31日所交付之最後定稿譯出。

[1] 參見巴索里尼之 "Appendix"（231-32）。下文中，關於此書之引用會另加註括弧與頁碼。

一、日常生活：一個關於電影的質疑

　　日常生活，一個開放的、空白的類型，可供批評家在其中自由地加入各種批判的議程。這也是為什麼贊成和反對它的人，都可以據以大作政治宣示——或者以之為現實基石、文化再現的零據點，或者作為一套掩藏意識形態操作的誤導系統，一個集體的偽意識。基於此，我們與其只執著於各家論爭，也許不如思考日常生活如何在經過特殊處理後，實踐再現。本文將以兩個當代中國電影的例子闡述電影利用日常生活的再現方式。我認為巴索里尼對電影表意的討論，在思考某些關鍵問題時，十分有效。

　　巴索里尼在嘗試區隔電影和語言的特殊性時（也因此將由結構語言學而來的語意分析模式做一區分）提醒我們，電影存在的先決條件為「視覺溝通」（"visual communiation" 168）。透過溝通的概念，他強調電影的互動與社會性格。這種性格不能單純地簡化為索緒爾（Ferdinand de Saussure）「**只有差異別無其他**」[2] 的概念，但那也並非原初本質。這點，我相信，正是他的電影定義可以讓我們理解「再現中的日常生活」的媒合點。巴索里尼解釋道，電影觀眾早已習慣以視覺化方式「閱讀」現實；這樣的現實，集結了一大堆動作、手勢、運動，以及習慣，形成他所謂的「粗野」（brute）語言。電影便是以這樣的語言建立它的（第二階段）表意層。巴索里尼粗野語言的元素命名為「影素」（kinemes）。他認為「影素」意義無限、具有強制性，並且不可翻譯（201-202）。因此，電影製作是組合「影素」為影像符號的工程，影素恆常存在。因為這樣，電影觀眾總是同時涉入兩個表意層次；他們不放棄「影素」，但也不放棄先於影像符號而存在的「視覺溝通」系統。相反地，這些持續

2　參見索緒爾（[Ferdinanad de Saussure 120]）。強調為原作者所加。

出現的粗野語言元素，會讓他們得到類似記憶與夢境的經驗。如同巴索里尼在他的〈「詩電影」〉（"The 'Cinema of Poetry'"）文中所示：

　　這些被預設的影像觀眾也習慣於用眼睛「閱讀」現實；也就是說，由於這個現實是一種群體環境，所以他們習慣和周遭完成有機對話；但群體環境同時也能夠以純粹而簡單的視覺方式來呈現動作與習慣。所以，即使我們掩著耳朵在街上踽踽獨行，我們還是持續地與周遭對話。我們的四周以組合它的影像和我們說話：路人的臉，姿態，他們的符號，動作，他們的靜默，他們的表情，他們的爭論，他們集體的反應（一群人等紅綠燈，爭看車禍，或在卡普安納港圍觀美人魚）；更甚者，廣告牌，路標，交通圓環，以及，簡而言之，那些充滿多元意義、以粗暴方式，「說」出自身存在的物件。（168）

　　我深信巴索里尼的方法相當適合討論某些當代傑出中國電影——那些專注於懷舊傷感，以回憶為行動特質的電影，刻意爬梳日常生活現象，使得陳腐的人際關係、了無新意的生活場景、平凡無聊的生活物件，都成為出色的表意方式。巴索里尼所提供的思考邏輯，不會把時間中的先行元素——先於電影中所經驗的——貶抑至單純的自然現實。他所提到的粗野語言，是另一種表意系統，當它與電影結合時，並不至於剝奪電影的原來身分。那麼，我們現在面對的問題是，電影製作者和觀眾投注在這個原初歷史的價值觀念為何？這個電影生產前已有的默契如何在那些被「視覺閱讀」了的或事先經驗過的內涵持續存在的情況下，承載新的意義？這種交互作用如何在電影媒體（以其直白而明顯的表意模式；其現存的視覺性）——介於其實驗性的「永遠已經」和當代的銀幕投注（screen cathexes）之間的——運作，正是我思考當代中國電影日常生活美學的關鍵所在。

　　確切地說，在這樣語境下的日常生活，經常變得和原始物質主義相似——被逐一並且粗糙地和歷史、文化、特殊時空等同，以便與（看電影的）當下對立。但是，為了掌握電影與當下的關係，我們必須推遲對日常生活的習慣性假設（這些假設有時出自導演本身），進而先檢視日常生活在電影元素（視覺的，敘述的，聽覺的）網絡中如何出線。唯有如此才有可能思考電影的美學與情感性效果，以及牽涉其中的更大的意識形態議題。如果真如巴索里尼所說，日常生活本身就已經是一套既定的語意符碼，那麼任何電影呈現出的日常生活都暗示複雜的鎖碼層次；其中，不同層級的符號，以一種雜交——經常是暫時的加乘作用（synergized）——方式彼此重疊、交互作用。

　　從張藝謀和王家衛的近期作品中——《我的父親母親》（2000)，以及《花樣年華》（2000）——我們很可以辨識出諸多共鳴因子，在跨文化情境中，再次凸顯一九八○[3]年代以來盛行於當代中國電影的感傷敘事傾向。正如我的論文題目所示，兩部電影都可視為返鄉旅程，引人回歸過去時空。張藝謀敘述兒子（駱玉生）在父親死後回鄉的故事。這次返鄉，使得電影得以倒敘駱父駱母邂

---

3 到目前為止，我還是以懷舊角度考量這個多愁善感的傾向。請參考我在下列論文中的論述："A Souvenir of Love" (133-48)；"The Seductions of Homecoming: Place, Authenticity, and Chen Kaige's （陳凱歌） *Temptress Moon* (《風月》)" (3-17)；"Nostalgia of the New Wave: Structure and Wong Kar-wai's *Happy Together*" (31-48)。其他有關於香港電影的討論，可以參看梁秉鈞（Ping-Kwan Leung），以及陳少紅（Natalia Sui Hung Chan）。陳少紅的論文對懷舊電影提供了詳盡的歷史，樣貌，以及評論分析。本文重點不在重新論述懷舊內涵，而著重探討與懷舊關係密切的多愁善感特質如何呈現日常生活，並透過這種呈現所彰顯出來的思考邏輯，做進一步的文化觀察。

逅的一九五〇年代。彼時，父親（駱常余）剛以老師的身分派任到
母親（招娣）居住的村莊中任職。這段倒敘特別處理了母親對父親
的無悔付出。篤信傳統的母親堅持父親的遺體必須用步行的方式帶
回家鄉，好讓死者的靈魂永記歸鄉路。因此，回返過去的敘述變成
一次真實的旅行——由父親的學生們領著他的遺體回村。我們這才
知道：父親籌建的新學校即將完成，以茲紀念父親的終生成就。另
一方面，王家衛帶我們回到一九六〇年代、主角周慕雲和蘇麗珍恰
好同時租住在一棟上海人雲集的樓房。從探討男女關係的角度看，
這部電影也在返鄉——探討一段曖昧開始，莫名結束的關係；一段
讓人無法參透玄機，引人無限遐想的戀情。就某種層面來說，兩部
電影的名稱似乎可以互換：「花樣年華」，可被用來形容一九五〇
年代中共農村一對熱戀年輕男女的精采回憶；而「我的父親母親」
則可用來描繪蘇麗珍和周慕雲彼此糾纏的一九六〇年代的氣氛。如
果我們注意到王家衛在片尾的暗示：出現在蘇麗珍公寓的小男孩，
就是蘇和周的愛情結晶[4]；那麼，王家衛的電影一樣可以命名為
「我的父親母親」。

　　除了這兩部作品在返鄉旅行的概念可供比較之外，兩位導演也
同時著力於描述令人難忘的日常生活種種：以物品、常規、日常活
動、互動等等來豐富個別故事的內容。兩人都運用了非凡的視覺與
聽覺設計來達到平凡效果。他們利用某些最複雜的影視器材來呈現
日常生活。我們要問的是：這些繁複的操作達到了什麼樣的語意與
情感暗示？這兩位國際知名的華人導演透過這兩部電影，表達出什
麼樣的電影概念與日常生活？他們如何表達？

---

[4] 王家衛在紐約接受訪問時表示：「和張曼玉在一起的孩子有可能是梁朝偉的，也
　可能不是」《明報》（北美版），2000年10月4日，A3（譯者註，此處乃直接從周
　蕾英文譯出）。

二、《我的父親母親》

　　《我的父親母親》的兒子駱玉生回憶道，父親和母親是在父親被送到農村教書時相遇的。母親那年十八歲，和瞎眼的祖母同住。一如我們可以在王家衛電影中經驗的一樣，我們在此也親眼目睹最普通不過的家常事件：男人和女人相遇，發展出一段感情。和別的日常事件不同的是，意外相遇雖非全然被動，但也絕非主動。它發生的原因非常典型：某人做了某事，因此——嚴格地說——意外衍生出來的副產品。這種無意間發現新大陸的情節，讓故事充滿無意識的、夢般的宿命感，一種不能事先安排與某些事／人相遇的宿命。它甚至不像走路等活動，無法確知是否存在著一個能夠操作動作、運用身體和心靈接收外在印象的感知主體。不過，我們在張藝謀的電影中，將很快地見證一種刻意將偶遇推往特定方向的企圖。

　　有趣的是，這個操控的企圖來自美麗的村姑招娣。招娣一向不接受別人安排的婚姻；但當她對駱老師一見鍾情，千方百計地進一步接觸。例如，她會在駱老師和學生回家的必經之路等候。她到學校對面的水井打水，以便能夠看到在那兒教書的駱老師。為了聆聽駱老師朗朗的讀書聲，她特意從學校經過——即使自己是文盲，根本不解其中涵義。她以青花大碗盛裝她的精心烹調的食物，私心盼望心上人能在大家為下鄉青年做的各樣派飯中，挑中她的。駱老師來家吃飯時，她大費周章準備餐點，也明白告知青花碗的重要性。駱老師被叫到城裡問話，她在風雪中等候，甚至差點因此發燒而死[5]。當她的至愛終於回到村子並獲准結婚時，兩人到死都不離不棄。最後，也還是年老的招娣堅持把駱老師的遺體送回家鄉，捐出

---

5 有篇電影評論如此描述招娣：「這是一個看準目標，就絕不容許任何絆腳石礙事的女人。」參見史蒂芬・荷頓（Stephen Holden）。

家中所有，讓村子裡的學校得以完工。

　　招娣讓人想起張藝謀其他作品中的堅毅女子：《紅高粱》中的奶奶，《菊豆》中的菊豆，《大紅燈籠高高掛》的雁兒，《秋菊打官司》的秋菊，《一個都不能少》的少女教師，《幸福時光》的盲女。這些女子為了追求個人目標和共同理想甘冒生命危險，也總是在完成使命之前，堅拒任何妥協。這種女性剛毅的特質不但讓女性成為電影的戀物對象，也使她們變成戀物者──她會主動地注視她的愛戀目標──例如將他的讀書聲幻化成戀物對象。與傳統不同的是，男性在此變成愛戀的目標，僅有極小的主體性[6]。女性有了這樣的自覺意志，使得原有的偶遇很快失去它的不可臆測性──它的隨意性──轉而成為一種刻意的意義與價值創造。而敘述也因此有了一個清楚的目的來組織事件的發展：不僅在性的角度上如此（快樂婚姻導致兒子的誕生)，從更大的、村落的社會單位觀察，亦復如此。女人的決心，使她得到心愛的男人、為村子找到一個學者父親模範，以及一個將長久受到尊重的學習場所。所以到了電影最後，回憶和當下融合，由兒子來完成父親和母親的心願。

　　就視覺上而言，張藝謀捕捉日常生活物事的風格，特別能夠凸顯出上述的意義和價值。不同於王家衛把城市生活的擁擠反映在家常用品的到處充斥上，張氏電影展現了農村缺乏物資的現象。除去物質的光鮮外表，張全力描寫人物的各項活動：招娣切菜、蒸餃子，或攤煎餅。招娣穿上駱老師喜歡的紅棉襖；招娣戴上駱老師送給她的髮夾；招娣坐在織布機前織布；招娣在路上來回跑偷看駱老師，或迎接他回家等等。在招娣捧著裝滿食物的青花大碗去追駱老師、卻跌倒打破碗之後，她母親找到一個流浪工匠修理；整個修補過程鉅細靡遺地呈現在電影當中，讓人無法不想起一種農夫階級特

---

6 感謝克里斯托弗・李（Christopher Lee）提供我這個重要觀點。

《紅高粱》

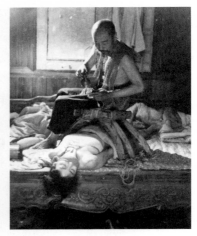

《菊豆》

《大紅燈籠高高掛》

有的、代代相傳、即將失傳的原始技藝。

　　透過農具、農村的活動或行為，電影的日常生活透過人類勞動的方式暗示出它的堅忍，以及救贖能力。用前面提到的巴索里尼粗野語言（brute speech）概念來講，此地的日常生活是藉著一個被當成存於記憶／已然完成的集體目的，一種足以熬過政治壓迫氣候，以及個人肉體死亡的生活形式，來召喚。這種被張藝謀緊緊附著在農村生活的集體性，以其絕對的張力、從歷史擷取而來的影素、其清楚可辨的鄉村物事、習俗、手勢、運動（透過諸多影像符碼），彼此交流共同結合而為電影故事，呈現在我們面前時，其實可以被視為「前成文歷史」（pregrammatical history）（值得注意的是，母親和父親年輕時的戀愛故事用彩色敘述；當下卻以黑白敘述）。如此這般，日常生活在人類活動和自然環境間產生了一層預言式，象徵性的含意。特別是，自然環境不斷地以誘人的、圖畫般的秋天顏色，和冬天嚴酷禁制的灰藍交織，形成一片可供人類在其中勇敢銘刻個人社會際遇的布景。這讓人十分容易做出以下結論：在堅持眾志成城，人事與宇宙密不可分的信念下，這部電影委婉地導出一部分社會主義理想邏輯[7]。

　　於是，歸鄉之路，就是走向父親與母親之路；走向一段他者／長者寄居的時間。同時，這也是一條走向各種烏托邦可能之路：由決心、快樂，和共同目標，組合成的另一個古老的社會主義社會。

---

7 陶傑認為這要歸因於張藝謀年近中年。他以此說明張的電影呈現了一種可簡約為「失去的終究能找回」的世界觀─換句話說，一種強調和諧，統一，與團結的世界觀（B14）。

三、《花樣年華》

　　《我的父親母親》將偶遇轉化成一種性別意圖，以及社會面向；王家衛的偶遇卻從未超越其隨意性與任意性，以及他的電影慣用語法——「就是這樣發生」——所特有的世事難料氣味。《花樣年華》以一連串毫不起眼的意外開始。一九六二年，香港。蘇麗珍和周慕雲兩人恰好都在上海移民區找房子住[8]。兩人碰巧對門而居，並在同一天搬家。由於搬家工人老把東西錯搬到對面，他們倆的偶遇便從閒聊開始。兩人住定後，還是常常在麻將桌、樓梯間，在有配偶和鄰居作陪的情況下頻頻相逢。某日，兩人到餐廳喝完咖啡之後，確定彼此的配偶有染。事情到此地步，或許出於挫折感，兩人開始積極地將彼此的偶遇轉化成有意識的情感探索：為了瞭解自己的配偶如何開始出軌，他們開始固定見面，交互演出誘姦、衝突，以及決裂的場面，彷彿他們正在搬演舞台劇。

　　嚴格來說，蘇麗珍和周慕雲之間是一種雙重關係。如同王家衛指出，他們必須同時扮演自己和偷情男女——一起共謀保守兩人發現的祕密[9]。招娣和駱老師藉著對現實障礙的克服，把彼此的偶遇變成一種有意義的關係；蘇和周則在演出他人生活的同時，透過既是他們但也不是他們的身分，將兩人相遇的偶然性無限延伸。在演出的過程中，周慕雲終於發現自己愛上蘇麗珍。這個情感上的發

8　蘇麗珍也是王家衛《阿飛正傳》中兩位女性角色中的一位。該故事發生在一九六〇年代。因此，《花樣年華》或可視為王家衛早期電影的續集。

9　王家衛曾在一次訪談中提及：「一開始我就知道自己並不想拍外遇片。那太無聊，太在意料之中……我感興趣的，是片中角色在某些狀態下，會出現的行為，以及關係模式，他們如何保守，以及分享祕密……兩個主角將演出自己想像出來的伴侶言行。換句話說，我們會在兩人身上看到兩種關係——姦情，以及壓抑的情愫」湯尼·雷恩（[Tony Rayns 14-19]）。

《花樣年華》

《花樣年華》

《花樣年華》

現，以及自己其實和他一直試圖弄懂的出軌伴侶並無分別的發現，使得周慕雲很快就決定終止外遇關係，離開香港到新加坡。蘇麗珍一個人到新加坡找周。奇怪的是，就在蘇打電話到周的公司，兩人即將重聚時，她卻掛上電話。蘇麗珍在一九六六年回到香港，帶著孩子和傭人回去租住當年的公寓。一天，周慕雲現身隔壁，拜訪其時已經搬家的房東。兩人相距咫尺，卻失之交臂。「偶遇」的「偶然性」這次並沒有發生，也沒有讓事情進一步推展。稍後，周慕雲出現在高棉的吳哥窟，對著牆壁上的洞告白；高棉就在此時脫離法國獨立。

　　和張藝謀一樣，王家衛也在他的電影中放置很多日常生活物件。不過，《我的父親母親》的物件充滿原始農村的永恆內涵；王家衛的物件則和他所描繪的時間緊密牽絆。從蘇麗珍的髮型，化妝，旗袍和鞋子，到家電用品如電鍋、裝麵條的保溫鍋，收音機（播放點播歌曲節目），報紙；公共空間諸如辦公室和餐廳的舊式裝潢；偏僻的街角，斑駁的牆面廣告；以及夜晚計程車幽閉擁擠的車廂……透過這些物件，王家衛讓我們看到不復存在的香港。王家衛為了再造六〇年代香港的風采，實地「請上海師傅給演員做上海菜」；「僱用已經七十好幾的退休老香港廣播員，錄製國語歌曲和京劇廣播節目的片段」；他也借用報紙專欄作家和小說家的文字潤飾故事（Camhi 11）[10]。這些對已逝年代的客觀重現，不正是巴索里尼「粗野語言」概念的實踐？特別是對那些熟悉香港一九六〇年代的觀眾而言，這些考古般的細節，構成一個「已然讀過」的文本，在當代電影還原的過程，足以勾引出對一個不復存在時空的懷舊情緒。

---

10 這裡所指的小說家就是知名作家劉以鬯。他的小說《對倒》（先於1972年連載，後於1981年改寫）提供了王家衛拍電影的靈感（電影也引用了劉的句子）。參見劉以鬯。如欲比較小說與電影的概念聯結，請參考潘國良。

　　但很不尋常的是，即使這些日常生活細節，如同流行歌曲的副歌般地不斷重複，它們的重複絕非僅僅為了客觀實用的目的——可以說，它們被拿來召喚某種飽漲的主觀情緒。我們如果比較兩部電影的相似處，便可深入瞭解：

　　身體動作：在張藝謀的電影，招娣的許多鏡頭都在彰顯她那種勇往直前的能量和渴望，一種年輕姑娘想要見到心上人和他在一起的渴望——例如，她或慢或快地走路，跑步，絆倒，再爬起來等等。簡單家常的身體動作，變成達到目標意味深長的行動；即使只是單純的腳踏實地都不再是毫無目的的舉措。在王家衛的電影中，身體的動作是一種將相遇時的縹緲感覺戲劇化的方式——例如蘇麗珍和周慕雲在樓梯間的相遇；或者他們倆在麻將桌上的錯身（如中文所說的「擦身而過」）。張藝謀以慢動作技巧圖像化與外現年輕姑娘的主體性（她渴望看到年輕男子的喜悅），到了王家衛手上，就成為一種將動作時間拉長，把動作放大的方式（否則動作就會因為時間太短而匆匆帶過）。張藝謀以動作將身體與心靈合一；王則和一九六○年代他常借鏡的幾個法國新浪潮導演一樣，把身體動作轉化為獲得另類經驗的場域，藉由觀看時間使（重複和習慣性）動作的內涵陌生化。

　　吃：張藝謀以直接熱烈的方式表現準備和消耗食物的不同面向。在農村，食物是一群勞動人民提供給另一群人民的集體性服務；同時，食物也是聯結招娣和駱老師的橋梁。在王家衛的電影中，食物——或者應該說是日常餐點——代表倦怠和悲苦（蘇麗珍不斷推拒房東太太的晚餐邀約，堅持自己在家吃麵）。不同於一般，吃飯變成思索婚外情各種細節的場合（我們可以看蘇麗珍和周慕雲在餐廳一起大啖港式西餐，或被困在周的房間時合吃保溫鍋裡

的麵條；他們一塊用餐時演練蘇麗珍如何和老公對峙，或蘇麗珍為大家準備芝麻麥片粥，其實只為取悅生病的周）。吃東西一方面和勞動有關；另一方面，則展現身心俱疲的狀態。

　　衣著：在張藝謀的電影，招娣只有幾件棉襖，但她很注意要穿上駱老師喜歡的大紅棉襖。再一次的，簡單的穿衣動作充滿目的性——為了帶來愉悅——重新導入故事時，成為加速情節進行的誘因。相反地，王家衛電影中一項令人難忘的物件，就是大量的蘇麗珍穿著的旗袍。即使在傾盆大雨中，蘇的完美身影毫髮無傷。由蘇體現出來的那些美豔絕倫的色彩、樣式，和體態，對故事的推動並沒有絕對必要。她以旗袍展示絕對完美、近乎呆板（因為無懈可擊）的外觀，正為吸引他人目光。對這些觀者而言，蘇的不安身影是娃娃般（佛洛依德式）的戀物對象，蘊藏了某種不可言傳的情感——這種情感不屬於故事中的任何角色；它來自敘境（diegesis）之外，卻組織了整個故事。

　　所以，即使有著確切的歷史和地理背景，觀眾並無法得到一九六〇年代的香港寫真。取而代之的，是經由夢幻般的影像（oneiric images）所記憶出來的香港：通過攝影機部分角度（窗戶、門口、走廊）顯示家人；只讓人看到小部分的陰森街道；計程車行經的道路幽暗模糊；飲食攤只用縷縷炊煙表現；旅館櫃檯則僅在鏡框的反影中倏地閃現。這種既客觀（讓所有人都能看見），又主觀（由某個特殊意識中介）的視覺細節，讓日常生活與其歷史所指涉的明確關係，產生動搖。對張藝謀來說，他所勾勒的關係可說是一種殘存的社會主義式感傷主義，仍然對人類行動的意義抱持信心；另一方面，王家衛的日常生活則指向頹廢；亦即，那些基本上沒有滿足——無法滿足——的人類慾望本質，即連歷史都深受支配。

　　儘管《花樣年華》呈現的一九六〇年代細節十分具體，但它最

動人的感傷懷舊內涵（王家衛電影的一貫作風)，還是建立在人與人心靈互動時的隱晦與錯失。即使蘇麗珍和周慕雲能夠在連串巧合（租住房間，配偶很少在家；都發現配偶不忠——可能和對方配偶有染；都陷入焦慮和幻滅狀態）發生的同時，開始心靈互動；介於兩人之間的驚人相似性仍然無法確保任何永久或完整的關係。事實上，這些相似——幾乎是理所當然地——只能導向偶發……兩人關係的唯一寫照。偶發，就是無法事先設想：如同王家衛廣為人知的導戲案例一樣[11]，任何偶發式情節都沒有一定方向——除了順其自然發展。即使，整部電影都由偶發情節構成——那會相當精采——其所投射出來的斷裂關係，以及伴隨斷裂關係所衍生出來的憂傷情懷，還是強烈地暗示了王家衛藉由不同類型電影[12]展現出來的渴求。畢竟，人際關係，即使是那值得紀念的一種，都只是逢場做戲——受制於機緣和命運比受制於人還要多一點。

換句話說，王家衛電影的多愁善感內涵，不僅透過六〇年代的老東西和室內擺設呈現；更透過王家衛不斷回歸的主題——人際關係的無法持久——強烈顯現。如此一來，場面壯觀的、視覺上撼動人心的意象便形成矛盾：外觀越是亮麗多彩——似乎也更具地方色彩——就越成為人類世界無法完滿、不能完成的本質的表徵。因

---

11 女星張曼玉下面的談話，可以讓我們更瞭解王家衛的偶發概念：「一開始，我們拿到一份一九六〇年代日本作家所寫的四頁故事，談的是兩個鄰居的出軌。」「裡面沒什麼細節。然後，每次上妝的時候，我們還會收到熱呼呼的傳真，上面寫著當天要對的幾行對話……都是家衛當天早上才寫好的。」「有時候我和梁朝偉會交換台詞演，」她說。「要不然，我們會在不同的場景中，說一套完全相同的台詞。」參見萊斯·里肯韓（[Leslie Camhi 26]）。

12 我特別想提王家衛的《東邪西毒》（1994）。這部電影在形式上，很接近武俠傳奇；但其中最重要的、貫穿王家衛所有作品的主題，是那種不能滿足的渴求（以及錯置或錯認的身分）。

此，聲音和意象的物質性完滿，就變成一種基本匱乏和不快樂意識的掩飾。

　　電影誘惑，存在焦慮：這種介於豐富感官與靈魂飢渴的斷裂，是跨社會、跨文化人類戲劇的印記，日常生活在其中只是一個窺看的法門，一種舞台道具。

　　王家衛的電影在高棉吳哥窟的廢墟中結束；攝影機在梅林茂（Shigeru）憂鬱的音樂聲中（原為梅林茂為鈴木誠司 [Suzuki Seiji] 的電影所寫)，以平穩的節奏捕捉鏡頭。這些廢墟場景讓人記起王家衛上一部電影《春光乍洩》中壯麗的阿根廷伊瓜祖（Iguazu）瀑布，如何散發出超越人類時空的堅忍與永恆。對張藝謀而言，人類意志的堅忍與永恆，足以戰勝自然障礙（如大風雪、險峻的山林，或僅僅是空間上的距離），對王家衛來說，異鄉的廢墟——即使受到時間摧殘，依然挺立於政治紛亂中，提供最終的慰藉。

四、多愁善感：集體批判僵局的徵狀？

　　如果這兩部電影暗示了些什麼，那必然是：日常生活已成為當代電影導演慣用手法。這個手法本身並非嶄新發明，也不專屬電影；讓我們感興趣的是：為什麼日常生活——透過隨機事件如邂逅，或是生活周遭微不足道的平凡瑣事——會在此刻擺出捨我其誰的姿態，進入銀幕說故事？日常生活果真只是歷史與現實的替身嗎？

　　巴索里尼對電影中日常生活的討論，頗堪玩味：不僅是因為他將原初物在成文歷史等同現實；更因為他堅持原初物的粗野性（bruteness）能夠在壓抑電影表意的純抽象傾向、使之轉向原有客觀性的同時，改變——或曰滲透——電影表意的隱喻本質。一如他在

（本文開端的引文）所言，電影無法「『複製』（寫出）一棵樹：它可以複製一棵梨樹，一棵蘋果樹，一棵老樹，一棵仙人掌──但不是樹」。在〈「詩電影」〉中，巴索里尼如此說道：

> （電影導演）選擇一連串物件，或事件，或風景，或人物，來當象徵語言的符號（syntagmas）；**這些符號在當下都有其應時而生的文法歷史**──就像那種因應鏡頭的選擇與**蒙太奇**而發生的意義一樣──但符號也早就具備悠久而紮實的前成文歷史。（171。原著強調）

> 電影缺乏概念性的抽象詞彙，所以具有十分有力的隱喻性格。事實上，電影就建立在隱喻的層面上。不過，太特別的、刻意創造出來的隱喻往往無法避免粗糙和陳腐。以鴿子狂亂或歡喜地飛舞來暗示角色焦慮或快樂的心理狀態便是這樣的例子。簡言之，那些極細小的、難以辨識的隱喻，只有一公厘厚的詩的光環……都不可能出現在電影當中。不管是哪一部分**詩性隱喻**與電影靈肉合一，詩性隱喻總是和自己的另一本質──散文式的健談本質──彼此滲透，銜接良好。（174。原著強調）

電影一方面被科技操控，一方面保留物質生活經驗，造成了電影既隱喻又寫實的矛盾個性；巴索里尼因此認為電影擁有「雙重性格」：「它極度主觀，也極度客觀（到達一種無法超越的尷尬的宿命狀態）。上述兩種特質緊密相連，即使到了實驗室都無法分解」（173）。

這個雙重性格正是為什麼一旦電影聚焦日常生活，便可以如此恰到好處地展現懷舊的多愁善感特質的原因。例如，在我們所討論的這兩部電影當中，日常所見的物件以其直接性（immediacy），完

成獨特而主觀的視覺再現——獨特而主觀地呈現，無可避免地傾向隱喻，以便指涉自身之外的物件（人際互動，或某種懷帶企圖或感覺失望的氛圍）；但這種視覺再現同時是將這些物件歷史化、集體化，讓人感到似曾相識的手段；正因為物件可被辨認，所以這種再現可以召喚出豐富的前成文內涵——那些在被（某個特定的作者）組織成特殊的電影視聽語法前，我們便已經透過感官知覺到的，種種家常瑣細。即使日常生活的關係、運作，以及物件被如此抒情化或寓言化，這種另類、質樸的電影視覺，還是能夠透過熟悉的時間空間，塑造物件，喚起諸多「曾經存在的」集體生命模式。當這兩部電影被設定在時光流逝（一九五〇與一九六〇年代）的主題上時，電影表意的雙重性格很輕易地便製造出追憶——往日時光被描述得如此美好與不可捉摸——懷舊，以及隨之而來的多愁善感氣息。

在大部分觀眾越來越傾向利用移動式設備如VCDs和DVDs來觀看電影的現在，影片裡關於往事的感傷敘事也開始快速流通。也就是這樣的快速流通，這樣的運行方式，讓多愁善感染上當代色彩。兩者並行不悖的結果，就是多愁善感的不變特質和科技的多變性格，在全球通路中，共同創造出一種急速變化的資本，使得最鄉土的日常生活元素——因為不斷傳輸的結果——迅速轉化為最勁爆的多變樣貌。就這點而言，巴索里尼所提出的「粗野語言」和「前成文歷史」（如在張藝謀和王家衛電影中的）也終究可以成為詹明信（Fredric Jameson）所謂的：本土文化的後現代式具體化（Jameson, *Postmodernism*）；諷刺的是，當導演竭盡全力地，試圖以各種「文化特產」（cultural particulars）復甦或捕捉往日時空時，卻是最能夠表現這種後現代典型症狀的時候。張藝謀和王家衛在美學與政治上的兩極化歧異——，以及兩人表現出來的不同類型的多愁善感——也許正好體現了所有在二十一世紀之交，從事跨文化研究者普遍面

臨到的意識形態僵局。杜贊奇（Prasenjit Duara）從批評史學的觀點簡單扼要地描述了這種僵局：

> 那些曾經從馬克思主義和社會理論得到靈感的批評理論，面臨到一個不可能再有非資本主義（non-capitalist）解放、革命階級不被信任的世界。同時，資本主義的全球化，持續加深強勢和弱勢族群的隔閡；國家社會的內耗，引發反動，導致更多國家、種族與文化的暴力和排外行動。（87）

　　一直到現在，張藝謀還是堅守他那套社會主義人道主義立場。他近期的作品，諸如《一個都不能少》、《幸福時光》、《我的父親母親》等，都清楚地勾勒出國家主義的內涵。張藝謀的中國性，只是附著在國家政治歷史光環下的情感渣滓。不管如何講究美學效果，類似《我的父親母親》這樣的電影，如果少去了歷史感傷，以及它極力夾帶的希望包袱（burden of hope），就沒什麼意義了。這種救贖的企圖，和張藝謀早期電影中所流露出來的嚴厲歷史批判截然不同。其關於日常生活的演出——例如結婚典禮、家常習俗，以及各種地方活動和特產，都近似「杜撰」[13]。在王家衛方面，民族顯得比較區域化，也更形流動。王的重點不在表現中國。他的焦點是：一九六〇年代香港的上海社區。這種把注意力放在某個離散人群的傾向，使得電影與變成地理政治／國家議題的中國性之間，關係模糊而薄弱。他的電影所展現的，是更普遍的人的戲劇。這種另類的人道主義，並沒有張藝謀暗藏的政治企圖心；相反地，它把電影導向一種不斷繁殖影像的懷舊狀態；歷史也因此轉化成大雜燴和

---

[13] 譬如，釀酒、迎接新娘、大戶人家提燈等等儀式。參見我的《原初的激情》（*Primitive*），第4章第2部分，對這些「民俗細節」有更詳盡的討論。

虛擬影像，可以（很有效率的）悠遊全世界，讓不同地方的人——
莫斯科人、紐約人、巴黎人，甚至是北京人——都能欣然接受它的
情感結構。正因為王家衛並沒有刻意在電影中召喚「中國」——雖
然電影運用了中國移民在香港的集散地（enclave）作為故事發生的
場所——所以，王家衛達到了一種普遍性。如此被展示／移位，以
及傳播的中國性，再也無法回到原來的軌道，與傳統緊密聯結；而
中國性也從此匿名，變成全球通用的東西；它的內涵不再是歷史，
而是影像、人工，和商品。

　　擺盪在已然破產的社會主義人道主義美學景觀，與舉世皆然的
人類慾望形上美學景觀之間，中國當代電影的多愁善感回歸，為我
們批評實踐帶來新的課題：我們是否應該枉顧時代需求，死守過去
或理想中的烏托邦思考，以之為救贖美學的一部分？我們是否應該
順應時代潮流，以熟諳世故的妥協姿態，接受事物一向且會一直都
有的偶發性？被這樣思考的日常生活，正可當成我們此刻面對理論
困境時的最好例證——而它的再現，永遠都需要我們不斷地認真思
考。

回應周蕾

理論抗拒與日常生活

林文淇

一、〈理論的抗拒〉

　　雖然周蕾（Rey Chow）用她相較於荷米・巴巴（Homi Bhabha）或是史碧娃克（Gayatri Chakravorty Spivak）的著作而言淺顯許多的英文來寫作，但是我想對於台灣的部分（尤其是學生）讀者而言，應該還是有些難度，因此容我先以簡單明瞭的語言將其論點稍作說明。

　　針對當下抱怨批判寫作（尤其是後結構主義）的語言過於艱澀，周蕾在本文中首先指出，這種質疑是根源於人文領域不被一般大眾認定為是如科學或是醫學的專業領域，因此當其所使用的語言無法像我在這裡所做的摘要那般清晰易懂時，便被認定是有問題。周蕾接著將後結構主義理論的語言問題做了一個簡要的歷史分析。她主要以解構主義全盛時期的大將德曼（Paul de Man）的論述為本，說明後結構主義最具影響力之處，就是其對於語言的直接性與透明性的大力抨擊。而這與理體中心主義（logocentrism）對語言的觀點似乎不謀而合的共通點，就是二者都是透過反語言直接性來抗拒西方文化的威權。就後結構主義理論而言，它反理體中心主義去

擁抱語言的民主性，但是因為自己語言的艱澀不幸成為民主的罪人。

　　周蕾以羅蘭‧巴特（Roland Barthes）的著作為例，具體說明後結構主義所面臨的這個困境。巴特將那種伐木工人砍樹時所用的語言定義為一種被壓迫者常用的「粗野語言」（未受神話／迷思或是意識形態扭曲），周蕾逮到巴特這裡對語言的立場其實與批判後結構主義理論者相去不遠。周蕾又引用巴特對於數學語言與現代詩的觀點（二者都抗拒神話／迷思但是又因為其完全的抗拒，反而更容易受害），來說明後結構主義本來應該是要抗拒晚近資本主義對於語言直接性與透明性的蠻悍要求，但是本身卻是在全球化的當下，在亞洲較為富裕的開發中國家的學院中（如台灣的國立交通大學）透過其高度語言艱澀所鋪撒的神話之網，任由數位知名的學者將自身包裝成高高在上的名牌學術商品。套句台灣流行的政治語言，真是令人情何以堪哪！

　　周蕾的論述，道出了現下全球人文領域學術圈中藉由「理論」知識及其刻意艱澀的語言所進行的政治角力之官場現形記，也道出了在這個學術／政治圈中弱勢者（也就是看不懂又無法裝得很懂的學生，以及諸多學者）的心聲。我為周蕾自己身為被廣泛閱讀的後結構理論家之一而勇於就此一現象撰文批判而喝采。

　　然而，我另一方面卻也要指出，「後結構主義理論」在本文中被籠統地定義成一個統一的主體，而且不論不同的理論著述是否因著內容與主題而產生不同寫作密度或是推理深度的必要性，就將其語言之使用抽離出來，僅就其「難度」來討論，從而劃分菁英與群眾區別，是過度簡化「後結構理論」的做法。

　　周蕾在文中已經點出批判理論應該可以是專業的知識，毋須因為人文領域所處理的對象是大眾所熟悉的日常生活事物的模擬，其研究論述就必須老少皆可讀。以周蕾這篇文章，以及我的回應為

例，她大量引用德曼這位文字難度極高的理論者的論點寫成她較為可讀易懂的論述，而我歸納她的論點，再寫成適合台灣學生閱讀的摘要，這原本就是各專業領域必然會形成的知識傳遞分工。倘若文中所指名道姓的理論家，真能在其著作中或本人在全球的旅行中為其讀者與觀眾傳道解惑而備受尊崇，那應是我們所樂見之事，也是這個領域的後起之輩應極力效法的典範。

周文中所批判的理論拜物化的現象，其根源我想是更加錯綜複雜的學院政治、東西文化勢力落差，以及學術專業知識能力等問題糾結的結果。以台灣的外國文學領域為例，針對周蕾在文末所提的現象，我以月亮為例，大概可以想到的問題就有：

1. 外（美）國的月亮絕對比較圓（或者國外來的燈泡就是月亮）的心態：外國學者（院）必定優於國內學者（院）；

2. 本國很多月亮不夠圓的事實：國內學術成就在不少方面仍不夠優異，導致對於新的（國外）理論無法對話；

3. 本國月亮一定要跟外（美）國月亮長得一個樣的觀念：對於台灣外國文學領域的定義缺乏在地性的思考，導致對於愈無法理解的外國理論愈全盤接收其看似優越的理論性的情況；

4. 電燈泡跟月亮分辨不出來的窘境：國內整體學術人口與學術水準在過去及目前仍無法有效審核眾多國內外學者著作的優劣；

5. 日蝕現象過於頻繁的現象：國內學院大量成立，但師資仍不夠齊備，以致老師誤導或阻礙優秀學生發展的現象；

6. 許多美麗的星星都覺得需要裝成醜醜的月亮的悲劇：由於缺乏多元的學術典範，學生及年輕學者往往擁抱其所認定或被教導的主流領域及研究方法，而無法開創新主題、風格、領域的情形。

我同意周蕾的結論：這個現象在當下後現代文化邏輯及全球化的推波助瀾下，學術研究不免受到影響，追求立即成就、曝光率，更別談其中隱含的物質利益，這個現象其實還會持續很長的時間，

或許不會有根本改變的一天。

二、〈多愁善感的回歸〉

周蕾在第二篇論文中藉由巴索里尼的電影理論之啟發，要來討論電影中的「日常生活」的議題。她認為「日常生活」既然本身（in and by itself）就已經是被符徵化的現象（也就是已經是透過符號指涉被理解的現象），所以當其被呈現在電影中時，將會是更混雜化的不同層次的意義的互相衝撞。她以王家衛的《花樣年華》，以及張藝謀的《我的父親母親》為例，要來說明「日常生活」不應該被當作是某個時候、一段歷史或是一種文化，其在電影中的呈現是有極其複雜的符號指涉的風貌。

關於這一點，我完全同意，只是在這樣的定義下「日常生活」這個觀念其實就沒有理論上的特殊性與必要性了──因為它在符號指涉（意義）之外是不可指的。她援引巴索里尼說當一個人獨自漫步時，會發現周遭的事物如行人過客的面容、舉止或是路標、圓環等等「看來具有多重意義」的事物，都會「粗魯地透過它們的存在『說話』」。從中我們就可以看出，真正說話的不是它們的存在，而是被這位踽踽獨行的漫步者所接收／解釋的意義。周蕾清楚知道所謂的「日常生活」其實是一個「空的類別」，但是在她試圖為這個名詞找出新的理論意義的動機下，她依舊利用這個名詞來討論王與張的影片。我認為，這因此局限了周蕾對這二部影片的解讀。

周蕾認為《我的父親母親》中「日常生活」（偶遇、做飯、蓋學校等）的主要意義在於其指涉勞力，片中的自然環境與人物之間有密切的關係，影片透過男女主角（尤其是招娣）能夠克服自然與生活的困境而成功，傳達了中國社會主義原有的人民同心協力的社會性，達到在國家民族層次上的正面意義。相反地，《花樣年華》

中的「日常生活」（例如經常擦身而過相遇）傳達的卻是人性往往無法滿足的慾望中某種「單調」與「慵懶」。「日常生活」因此只是片中將二人相遇的「戲劇化」手法（所以用慢動作鏡頭），自然的生活景象因而被「陌生化」。片中男女主角雖然有著諸多可以結合的機會，但是卻僅止於「即興演出」式的交往。二人在感官上安於現狀，但是精神上卻熱切渴望；這種無法相接，成為片中標舉的一種超乎社會與文化的人間劇。周蕾認為王家衛擅長呈現這種不久長的人際關係，正是他能夠受到全球觀眾喜愛的重要原因。

　　我以為周蕾受巴索里尼誤導，將重心放在解讀二片中自然發生／聲所被捕捉下來的「日常生活」之呈現，因此使得她雖然能夠指出二片在處理二個非常不同的情感關係上的細膩形式特徵，但是終究沒有能夠正確讀出二片感傷地回到懷舊的過去（nostalgic sentimental returns），以截然不同的風格編織出截然不同的二則愛情故事，其背後所傳達出來關於個人與外在自然或社會之間的關係，也就是意識形態。

三、對於兩部影片的簡要解讀

　　我對兩部影片的分析與周蕾的觀點恰恰相反，我認為在《我的父親母親》中自然與社會在影片中僅僅是招娣與先生的愛情故事之道具背景，而沒有具體的（尤其是馬克思主義所探究的）相互關係。周蕾正確地看到了如修補破碗及手工織布的鏡頭是指涉到一個舊有、社群的、即便有死亡依舊是正面的社會性。然而這些鏡頭必須被放在影片整體形式的架構下來檢視，因此我們必須同時指出影片其他幾個重要的形式特徵，包括：

　　1. 天真爛漫到濫情地步的（sentimental）招娣與先生的大特寫鏡頭與三合屯的大遠景鏡頭的交互剪接；

　　2. 以一段毫不受外力影響的（招娣的）愛情故事來呈現中國三、四○年的近代史之敘事手法；

　　3. 張藝謀慣用的循環式歷史結構（兒子找到回家的路，讓歷史重回到父親與母親相遇的起點）。

　　在影片中我們看不到村民生產的模式，看不到文化大革命的具體作用（除了成為讓招娣與先生的愛情更堅貞感人的必要障礙），也看不到村子在中國經濟改革開放之後人口大量外移的問題如何解決。取而代之的是似乎完全超脫於中國歷史之外的一對情人，他們堅貞不變的愛情，一如招娣後來堅持抬棺的舊有習俗、永遠安詳的三合屯土地的鏡頭，以及永遠感激先生的眾多學生，在在都暗示著在變動的中國歷史中純真不變的中國文化與社會本質（一如《阿甘正傳》[Forrest Gump] 與《霸王別姬》）。影片在結尾安排在城內工作（顯然不常回村）的兒子決定多留「一天」承繼父業，以帶學生朗讀當年的課本，彷彿告訴觀眾：中國歷史不曾改變。

　　當我們將帶來無比偷窺愉悅的目光從「彷彿在畫中」的章子怡的身上，轉到這部影片中完全不在（因而無所不在）的現實中國，尤其是急劇資本主義化的都市中國，我們才會驚覺這部影片雖然在影像與愛情故事的成就極高，卻是必須受到電影與文化評論批判的原因。請聽「鮑家街四十三號」樂團在他們第二張專輯《極度風暴》中的一首歌〈瓦解〉中所刻畫的一個搖滾歌手所看見的中國社會當下：

　　　　經過這個批發生產的城市
　　　　經過建國門裡幾百支霓虹燈
　　　　經過自動提款機股票機終端機
　　　　經過城東路旁天使般的少女
　　　　經過冰凍的電和分裂的月光

經過放著響屁的高級轎車
經過千軍萬馬似的烏合之眾
經過我們將被投入金錢攪拌機的二十世紀末

（我看著自己越來越不是自己
可我已經無法找到自己
我眼看著自己越來越看不起自己
可我已經沒有信心尊重自己
我眼看著我的精神漸漸崩潰
可我已經無法平衡自己
我眼看著自己和這個世界一起瓦解
可我已經無力挽救自己）

經過超級市場遊樂場和廣場
經過電腦晶片和留言組成的機器網
經過慾望風景線映照著的天空
經過狂亂的空空如也的一無所有
經過一直涼到腳心底的自暴自棄
經過欺騙獲取失去和忘卻
經過無數次高潮後痛徹心扉的莫名傷感
（……）

經過靈魂跳著空虛舞蹈的星期六晚上
經過完美的機器夢裡輕聲的抽泣
經過鑲著金邊兒的發著光的打折的自由
經過跳起後飛行可永遠不能再落地的失重感覺
經過報紙電話廣告牌兒和高架橋

經過香菸螢幕網路和暴風雨
經過街道山脈海和永恆
經過愛和生活經過許多年許多幻想
（……）

我們這一代用青春購買著夢和靈魂
可殘酷的變化將大腦洗鍊殆盡
價格昂貴的虛無日復一日的眼淚
填滿了這世界上最優秀的心臟
尊敬的孔子先生此刻你的手正指向何方
我躺在柔軟的床上冥想著沒有時間的空間
窗外是筋疲力盡的未來
所有這一切意味著也許我的人生將是一個玩笑
（……）[1]

　　《我的父親母親》透過黑白與彩色的區別，來暗示對於過去社
會與時代一種傷感的回顧，然而中國當下社會並非僅僅是失去了顏
色。張藝謀在《有話好好說》中透過歪斜的鏡頭、快速的剪接、扭
曲的人格、若即若離的愛情關係，以及一個老先生好不容易買的一
台筆記型電腦卻被人順手抄起當作磚塊砸碎的暗喻，曾經準確地傳
達中國當下都市社會的「日常生活」之真義。觀眾可以單純地將
《我的父親母親》這部影片當作娛樂片，盡情享受這部由哥倫比亞
公司所發行的中國電影所帶來的觀影愉悅，但是它在觀眾傷感的淚
水中所傳達的社會意義是不會隨之流去的。

1〈瓦解〉收入於「鮑家街四十三號」樂團的專輯，《鮑家街四十三號》（台北：駿
　驤實業，2000，SKC-CR033）。詞曲由汪峰所作。

　　至於《花樣年華》，我有些訝異周蕾忽略她所稱的「日常生活」的場面調度與片中人物之間有極其密切的關係（上午的討論似乎也沒有人提及）。影片開頭出現的插卡，是一個一般認為非常王家衛式或是村上春樹式的形式，也就是周蕾文中所謂超乎社會與文化的愛情偶遇：

> 那是一種難堪的相對，
> 她一直低羞著頭，
> 給他一個接近的機會，
> 他沒有勇氣接近，
> 她掉轉身，走了。

　　觀眾若把它當作是影片以一種「前言」的方式對於故事先行提供一個總結，就忽略了在它之後的故事內容顯然有所出入：片中沒有勇氣接近愛情的人是張曼玉所扮演的蘇而不是梁朝偉的周。周蕾注意到了片中慢動作鏡頭所傳達的單調與慵懶，但是在分析影片呈現這種慵懶心情的動機時，影片中二人情感的發展並未被納進來一起討論。影片的敘事並未呈現周蕾所謂的感官上的安於現狀與精神上的渴望之間的斷裂，影片其實從開頭就透過各種鏡頭呈現二人在身體、感情、家庭生活中的渴望與不滿（例如二人的伴侶不僅經常不在，更從未正面出現）。

　　相較於《我的父親母親》中招娣與先生往來於學校與住家，村莊與縣城的路上，蘇與周二人僅能在巷弄及租處的階梯中上下擦身而過，無路可逃。另外無路可逃的日常生活之呈現還包括：巷弄、租處狹窄的走道與房間，以及似乎永不停歇、單調卻顯示花樣年華逐漸耗去的時間（二人工作場所的時鐘鏡頭）、鄰居等人的（監視）目光（僅是共進午餐卻必須等二天後鄰居散去才能出現）、上海房

東太太的警告（先生不在不該太晚回來）、禮教的束縛（不能像通
姦的另一半一樣）。在片中蘇與周二人的鏡頭往往是由攝影機先拍
攝他們周遭的事物後才橫搖到他們身上，在這些鏡頭的景框裡他們
也幾乎都是被前景的鄰居或家具、柵欄、牆壁、窗戶等物件所部分
遮蔽。在銀幕上這對可憐的敢戀不敢言的戀人之出現，經常只是他
們部分身體的特寫，例如二人輕撫牆壁或是樓梯欄杆或是敲門的戴
著結婚戒指的手，以及蘇被旗袍高領所束縛的頸。而影片中大量使
用的慢動作鏡頭一方面透露二人的極度慵懶與寂寥，另一方面也是
他們被稠密的社會關係所膠黏狀態之視覺隱喻。

　　我們若不能看見片中這空間、時間、社群所擺下的天羅地網，
如何接受這二位鎮日擦身而過，對生活現狀同樣不滿，已經在模擬
通姦的表演中肌膚相親的男女，為何沒有如他們的另一半早早委身
相許。如此說來，張曼玉那身僅僅束縛著她的旗袍（尤其是掐著她
的脖子讓人幾乎要為她窒息的高領），在片中與它的主人之間的關
係，難道不是遠較於《我的父親母親》中招娣的那隻髮簪來得更具
意義？

測量全球商品的飛行高度
——從理論到電影，從字義到隱喻

張小虹

「全球商品」（global commodity）為當前批評理論所慣用的重要術語之一，多用以指稱全球資本主義急速發達之下，商品無重力、無阻力的自由流通，超越國族與地域的文化疆界。

而本文則將以「全球商品」的批評角度，切入討論周蕾教授的兩篇論文：〈理論的抗拒〉（"The Resistance of Theory; or, the Worth of Agony"）與〈多愁善感的回歸——張藝謀與王家衛近期電影中的「日常生活」手法〉（"Sentimental Returns: On the Uses of the Everyday in the Recent Films of Zhang Yimou and Wong Kar-wai"）。而以下的討論與其說是對這兩篇文章的批評，不如說是以這兩篇文章為出發點的後續思考。這兩篇文章的精采，不僅在於思辨敏捷、功力深厚的大家風範，更在於其繁複的思考動量可強烈感染閱讀者，讓批評成為一種思想的接力，讓書寫成為開放的文本，激發後續對話的慾望。

這兩篇論文，一談當代後結構理論對意識形態收編的抗拒，一談華文懷舊電影中的日常生活再現，但兩篇論文不約而同地在結尾部分，皆以「全球商品」的概念作為批評論述的歸結。〈理論的抗拒〉一文的結尾部分指陳，當代艱澀難懂的後結構理論如何在富裕

的東亞國家，經由在地文化掮客（cultural brokers）的穿針引線，而如時髦流行的「全球商品」般暢通無阻。而〈多愁善感的回歸〉一文的結尾部分，則比較文中兩部充滿日常生活元素與在地殊異性的電影——張藝謀的《我的父親母親》與王家衛的《花樣年華》，認為後者零碎化的「中國性」更具有全球流通的價值，能順利地成為後現代懷舊的「全球商品」、「影像散播的鄉愁」（"an image-proliferating nostalgia"），將歷史轉化為「混仿」（pastiche）與「擬像」（simulacrum），以其共通的情感結構，跨國跨文化地訴諸於莫斯科、紐約、巴黎與北京各地的觀眾。

這以「全球商品」為理論與電影殊途同歸的結論方式，確實引發相當的不安，而其主要原因乃在於以「全球商品」為前提的預設與導引出的推論方向。〈理論的抗拒〉結尾預設了「西方vs.其他」（the West vs. the Rest）二元對立下學術權力的不均衡發展。在此預設下，歐美學院的後結構主義大師，被當成歐美理論帝國主義下身負教化使命的傳教士，而富裕的東亞國家學術界，則被當成花大錢買罪（理論）受的冤大頭，展現出一種在此姑且名為「受虐式學舌」（masochistic mimicry）——理論越讀不懂越痛苦、越痛苦就越覺得有學問——的扭曲心態。而〈多愁善感的回歸〉結尾則呈顯出一種全球流通、齊頭式消費的傾向，預設某種普世的人性價值與放諸四海皆準的情感結構，全球暢通無阻的交換流通。

換言之，兩篇論文對「全球商品」的歸結論述，不論是強調權力的不均衡發展，或是均值化、普世化的後現代商品模式，都迴避了「差異」可能造成的顛覆。在〈理論的抗拒〉中，東亞學術圈之內與之外的差異可能，皆被當成「受虐式學舌」由西到東、由上游到下游的學術權力單向宰制與被動模仿，排除了其他參考座標、歷史差異與各種變形、創造、互動與因地置宜的可能。而在〈多愁善感的回歸〉中，莫斯科、紐約、巴黎與北京觀眾觀影經驗的可能差

異，也被弭平為全球消費的等同模式。昔日拍給外國人看、拍給本國人看的爭議不復存在，在資金、團隊與流通管道的跨國組合下，傑出的華文電影似乎是拍給全球人看的，內外、國界與歷史文化差異皆不足以阻礙後現代影像的散播流通與普同消費。

　　在此推論下，被當成「全球商品」的後結構理論，讓東亞學者淪為次殖民地的理論次等公民，而被當成「全球商品」的華文電影，則快速略過台灣、香港與中國大陸華文觀眾可能被召喚的歷史、地域、身體記憶與文化想像的殊異性，也過早排除全球化下「強勢好萊塢電影」（全球商業發行）與「穿國（transnational）電影」（透過影展、藝術電影院線的有限發行）從創作面到市場面的巨大差異。如果我們對這樣的結論感到不安，如果我們對後結構理論的散播流通，有不一樣的歷史解讀與政治批判，如果我們對後現代慣用的「沒有記憶的懷舊」（nostalgia without memory）、「情感的消退」（the waning of affect）（Jameson, *Postmodern*）等影像論述感到不滿，也許正是我們該回過頭來，重新檢視「全球商品」的概念，以及「全球商品」作為論述批判著力點可能的局限。

　　對馬克思（Karl Marx）而言，「商品」（commodity）之匪夷所思，不僅在於「商品」的「影像」誘惑，遮掩了勞動生產的過程，更在於「商品」作為一種「抽象形式」（abstract form），徹底將「產物」（product）的物質形式與使用價值，轉換為交換價值形式。由一件大衣＝二十碼麻布的「簡單價值形式」，發展到一件大衣＝二十碼麻布＝十磅茶葉＝四十磅咖啡的「擴展價值形式」，再發展到一件大衣＝十磅茶葉＝四十磅咖啡＝二十碼麻布的「普遍價值形式」，再發展到一件大衣＝十磅茶葉＝四十磅咖啡＝二十碼麻布＝二盎司金的「錢的形式」。因而「商品」作為一種「價值形式」而言，「商品體的對象性是可感的、粗糙的，但是相反地：價值對象性卻絲毫不帶一丁點自然材質。因此，你可以任意把一個單個的商

品翻來轉去，但是這個商品卻怎麼看也看不成一個價值物」（Marx 64）。換言之，由「產物」轉換成「商品」的重要關鍵就在「去物質化」，成為抽象的形式以利交換流通。而如何讀出由「產物」到「商品」過程中的「物質性殘餘或溢出」，則是將「商品」去抽象化、去形式化、去概念化，由「高空飛行」轉為「落地生根」，（此處的「根」當然充滿「根莖」（the rhizome）的聯想、「根源」即「路徑」（roots as routes）的去本質化）。一旦「商品」中疊映著「產物」、「全球」中疊映著「在地」，我們便可以嘗試找出另一種談論「全球商品」的方式，一個對抽象性與普世價值更多質疑、對歷史與文化殊異性更多關照的批評論述方式。

一、台灣場域：「再地化」（re-site）與「再引述」（re-cite）

　　第一篇論文〈理論的抗拒〉呈現了周蕾深厚的理論訓練，以致能巧妙出入各種對當代後結構理論褒貶的爭議之中，並提出對當代理論「艱澀」的詮釋脈絡：二十世紀末的後結構理論，乃是對西方自啟蒙以降強調的語言「工具主義」（instrumentalism）之反動，承續了二十世紀初西方現代主義興盛期對前衛語言之執著，其「艱澀」正在於凸顯語言本身的「曖昧、隱匿、不可穿透」（opacity, obscurity, impenetrability）。但既反諷又不幸的是，在當代全球化資本主義的推波助瀾之下，原本刻意迴避「工具主義」意識形態收編的後結構主義大師們，卻抗拒不了文化商品／金錢資本的流通，搖身一變成為非西方國家的座上賓，享受著無上的特權與尊榮。

　　而以下的討論，就是企圖就此詮釋架構提出一些不一樣的觀察點與思考脈絡。首先，論文中使用了許多宗教術語，如「基督的許諾」、「清教徒的抗拒」與「傳道熱忱」等，這些當代後殖民論述中慣用的詞語表達，旨在凸顯西方帝國殖民主義與基督教教化使命

的合謀，早已為大家耳熟能詳。但在本文的使用脈絡中，卻帶出了文化適切性的複雜問題。例如當代對德希達（Jacques Derrida）解構主義的「宗教」與「文化」脈絡詮釋，多集中於德希達的「猶太裔」，以及西伯來文明重文字輕意象的文化傳統[1]。那以基督教修辭作為詮釋架構的方式，又該和現有的批評閱讀如何疏通、如何融匯？又如文中提及全球膜拜的理論大師名單中包括後殖民學者薩依德（Edward W. Said）、史碧娃克（G. C. Spivak）與巴巴（Homi Bhabha）等人，他／她們的文化與宗教背景又是否合適於放入此基督教教化使命的修辭架構中？

這些矛盾的出現，讓我們更清楚〈理論的抗拒〉一文所採取「後結構」與「後殖民」分爐冶之的批判立場。在這篇氣勢強盛、環環相扣的精采論述中，周蕾所刻意強調的重點有二：一是後結構理論對語言本身的反省，對西方「理體中心主義」（logocentrism）的解構，二是針對後結構理論所提出的後殖民批判，質疑其已淪落為跨國資本主義的「全球商品」。但德希達、薩依德、史碧娃克與巴巴等人名的出現，是否正是讓這兩個分爐冶之的重點彼此相互塌陷，後結構「總已」是後殖民，而後結構理論「全球化」由中心到邊緣的擴散傳播，「總已」是後殖民理論「飄流離散」（diaspora）的去中心。

順著這樣思考脈絡，我們可以舉德希達著名的〈人文學科論述中的結構，符號與活動〉（"Structure, Sign and Play in the Discourse of the Human Sciences"）一文為例，來說明後結構為何「總已」是後殖民。該文以李維史陀（Claude Lévi-Strauss）的結構人類學作為出

---

[1] 可參見馬丁・傑（Jay）《低垂的眼睛》（*Downcast Eyes*）一書中對西伯來文明與希臘文明的比較，以及第9章對德希達解構主義中「不可再現性的倫理」（ethics of unrepresentability）之討論。

發點，指出「中心」既在內又在外的曖昧，「中心」遂逃躲結構性而成為「去中心」（ex-centric），並接著提出「符號」的概念，以鬆動西方「存有形上學」（the metaphysics of presence）的傳統。對德希達而言，西方形上學的破產主要來自兩方面的力量，一是內部的批判，如尼采（F. W. Nietzsche）、佛洛依德（Sigmund Freud）、海德格（Martin Heidegger）等人的論著，一是民族志（ethnography）的興起，提供了對「種族中心主義」（ethnocentrism）的強力批判。換言之，「中心」為何不再有效，不再能夠一統天下，不僅在於語言的活動與「填補性」（supplementality）本身就已排除了整體化的可能，更在於「黑暗」大陸（相對於「陽物理體視覺中心主義」[phallogocularcentrism] 而言）的浮現，而此「黑暗」大陸所影射的既是語言文化也是歷史地理政治的「怪獸性」（monstrosity）。

　　因而對德希達而言，西方「理體中心主義」的解構與西方「種族中心主義」的批判，乃同時發生、相互構連的二合一。這也可以說明為何在談論後結構主義興起的歷史地理脈絡中，德希達的「法國阿爾及利亞人」的身分會被一再凸顯。正如批評家羅伯·楊（Robert J. C. Young）所指出的，西方帝國殖民主義的歷史，牽動著複雜的效應與情感，而「阿爾及利亞猶太人」（the Jew of Algeria）的解殖民過程，更造成了「雜種性」（hybridity）、「不確定性」（undecidability）、「介於其間」（in-betweenness）的種種猶疑擺盪[2]。有了這層理解，我們可以重新回到論文的題目「理論的抗拒」，這

---

2 對羅伯·楊而言，「結構主義來自東方（指俄國與東歐），後結構主義來自南方（指阿爾及利亞）」（413）。除了德希達之外，楊所點名與阿爾及利亞有密切地緣關係的理論家還包括法農（Frantz Fanon）、梅密（Albert Memmi）、西蘇（Hélène Cixous）、布赫迪爾（Pierre Bourdieu）、阿圖塞（Louis Althusser）與李歐塔（Jean-François Lyotard）等。

個聰明的題目巧妙挪用德曼（Paul de Man）的名著《對理論的抗拒》（*The Resistance to Theory*），以of取代to，順利將論述的焦點由對理論的抗拒（他／她們為什麼要抗拒理論），轉成探討理論本身的抗拒（理論在抗拒什麼）。但如果後結構「總已」是後殖民，那「理論的抗拒」就「總已」是「對理論的抗拒」，後結構後殖民理論即是對西方「理體中心」與「種族中心」主義的抗拒，而後結構後殖民理論之所以「艱澀」，其部分原因或許正來自其既在西方「陽物理體視覺中心主義」之內也在之外，既是其延續也是其批判。

　　而如此大費周章地另闢蹊徑，不循周蕾原有詮釋脈絡的主要原因，除了是對以後結構理論上溯現代主義晦澀語言的不安外（都還是在西方現代性的單向架構中），更是對原有詮釋脈絡所推論導引出「文化掮客」與「受虐式學舌」等說法的難以接受。也許在富裕的東亞國家包括台灣，至今尚有不少周蕾所謂的「文化掮客」，在積極熱心引介西方理論與大師，有如西方理論帝國主義下次殖民地的買辦，但我們更關心的是在地的「文化工作者」（cultural workers）如何拼裝重組、改頭換面、因地制宜、內翻外轉後結構後殖民理論，我們更想知道理論的「過渡性」（transitionality）、「翻譯性」（translationality）與「跨國性」（transnationality）如何具體而微地發生、轉換、創造。「文化掮客」與「受虐式學舌」的被動性，讓權力中心龐大穩固，讓權力宰制單向化且靜態化，反倒失去了後結構理論「散播」（dissemination）與後殖民理論「飄流離散」的動態開放。見諸台灣過去二十年對後結構後殖民理論的挪用，早已超越了「全盤西化」、「照單全收」的階段，台灣的論述場域不斷因應各種歷史、文化、地理政治的變動而「再地化」、而「再引述」，正是凸顯後結構「總已」是後殖民的東亞最佳例證之一。

二、如何與電影「擦身而過」

　　接下來就讓我們進入第二篇論文〈多愁善感的回歸〉，看一看為何在周蕾的跨文化論述之中，當代華文的傷感懷舊電影，也可以和後結構理論一樣，成為跨國資本主義流通中的「全球商品」。如果前一部分的討論，著重在以不同的歷史與地理政治的取徑，「脈絡化」後結構理論，凸顯出不同的批評論述與戰鬥位置，那這一部分的討論重點，則是再一次由「全球商品」的概念出發，重新思考電影「隱喻性」（metaphoricity）與「字義性」（literalness）、「電影影像」與「日常生活」之間的交織張力。

　　在文章的一開頭，周蕾就帶入了電影理論家與導演巴索里尼（Pier Paolo Pasolini）的精采論述：現實裡和電影裡都沒有「樹」，只有梨子樹、蘋果樹、接骨木與仙人掌，作為概念式、抽象化語彙的「樹」並不存在其中。周蕾接著便仔細鋪展了巴索里尼在〈「詩電影」〉（"The 'Cinema of Poetry'"）一文中的主要理論架構：底層的「粗野」話語（"brute" speech）是已然存在於平凡生活中一舉一動的視覺閱讀，身歷其境的集體之感有如記憶與夢境，既具體又夢幻，其物質性的部分更可感可觸；而上層的「意象─符號」（image-signs）則屬第二層次的表意系統，充滿隱喻性與詩意，但在第一層次「粗野」話語的「牽引」（有如地心引力？）之下，不至於離地高飛、全然抽象化。

　　正如周蕾所言，聰明的巴索里尼視電影為此兩層次的交織穿插，既反對純粹語言結構主義的符號學（所有皆「再現」[re-presentation] 而非「呈現」[presentation]），又在保留「粗野」話語、「未加工」物質性（"raw" materiality）的同時強調其符碼性、建構性，小心謹慎地不讓自己落入自然、本質主義的陷阱。而聰明的周蕾也將論文中討論的重點「日常生活」，視為此兩層次之間的

互動，以圖展現電影主觀／客觀、隱喻／字義的雙重特質。然而在論文的結尾部分，周蕾顯然棄巴索里尼而就另一位後現代主義的理論大師——詹明信（Fredric Jameson）。一旦進入到全球資本主義的批評論述中，詹明信強調的「族裔文化的後現代物化」（the postmodern reification of ethnic culture）就成為主要觀點，而未能進一部質疑此後現代物化有無程度與層次上的差異？有無歷史、地理與身體記憶上的差異？是否所有的「民俗生活細節」其物化、商品化的程度都一致？是否一旦被歸類為「全球商品」其是否離地飛行的高度都一樣？（離地飛行的想像既是抽象概念向上提升的「超越」（transcendence），也是反「再地化」與反「再引述」的「離根」（disembededness）？而巴索里尼的理論（視物質性、可感觸的「粗野」話語為「意象—符號」隱喻性的在地「牽引」），又將與詹明信的理論（無深度、歷史感消失、情感消退，只剩空洞且均值劃一的抽象符號形式或平面景觀）如何融會貫通？

　　在這裡所想要嘗試的，還是和前一部分一樣的做法，以周蕾的精采論述做出發點，另闢蹊徑。如果我們順著周蕾文章前半部對巴索里尼電影理論的倚重，並將其再度深化拓展，是否會得出與詹明信後現代「全球商品」不一樣的結論方式？以文章中對《花樣年華》的討論為例，周蕾對片中服裝道具、身體姿態、移動方式所採用的閱讀策略，乃是從「字義」快速提升到「隱喻」，像片中一再重複出現蘇麗珍（張曼玉飾）與周慕雲（梁朝偉飾）在擁擠的客廳與狹窄的樓梯間不斷「擦身而過」，周蕾很精準地用了「相遇的迅速無常」（the ephemerality of the encounter）加以詮釋，然而在「擦身而過」的隱喻性之中，我更感興趣的反而是「擦身而過」中物質身體的字義性，片中反覆不斷出現的各種摩擦，身體與身體的摩擦、身體與布料的摩擦，光影與牆壁的摩擦，顏色與材質的摩擦，是空間的界面交疊，也是時間的緩步輕移，流連徘徊在可感物質性的表

面。而這些具體而微的表面與界面摩擦，正是《花樣年華》飽滿情慾的「粗野」話語與「意象─符號」的交織，《花樣年華》裡「日常生活細節」、「細密真切的生活質地」的展現。

　　而這個充滿日常生活敏感細節與質地的表面，更是一個可以進入且浸入（immersion）、由「視觸覺」（visual tacility）發展出的「體感空間」（the haptic space）。對「體感空間」最生動的描繪之一，其實正是〈「詩電影」〉中周蕾在文章前面部分引用到的那段文字：「在街道上單獨行走，即使掩起耳朵，也是我們與環境的持續對話，環境透過組合它的意象做自我表達：經過人群的臉龐，他們的手勢、他們的符號、他們的動作、他們的沉默、他們的議論、他們的集體反應……還有廣告看板、路標、交通動線，總而言之，物件與事物的出現，承載著多重意義，遂以他們實在的存有粗野地『說話』」。只有在這樣的「體感空間」中，才能凸顯進入且浸入的集體性（習慣 habit、癖習 habitus 與居住 habitat 的三合一），才能讓「移動」情生意動（e-motion）。這樣的「體感空間」會幫助我們重新閱讀《花樣年華》中備受爭議的旗袍，而不再以佛洛依德的戀物模式為依歸，會讓我們瞭解拍攝香港六○年代上海移民的《花樣年華》，為何要大費周章請上海師父為演員煮上海菜吃，為何藝術指導張叔平要上山下海找舊鞋、舊衣料、舊時鐘、舊電扇、舊鍋碗瓢盆。

　　我同意周蕾所言《花樣年華》處心積慮營造的乃是一種情緒氛圍，但我卻不願將這種情緒氛圍直接解讀成存在主義式的虛無與渴望，因為《花樣年華》的迷人之處，正在於這只可意會、不可言傳的情緒氛圍，盡皆書寫流動在影像物質性的表面、充滿時間的褶皺與記憶的刺點。也許我與周蕾在《花樣年華》詮釋上最大的差異，乃在對物質性表面的不同解讀方式。周蕾強調的較是「認識論」的表面：物質性與官能性飽滿的表面，有如一道屏障螢幕，掩蓋著其

下的匱缺（精神層面的虛無與渴望），因此日常生活便淪為虛假的
舞台道具，穿著各款各色旗袍亮相的張曼玉，便成了「娃娃般的戀
物」（a doll-like fetish）。這種以「認識論」為主導的表面閱讀，也
出現在周蕾《婦女與中國現代性》（*Woman and Chinese Modernity*）
中論張愛玲「蒼涼」與《原初的激情》（*Primitive Passions*）中論張藝
謀電影的論述之中。大體而言，不論是拉岡式的精神分析或德希達
式的解構主義，都是傾向此種「認識論」的表面。

　　而這種「認識論」表面的危險，不在於揭露表面之下的「空無
所有」或表面之下不斷後延的層次衍異，而在於易於忽略表面的物
質性細節與情感性滯留。換言之，《花樣年華》的迷人之處，可能
不在於穿過重重情緒氛圍的迷障，讓我們瞭解「相遇的迅速無
常」、「存在主義式的虛無與渴望」，而可能就在於滯留表面的耳鬢
廝磨，由表面的繾綣纏綿進入且浸入這種由物質性細節鋪展出的情
緒氛圍，讓演員與觀眾都經由此具體而微的「體感空間」入戲，經
由不斷的移動摩擦而情生意動、而意亂情迷。對「認識論」的表面
而言，越是妍麗、越是具體、越是在地，就越是虛有其表，越是容
易成為跨文化、跨社會的人性指標、成為放諸四海皆準的普世性價
值。但對物質性與情感性的表面而言，日常生活的細節與質地，向
下「牽引」著「隱喻式」的向上提升，讓觀影經驗因人因時因地而
異，讓莫斯科、紐約、巴黎與北京的觀眾有不同程度的「身歷其境」
與不同層次的「感同身受」。

　　以上這兩種在後結構理論與華文傷感懷舊電影討論上的另闢蹊
徑，皆是針對「全球商品」可能預設的抽象形式所做的反思，企圖
向下牽引出更多歷史、地理、身體、記憶的交織，讓我們在「全球」
中看到「在地」的雙重疊映、「商品」中看到「產物」的雙重疊
映、「後結構」中看到「後殖民」的雙重疊映、「全球化」中看到
「擴散」與「飄流離散」的雙重疊映、「意象—符號」中看到「粗

野」話語的雙重疊映。如何凸顯歷史殊異性、如何關照地理政治性、如何帶入細節質地與身體記憶的考量，恐怕都是我們接下來對「全球化」議題所要繼續摸索探觸的方向。

跨國想像與大眾文化

白色驚恐（或《瘋狂麥斯》）及壯麗美學[*]

墨美姬（Meaghan Morris）著
蔣淑貞譯

這裡沒有阿爾卑斯懸崖、沒有雪崩或火山或野獸麇集的黑森
林，沒有地震……沒有叫人吃驚或恐怖的事降臨在這群人身
上。唯一發生過的事就是「啥都沒有」。那塊樹幹後面說不定
有一灘清水，結果是——沒有；看這天氣應該會下雨，結果呢
——沒有；越過這坡可能就有個籬笆或房子，結果——沒有。
他們躺下來，頭上群鳥掠過，天空一碧如洗，沒人來，沒事
情，就這樣。

（貝恩〔C. W. Bean 2-3〕）

啊，風水輪流轉！你前一天還睥睨群倫，下一天就可能變成
社會底層……歷史就是這樣。總之——要來點水嗎？水果呢？

（豐實姨，《瘋狂麥斯》〔*Mad Max*〕第3集，1985）

不久，很快，我們就得……承認澳洲是個離島，挨著太平洋

---

[*] 原文篇名為 "White Panic, or Mad Max and the Sublime"

世界的邊，看人家的社會和文明活力四射、蓬勃崛起。如果我們繼續背向他們……就注定會縮在角落，當個微不足道的國家。

（潔美・麥基［Jamie Mackie v］）

　　本世紀澳洲和美國的移民及外交政策皆始於白澳政策，而「雖然關於此政策的緣起已有研究，但卻罕見研究其持續力」（Brawley 1）。澳洲誠如美國、加拿大和紐西蘭，在十九世紀末時，採用新的「種族」觀——因應當時興起的國族主義和社會達爾文主義，旨在保護本國經濟——立法限制亞洲移民。不過，這無法解釋1901年制訂的這個法如何可長壽到1973年；為什麼別的國家低調執行類似法令時，澳洲卻大言不慚暢言此法的必要性？而後來又為何廢止？如何進行廢法？要回答這些問題，史恩・布勞利（Sean Brawley）研究澳洲內政所處的國際環境。

　　我不是歷史學家，但我在本文關心的問題是「如何和為何」白澳政策得以維持與改變。文化研究的方法學往往讓我們較注意「改變」，因此就太容易滿足於「稀薄」的歷史解釋，而低估了老故事的頑強生命力，以及文化改變的複雜性。例如，「白澳」不只是經由數十年養成的一套民間願力所制訂的政策，也是不計其數的故事、神話、傳說、謠言、意象，和意念所組成，它們不一定與政策的目標相符，彼此也不一定息息相關，而且自成格局，代代相傳。本文旨在簡介「壯麗」這個故事自成一命的原因，它在行銷國際的澳洲電影中的本相、變貌，甚至近來的「過期」（Carter, "Crocs" 95）所含的種種理由。

　　我從另一個較大的研究計畫[1]追索出一套寓言理論，來解釋一

1　此研究計畫開始於1991年雪梨大學的瑪莉・古納電影講座（Mari Kuttna Lecture on

九七〇和一九八〇年代的動作片及恐怖片中有關種族的政策邏輯和流行看法。我提出的問題是：所謂「國族」電影（如澳洲）如何處理如大衛・渥克（David Walker）（33）所稱的「白種人的心理動力」（the psycho dynamics of whiteness）[2]。動作片在類型電影的定義上不光是技術方面的實驗，希望達到「形成他者」（becoming-other）的「特別效果」（Deleuze and Guattari　232-309），而且在比喻層次也符合被他者侵略的想像，這些想像是由政治家、新聞從業員和知識分子百餘年來不斷灌輸於「白人」（近來通用但較狹義的詞是「盎格魯—塞爾特」）流行文化中的觀念[3]。我認為電影向來著重感染力（affective and energetic），應該把電影讀成「事件」（events）而非「徵狀陳述」（symptomatic statements）（Morris, "Tooth"）。因此我要問這些電影如何處理文化材料，這些文化素材現今常被貼上「東方

Film）、包爾美術研究所（Power Institute of Fine Arts）。感謝拉利（Laleen Jayamanne）提供意見，並對泰瑞・史密斯（Terry Smith）和包爾出版社（Power Publications）耐心編輯表示謝意。

[2] 約翰・包瑞爾（John Barrell）對於「帝國主義的心理病徵」的研究可以解釋這些動力。他不採用二元對立的模式如自己／他人、黑／白、東／西，而是描述一種三角互動關係——「這／那／他者」（10-11）——較能捕捉「白澳」在歷史形成過程中的複雜性和變異。這裡我只處理二十世紀的三角化——「白人／原住民／亞洲人」——將其中的發聲位置「白人」放在「這」。不過，澳洲一直都是多元種族的社會，而其他把社會空間三角化的方式也影響了歷史：例如十九世紀時用「英國／愛爾蘭／原住民」，有時用「英國／原住民／愛爾蘭」。有關澳洲歷史論述中發生的「這」不是「白人」，參見葛森・哈吉（Ghassan Hage）和 Foong Ling Kong。

[3] 當然這並不是說只有認為自己是「白人」才會有這些恐懼和幻想，也不是說所有或大部分的白人會如此。不過，此地我無意討論我們如何知道不同的觀眾如何解讀文本；詹姆斯・海伊（James Hay）的書倒是把這問題處理得很好。我反而對於導演如何處理以前電影的歷史素材較有興趣，這需要正面去描述不斷出現的文化比喻。

主義」的標籤（Said, *Orientalism*），但從以前到現在一直以各式面貌廣泛流傳，不但超越歷史用法，而且也成為「國族」敘事的範本（Bhabha, *Nation*）。

然而，本文會以較非正式的寫法闡釋上述重點。我要勾勒出一支美學系譜，用來解釋到處聽得到的「威脅論」（rhetoric of menace）（參閱 Perera 17），正是近年來某些倡導把澳洲鑲進「亞太世界」者所提的論調。本文開頭所引用的引文之一，其作者麥基就把「亞洲」的活潑朝氣與澳洲的「厄運」相提並論，類似這種權威口吻近來常聽到，總把澳洲比成虛弱的病人，需下猛藥才行（Kong 91）[4]。本文旨在駁斥這種論調，剖析其所依賴的「白色驚恐」（white panic）心理策略，而我用電影作為舉證。

一、麥斯和壯麗美學

1979 年，喬治・米勒（George Miller）博士在安排《瘋狂麥斯》結尾時，讓主角的妻子和小孩死亡，象徵結束私領域，從此不再區分工作和休閒、同伴和家人、公路值勤和家庭安寧。電影最有名的一景是：亟於復仇的機車暴徒衝撞抱著孩子徒步逃命的主角之妻潔絲。觀眾事實上並沒有看見撞擊場面，而是聽到一聲重擊，潔絲跌到銀幕外，然後一只小孩的鞋子翻滾在馬路上。

以當年澳洲的標準來看，這個場景太聳動了；《瘋狂麥斯》引發抗議浪潮，論者指出觀眾將「記得過多的暴力」（O' Regan 126）。事實上這是一種「錯誤記憶」，因為這個景剪輯的方式是把重點放在暗示而非明示，顯然觀眾豐富的想像力自行完成這幕暴力景象。問題是：導演暗示的是什麼？而觀眾想像的又是什麼？對於電影的

---

4 我讀了蘇文達妮・培瑞拉（Suvendrini Perera）的文章後才注意到麥基的。

記憶、版本、閱讀方式皆隨著觀眾本身複雜的個人歷史有所不同（Chow, *Woman* 3-33; Willemen 27-55），所以究竟是什麼會使得這一景強烈引發「集體神經官能症和恐懼感」（O' Regan 126）？

　　雖然觀眾在電影結尾知道潔絲尚未死，但家庭破碎則令麥斯得以自由，投身另一條主題線──前往荒原，這是個充滿暴力、呈現無政府狀態的男性世界，主角得想盡辦法避免淪為另一個暴徒。在另外兩部續集中，麥斯仍為主角。這三部曲如今已正式成為動作片經典，有撞車、男性文化，和世界末日等主題。然而，當這些電影以其神祕力量和視覺效果蜚聲國際時，批評家康絲坦・潘莉（Constance Penley）卻認為三部曲的前兩部代表了「近來反烏托邦電影……耽溺於世界末日後的純然恐怖中」（67）。

　　在澳洲，這些電影可富含社會寫實和幽默意味：第一部的賽車文化可視為「鮮明的自然主義」（Gibson 159），而第二部的形式色彩則基於澳洲人對自己流行文化的嘲諷（Cunningham）。第三部一推出，就有批評家開始嚴肅地說麥斯三部曲旨在重塑「澳洲歷史書寫」（O' Regan 127）[5]，其中原因不難想像。從失去家庭到處在漫遊／定居的衝突選擇（第二部），接著是利用罪犯勞力打造一個新社會（第三部），麥斯三部曲一再修訂白人移民神話的美夢和惡夢，同時也在探索核爆後的恐懼。採用移動、失落和疏離的修辭手法常見於現代澳洲歷史的撰述，國家的誕生是為了貿易、運輸、移民，和征服空間的夢想（Blainey）。麥斯是個移民，不抱返鄉的希望，他的

---

5 許多文章發表在已經絕版的刊物上，現在已經難找到了。現存的如下：蘇珊・德摩地（Dermody）和伊莉莎白・傑卡（Jacka）；吉卜生（[Gibson 135-57]，首先出版於1985年）；墨美姬（"Fear" 首先出版於1989年）；瓊・斯特拉頓（Stratton）。後來強調國族歷史的文章包括安・克蘭妮─法蘭西斯（Cranny-Francis）和德利亞・法科納（Falconer），而密克・柏德利克（Broderick）把這三部曲讀成後現代神話，受到米勒青睞。

故事代表置換和割裂（displacement and traumatic severance），在許多層次上正是起源於神話，向未來投射一幅不斷重複的景象（「又上路了」，朝未知前進），每一次的重複皆可視為一次全新的出發。不過，這也是一個常有暴力接觸的故事。麥斯的冒險都是有關他在路上遇到的人，而他也漸漸改變對人的態度。

此外，這三部曲也不是一個簡單的「世界毀滅後」的故事。首先看它有趣的時間結構：大毀滅不僅沒演出來，而且分散在各處。第一部中，世界末日設在此時，和觀眾的時間可以是同步，以「數年後」始，當時的世界比現在稍差，而結束時麥斯重新上路，奔向一個更糟的世界。第二部一開始，毀滅世界的石油戰爭已經過去，它發生的時間置於這兩部電影之間。但這片頭的敘事方式採倒敘法，一些拼貼的意象代表一場災難，且發生在敘事者初生以前，另外混和了一些靜態照，是從第一部的戰爭場面擷取──這種安排，彷彿潔絲是死於災難的大火裡，而不是災難降臨前死的。這三部片子的「末日」都是一種「遞減」（running down）而非突然的斷裂；「之後」的時間則只是跟麥斯的個人悲劇有關而已。第三部的時間也一樣游離、模糊；發生在第二部「之後」，麥斯老了些，社會也變得複雜些，嚴法峻刑取代了第二部的公然野蠻行徑，第二部的野蠻又是接續第一部的退化瘋狂行為。在第三部中，澳洲陸塊再一次由數個不同的文化所盤踞，由權力來區別人的等級。

這三部曲作為「接觸」的故事，也因此談到各種對立的緊張關係，如記憶和歷史、個人和公共時間、重複和單一、內爆和外放（entropy and dynamism）、平凡和精采的事件；麥斯冒險的軌跡，從中產階級的男主人到公路戰士再到身不由己的英雄角色，他面臨了種種遷徙和行動的困境，掙扎在迥然不同的經驗法則當中。這就是為什麼這三部曲，以其敘事重點放在「純然恐怖」和風土景觀（landscape），竟然就產生所謂「壯麗的情節」（plot of the sublime）

（Otto 547）——以現代的詞彙來說，就是在一個劇情中，有個活力充沛的自我（通常是白人、男性），受到來自他者的恐怖力量所威脅[6]，在驚恐下動彈不得（「在那種靈魂狀態，所有的動作都停下來，帶有某種程度的害怕」；Burke 57）；然後在瞭解這個威脅力量之後，才還神過來，恢復精力，且同時僭取對方的一些力量。

　　我在此先談三件關於壯麗美學的事。一、它極有限。近數十年來批評界重新燃起研究英美浪漫文學的興趣（Bloom; Weiskel），以及哲學美學對它的討論（Lyotard, *Lessons*）已達氾濫的地步，產生了批評文字自個的壯麗效果；我所談的則限於一般人瞭解的「壯麗」，比較是舊式的美學理念。多數後康德派的讀法是把「壯麗」認為是當主體陷於兩極困境時的問題（de Bolla; Ferguson; Hertz），我就是用這種讀法來指射某種震撼、驚訝，或僅是「印象深刻」的感覺[7]，伴隨著仰慕或尊敬（對柏克 [Edmund Burke] 而言，這是壯麗「較次等的效果」[57]）。

　　二、我要強調這個劇情的內容和用法皆有歷史差異性。對本文而言，澳洲的壯麗觀念有其實踐的力量，它作為一個故事鋪陳為殖民主義的一種特別形式，伸延到內陸、原住民的土地，以及廣袤的亞洲。壯麗的觀念如果需要某種具體事件一併來談的話，那麼相關

---

6 對於「壯麗」有不同於歐洲中心論的看法，請參見 維賈伊・米諾夏（Vijay Mishra）（"Centre", "Gothic"），他比較英國文學和梵文美學。

7 有人可以辯稱，在今天這種注重誇張廣告和販售觀光的時代，已經沒有所謂流行壯麗了。目前只有一種理論代表流行美學的過多、不純和混雜，波普（Pope）曾名之為 "bathos"，於1727年論假的壯麗時提到過。不過，我較喜歡安東尼・維德勒（Vidler）的說法，他強調「真的」壯麗和那些不純的類型如「詭態」（the grotesque）和「怪誕」（the uncanny）其實是不可分的，因為正是靠它們，壯麗才流行起來，得以一再被「誤用」。由此我們可以說，流行壯麗侵蝕了原本要嚴格區分的批評論述和流行論述：它們的力量正是要模糊壯麗理論的各種分類，繼而產生「無數的混雜」（De Man 139），導致理論家在評論前必須釐清論述的基點。

的讀法如現代歐美記述性別（Diehl; Yaeger）、性取向（Edelman）、奴隸制度和種族恐懼（Gilroy）、個人主義（Ferguson）、國族主義（Simpson）和「頑強的帝國主義」（Weiskel 6）的讀法，也許得另文詳議。

例如，澳洲白人文學中，「壯麗的語言」常為「旅行者、探險家和作家使用，在二十世紀仍隨處可見，作為一種論述，適合描述與陌生土地和人民相遇時的感覺」（Otto 548），而這種「語言」主要是柏克的。英國對澳洲的侵略始於1788年，而柏克的著作《壯麗與柔美的起源：一個哲學的探討》（*A Philosophical Enquiry into the Origin of Our Ideas of the Sublime and Beautiful*）（分別出版於1757和1759年）是早期殖民者必讀之書，用來當作「基本手冊——即使在墾地時」（Dixon 48），以便整理他們遇見「風土景觀」時產生的反應。然而，現實往往不合那種語言，手冊對不上囷墾地、模式也與經驗不相符，體會不到壯麗的「情節」。這個對於「歐洲視野」的初次練習失敗了，隨後便是一連串努力，要重新找出觀察的方法和描述的方式（Carter, *Road*; Gibson）。

「那裡沒有阿爾卑斯懸崖」，貝恩（2）在《走在羊毛路上》（*On the Wool Track*）寫道，他以權威的筆調欲演練壯麗詞彙，但這種語言卻無法描述「男子相繼死亡的地方」[8]。在此地光是「不驚不懼」（nothing appalling and horrible）本身就夠令人驚懼，其產生的力量被描述為「啥都沒有事實上是一種非常強大的能動力」（Thompson 164），正是造成人們死亡的力量：它已經「實際上弄死他們了」（Bean 2）。這種演練方式令壯麗呈現的不再是殖民歷史血淋淋的衝突，反而是以蒼白的形上學來說明風土景觀，在這塊土地

---

[8]《走在羊毛路上》是澳洲文學經典作品。不過，我對這段引文的解讀要歸功於克莉絲蒂娜・湯普森（[Christina Thompson, 1987]）。

上人類遇到的是「未知」（Otto　549）。原住民則根本沒寫在這劇本裡，劇本中只創造了「無人之地」（terra nullius）（參見Reynolds）；如果北美洲的「西部」文類承認有移民和原住民的暴力抗爭，那麼在澳洲則是「什麼都沒發生」。貝恩的文字在這點已有巧妙的呈現，當他說到那個嚇到柏克的「黑色效應」（effects of the blackness）（Burke　147-49; Gilroy 8-9）卻與懸崖和峭壁被放在一邊：「有些危險是來自黑人那裡——不是很危險啦。真正的危險是來自土地本身」（Bean　2）。

　　貝恩對渴死有精采的描述，談到渴死人的地方不是沙漠，而是「看起來像是個美麗寬敞的莊園，有緩坡及柔美的灰樹叢」（2-3），這裡我們明顯看出柏克的美學觀在澳洲的流行程度：遇到不適用此美學模式之處，白人移民還是可以「舊瓶裝新酒」；描述不同國度時，就締造國族神話。《走在羊毛路上》出版後一年，羅素（Bertrand Russell）在他的書裡就甩掉「舊的」歐洲美學觀，那種美學康德（Immanuel Kant）年輕時曾描述如下：「夜晚是壯麗，白日是柔美；海是壯麗，陸是柔美；男人壯麗，女人柔美」（679; Kant　46-48）。澳洲具有形上學知識的作家在一九五〇年代可能感受到這種美學觀有問題：「男人」是什麼？如果他身處的世界表面柔美卻隨時可能要他的命；如果陸地比海洋更可怕；又如果黑夜適足以抒解「白天的恐怖」（Otto 549）⁹？

---

9 彼德・奧托（Peter Otto）引用 J. W. 格列高利（J. W. Gregory）在1906年記錄自己的旅遊，收入於《澳洲的死亡之心》（*The Dead Heart of Australia*）。一九五〇年代有同樣關注的作家包括恩斯汀・希爾（Ernestine Hill）、藍道夫・史托（Randolph Stow）和派崔克・懷特（Patrick White），而奧托的文章則是評大衛・馬盧夫（David Malouf）的小說《回憶巴比倫》（*Remembering Babylon*），1993年出版。對於不熟悉這些作家的讀者，我應強調他們代表的只是澳洲文學的一支。關心國族文化的批評家和歷史家極度重視「風土景觀」的形上學（因此我在這裡採用女性主

　　那麼「女人」又是什麼？我對壯麗第三點的看法是，一般流行的壯麗理念（popular sublimes）往往和柔美產生複雜的共生關係，不像近來批評理論把二者架在不同的位置上[10]，因此失去了對立結構，壯麗反而更積極地處理類同（similarity）、相似（resemblance）、整合（integrity）等問題，卻不是做相異（difference）的批判工作。不過，移民懷鄉倒有助於穩定原有的對立架構，柔美的對仗力量在時間上把「失去的家」或「母國」保存於記憶當中，在空間上「家」、「母國」卻是遙不可及。格雷姆‧克利福德（Graeme Clifford）的電影《柏克與威利斯》（*Burke and Wills*, 1985）即表現這種雙重位移（double movement），電影開始不久有一景安排了紳士淑女在一個英式花園迷宮中玩捉迷藏遊戲，接著下一景就換成「空無一物」，只有無垠的沙漠等待旅人前來送死。

　　位移是經常使用的做法，其中女人消失了，被時空拋擲在後，交付給記憶。因此，最穩定、清楚的對立，是要區分過去與現在，或過去與某事發生「之後」，把敘事時間如此強行區分為「那時」與無止盡的「之後」，所產生的效果在於形成未來觀，結果就變成很難去「收尾」，如美滿結局、整頓失調、達到社會平衡，或返回和諧狀態。

二、內／外：恐懼敘事

　　讓我們看看近來好萊塢「異形」片所呈現的俗爛型壯麗

義觀點分析它），殊不知在澳洲都市生活中那從來就不是唯一或甚至是強勢的寫作方向。

10 當代反駁「柔美」最具影響力的人是李歐塔（Lyotard, *Postmodern* 71-82）。這個趨勢的例外則是傑洛米‧吉爾伯─羅非（Gilbert-Rolfe）和戴夫‧希基（Hickey）。感謝保羅‧福斯（Paul Foss）介紹我讀他們的文章，並把前者的英文手稿給我看。

（bathetic version of the sublime）。這些片子往往表現想要和外星人妥協的慾望：《第三類接觸》（*Close Encounters of the Third Kind*）就是這個慾望的典型片；此外還有《異形》（*Alien*）三部曲，鋪陳人類和異形相同的母性邏輯（Creed　52），感覺怪怪的；而最能代表「壯麗」的古典風格的是《無底洞》（*The Abyss*）。澳洲片裡抱持著這種樂觀態度的卻很少，總是比較強調奇幻動物（《最後浪潮》[*The Last Wave*]、[*Dead Heart*]）而避談外星人，絕沒有圓滿結局，尤其是像《ID4星際終結者》（*Independence Day*）這種好萊塢片，最後一定要宣稱「我方」勝利。有圓滿結局的除非是喜劇片如《鱷魚先生》（*Crocodile Dundee*）和《人狼III：袋魔》（*Howling III: Marsupials*）等。

　　一九七〇和一九八〇年代的動作片更常見的是再炮製殖民時期盛行的「壯麗」觀念（致命的空間、隔絕、「空無」），以及臆測種族滅絕所生的恐懼，那是十九世紀末以來受社會達爾文主義影響的敘事結構，認為澳洲因為內部腐敗而威脅到「民族」生存（參見Beale）。這種恐懼絕非澳洲獨有。許多西方知識分子在納粹屠殺猶太人之後才放棄此一想法。而行銷國際的電影如《失嬰記》（*Rosemary's Baby*）和《天魔》系列（*The Omen films*）仍持續製造這種恐懼效應；許多後殖民國家也用它來製造自己的「國家危機說」（Heng and Devan　343）。不過，所謂「種族自殺」的兩種情節——「適者」（fit）和「不適者」（unfit）通婚、社會階級和種族不同的婚姻（Finch; Hicks），以及「白種人的滅亡」（白澳人日趨下降的初生率，相較於「純然恐怖的無數」（Barrell　5）「亞洲人」（Brawley; Pringle）——在澳洲廣泛流行，時為十九、二十世紀之交的數十年間，澳洲作為現代國家正在成形。

　　也因此當我們看到這些古怪的預言式的情節（反覆出現的「繁殖」和「衰退」主題而不是愛情或性道德，以及「人口炸彈」而非

外太空來的豆莢），居然充斥了一九六〇年代末的澳洲片（那是澳洲正在開創國族電影的時期，也是以法律明文揚棄社會達爾文主義之時），就不會覺得驚訝了。一九七〇年代的電影環境是處在強烈的反帝國主義、性解放，和文化革命的氛圍。《瘋狂麥斯》的前五年，彼德・威爾（Peter Weir）導演了一部恐怖喜劇《吃掉派里斯的車》（*The Cars That Ate Paris*, 1974），使用了車禍的寓言，嘲諷澳洲具種族歧視的閉鎖心態和懼外心理，居然理直氣壯地認為參加越戰是要「阻止他們過來」。此片描述一個小鎮派里斯，坐落在「空無」之地，不接受任何改變或不同，但事實上經濟命脈卻靠外來的陌生人。因為鎮上婦女生育數量過少，眼看著小鎮日漸萎縮，所以鎮民就以製造車禍的方式劫掠受害者的車子、孩子，和遺留物，其行徑就像鎮上年輕人開著改裝了的汽車，在街上橫衝直撞，目無法紀一樣。

　　這個以死亡為主題的怪異寓言道出一個社會處在恐懼中，多疑又排外，富有食人想像，它在電影中開展出一系列的駭人故事，像是一群白人或一對夫妻生活在「安全」的密閉空間裡——房子（Shame, Phobia）、小鎮或農場（Wake in Fright, Turkey Shoot）、偏遠的海灘（Long Weekend）、一艘船（Dead Calm）——後來被外來者攻擊，原本所在的空間變成一個陷阱或是監獄，加速了此社群由內部衰敗的傾向。閉鎖心態的第二個夢魘，也就是一個實體潛藏著被內部滋生的他者或「感染」所解體，今天往往被批評家所忽略，他們仍抱著被外來者侵略或「淹沒」的想法，殊不知「內耗」也是「白種人的毀滅」整體論述中的一環，這個論述是被「人口壯麗」（population sublime）投射出來。對於近親繁殖的恐懼就編排出亞洲人入侵的劇情，夾帶著欲迎還拒的矛盾心理。改變的力量令人畏懼，但我們卻需要這種力量來拯救自己免於毀滅。

　　同樣地，控制的問題也許不是從「外星人」，而是由「居中者」

（go-betweens）（Chambers）或說是承載者（carriers），所造成的，他
們接觸內外世界，也（常在電影中）連接不同文類（genres）。因此
我們看到在柯林·艾格利斯頓（Colin Eggleston）所導的《漫長的
周末》（*Long Weekend*, 1977）中，就含有歐洲家庭通俗劇有關「壞
血」的傳統。劇中一對道德敗壞的白人夫妻做了違反自然的事（男
的隨意殺生，女的則有墮胎行為），最後在樹林裡發了瘋，四周群
鳥圍繞、海牛哭嚎。母海牛失子所發出的哀叫「傳播」人間天上，
粉碎了女主角脆弱的都市性格。而在動作片中，毀滅表現在他者的
數量龐大：《瘋狂麥斯》第二集描述一小群孱弱、穿白袍、異性戀
取向的團體孤立在荒漠中，夢想有一天能到達海邊，「啥都不做只
做繁殖事」，但他們卻遇到穿黑夾克的「怪人」，有同性戀、虐待
狂、心智不全者，在他們營寨四周無情掠奪。此時麥斯出現了，以
其熱心腸和禁欲心，連接了暴力和救贖。

　　這些電影使用了一種結構把歷史素材組織起來，我曾名之為
「恐懼敘事」（phobic narrative）（Morris, "Fear"），今天媒體舉凡談到
澳洲的未來時，就用它來作為經濟和政治辯論的基調。它在「曠野
恐怖症」（擔心「開放」引狼入室，例如「經濟全球化」）和「幽閉
恐怖症」（害怕被幅員廣大、活力十足的「亞太世界」排拒在外）
的吸力和推力下形成一個空間，壓力與日遽增。歷史因此卡在「熵」
（entropy，封閉時間的緩慢停止）和「大災難」（catastrophe，時間
爆炸，他者從別處入侵）之間，所以「恐懼敘事」的驅動力是一種
主動避兇的慾望：既要避免被侵入，又要避免孤立；要避免停滯，
也要避免革命或混亂。

　　在實際操作上，如此在焦慮的兩極間重複擺盪，所造就的並非
追求國族「認同」（語言、血統、疆界的統一），而是實際強調「如
何」形成（"how?" problems of becoming），而非「誰是」或「什麼
是」的問題[11]（"who?" or "what?" questions of being）。不過，也因此

這個問題變成：恐懼敘事的再生力如何形成「澳洲歷史書寫的各種版本」（O' Regan 127）。任何一種對歷史素材的修訂都會產生一些殘餘，我們通常把它看成異物或不相容的東西，但它也可以是一種「回返」之物，不同版本的故事都把它排拒在外，益發顯示這些故事版本的相似性。

　　澳洲國族空間的各式恐懼敘事清楚顯示至少有一種歷史重複的特殊形式。要談它最簡單的方法是同時考慮殖民時期的風土壯麗（「空無大地」）和社會達爾文主義的人口壯麗（「龐大數量」），這兩種壯麗都需要侵略的劇情，其中白人一定是受害者的角色。首先，樹林和沙漠扮演「剷除」人類的殘忍角色：孤獨的白人死在「無人」荒野中這種故事壓縮了原住民的土地故事，也禁掉了原住民反抗白人的歷史。對於殖民暴力應負的責任轉變成土地殺人。其次，海岸擋不住人海（通常是來自亞洲）[12]，這個寓言在預測未來時最管用。不過，它也帶有抹除記憶的力量（只說侵略者將從海上來，而避談當年從海上來的是我們自己），對別人做過的事也報應到自己身上，將來還會報應不斷，我們在海灘上重複播放殺人的過去，當作自己未來的命運（Morris, "Beach"）[13]。

---

11 因此有時可看到，澳洲國族主義因懼怕而放出的惡毒言論，與相當低層次的政治暴力伴隨自然與國家前途之衝突，二者之間有差距。關於十九世紀華人移民的爭議，參見安德魯・馬庫斯（Markus）。

12 如果「未來」已經被想像「亞洲」（或在不同時候以不同國家如中國、日本、印尼……標示）這種論述空間化了，那麼其基本結構就可以容納任何數量的族裔、種族、宗教和社會偏見——包括一種概約化的焦慮，如移民所帶來的經濟衝擊。因此十九世紀英國移民常常表達被愛爾蘭「淹沒」的恐懼，今天還可以聽到不同族裔的澳洲人抱怨有太多紐西蘭人來搶工作。

13 在演講討論時間，傅大為指出這個對於壯麗的用法不只是歐式的。台灣的原住民也有一個古老的神話（類似凱文・科斯納 [Kevin Costner] 導演的《與狼共舞》[Dances with Wolves] 中美國原住民所說的），預言未來將有大群漢人涉海來島上。同

三、「樹林的恐怖」，或母性的危險

　　鏡頭裡的女人單獨躺在沙灘上曬太陽，然後毫無理由地抬起頭來不安地向四周張望，這種預期災難的安排在動作片中屢見不鮮。澳洲片裡如果看到漂亮的海灘，就等於給觀眾一個預告，和柏克的「否極泰來」美學觀（Burke 34）大相徑庭，說的是「居安思危」。在《瘋狂麥斯》第一集裡，潔絲聽到了海鷗叫聲，沙灘上什麼也沒看到，然後狗跑開了，但這也沒什麼稀奇，她卻急忙收拾東西準備回家，路上要穿過的樹林看起來像個漂亮的公園，有緩坡和柔美的樹叢。

　　我不確定在哪裡第一次聽到「白色驚恐」這個詞[14]，但每當我看到下面這一景時就會想到。就我所知，這個詞指的不是白人的身體處在驚恐狀態，而是指在盲目的驚恐狂熱中產生了幻覺般的模糊，什麼細節都看不到了。這樣的驚恐之所以會是白色，乃因它把感官領域裡的各種差異全都抹除，只剩笨拙的動作，控制不了。對理論家來說，驚恐不盡然是「壯麗」的情緒，而是一種客觀反應，是「現代壯麗」（modern sublime）的先決條件，知道自己不是真的處在危險中：「如果危險逼在眼前，我們會轉身就跑，不會停下來

　　時，今天希望台獨的人則恐懼有另一大群人涉海過來，即使電視和觀光宣傳不斷出現「中國大陸的壯麗」意象。這個台灣中心論的比較使我更能釐清澳洲文化中的壯麗，其本質——也就是實際發揮的力量——雖是歐洲中心論的，但正是其不可滲透性使得它的材料可能不是那麼獨特，於是基於一種無邊無際的恐懼，把一個認同的神話固定下來。

14 這個觀念的來源，有別於這個詞彙，是《白鯨記》（*Moby Dick*）（1851）的一章「鯨魚之白」：「這條鯨魚就數那個白色震攝到我……它引發的聯想太多了，不管是甜美、尊貴、壯麗，可是還有某種捉摸不定的東西在這個顏色最深的理念層，對靈魂所挑起的驚恐遠勝於血的紅色引起的害怕」（Melville 169070）。

等所謂壯麗時刻」（Weiskel 84；參閱 Burke 40, 46）。在此同時，焦慮則是主觀的，因為是一種追溯既往：「眼前的威脅彷彿挑起一種基本的反應，負傷逃跑的想像……這種假設畫面在腦海中播放，於當下時刻，歷歷在目」（Weiskel 84-85）。換句話說，我們面對危險時，已經啟動回憶；之所以會驚恐是因為記得以前看過這一幕。

在這種情況下，所有觀眾在看電影時都是處在複雜、雙重的位置。在電影院裡，如果眼睛所見的激起驚恐感受，那當然就盡情享受這樣的壯麗時刻；如果用錄影帶的話，還可以重複播放，並隨意按「暫停」鍵。然而，這個「主體性的『既有權』」，周蕾稱之為「前視」（pregazing）（Rey Chow, *Woman* 19-27），其實已經受制於較大的歷史「召喚和相認」（interpellation and recognition）過程，保證這些感受也是有回溯性的──不僅僅是形式上的認同，如和攝影機、觀視，以及剪輯原則等的關係。但是不管它出現的頻率是否低，我們仍然是被一種非電影式的想像（non-cinematic fantasy）或是某種記憶所嚇到，在腦海中播映，「於當下時刻，歷歷在目」。

《瘋狂麥斯》並非是唯一讓我嚇得逃離電影院的電影（是倉皇跑掉不是以睥睨的姿態走開），但它卻輕易地成為我最難忘的電影。記得第一次看的時候，潔絲還沒跑完樹林時我就看不下去了。有個鏡頭在潔絲離開沙灘時是從她背後拍，然後在樹林裡她謹慎爬坡時則從她前面拍，就在她內心世界想像的聲音愈來愈強讓觀眾也開始緊張時，她猶豫了一下，鏡頭此時逼近她，空氣中突然有一個奇怪的叫聲，潔絲停下來，咬了咬嘴唇，往四周看看。突然，我們看見有一些人遠遠地在樹後奔跑！可是她看到了嗎？還是我們是從那些男人的觀點去看？接著我們在她後面看：這是片中最富攻擊性的時刻，鏡頭從她背後往前衝，她尖叫起來，轉過身──而從潔絲的觀點，我們看不到什麼，只是一片美麗的樹林景象。

對許多人來說，這一景播出一種「文化」記憶──「樹林的恐

怖」。許多澳洲人和樹林的關係是以都市心靈從飛機或汽車遠眺，根本沒有恐怖經歷，但卻知道這種感受。人可以毫無理由震攝於一種被圍觀的感覺，想要驚恐逃離是一種普遍的反應。D. H. 勞倫斯（D. H. Lawrence）在1923年的小說《袋鼠》（*Kangaroo*）（19）中描述這種經驗時，就寫出「樹林裡的恐怖東西！」、「此地的妖靈」這些傳頌後世的名句，不斷有文評家和歷史學家引用（Carroll; Clark, *Occasional* 46-47; Holt 94-97），加上「一隻長長的黑手」、「一群異族」看著「受害者」、「等待遠方的結束，看著無數入侵的白人」[15]，都成為文化記憶。

　　樹林的恐怖有較世俗的解釋。我在童年第一次感受到它時，是和一個朋友跑到離她家不到十分鐘的地方，我父親就跟我說那只是羊或袋鼠從樹後偷窺我們。另一個極端的說法則是，那純粹是一個文化現象，一種「白種人的罪過」（white guilt），嬰兒時期就得到的（可是怎麼獲得的？）。勞倫斯的說法儘管有異族想像成分（Muecke 19-35），但至少就像《瘋狂麥斯》一樣，還承認「樹林的恐怖」所包含的不僅是對自然某種強大力量的反應，也對其他人類感到害怕。「驚恐」這詞很適合代表上述這種綜合型的懼怕；在希臘神話

---

15 要釐清我的論點，請看下面引文：

　　　　有某種東西在樹林中，他的頭髮開始因恐懼而豎起來，他看著這些奇怪、白色、死氣沉沉的樹，往空洞的樹林裡看。沒有東西！啥都沒有。他轉過身要回家，然後不一會兒頭皮發麻，嚇得冰冷。怕什麼？他知道那裡沒有什麼，自己心知肚明。可是他脊髓涼得像冰，髮根好像快凍結了，他繼續往回家的方向走，步伐堅定，不疾不徐。

（Lawrence 19）

這段引文通常用來當教材，解釋歐洲人對澳洲樹林的「真正感受」，但也是對於「壯麗」的形式操演：文中敘事者不只描述他對某種有巨大力量的東西覺得恐懼，而且還展現了他對它的掌控（「步伐堅定，不疾不徐」）。控制對壯麗來說是很重要的，而驚恐則是一種女性化的狀態，因為意指控制失敗。

中，潘安（Pan）是半人半羊的混和體，喜在林中發出聲音嚇人[16]。

　　潘安也是好色的神。就像柏克把「朦朧性」和「黑暗」列為製造壯麗的首位，此處樹林和「低沉、模糊、聽不清」的聲音（Burke 83）對女人和無助的男人來說，可以產生特別的恐怖[17]。影片中潔絲害怕被強暴或殺害，而有三次，我們看到她看不見任何東西，但觀眾卻看見那些飆車族靠得愈來愈近，叫得愈來愈大聲；她跌倒了，身上的浴袍敞開，下半身裸露到腰際。這一景委實嚇到我，因為這樣的鏡頭剪接，把我原先在樹林裡的懼怕經驗和觀眾共有的「樹林裡的恐怖東西！」連接起來，只不過現在怕的不是「妖靈」或「一隻長長的黑手」，而是一群瘋狂的白人。

　　潔絲被追這一景顯然是以性別劃分前述「我們」白澳人。如果《瘋狂麥斯》所描述的社會已瓦解成兩群：獵人和獵物，那麼在這景中獵物就是被女性化的那些角色（潔絲撞倒一隻鳥、愛犬的屍體、然後是高大的智能不足男人），「女人」在這個敘事過程中被淡出（De Lauretis），使得至少是女性觀眾覺得多數的強暴場景有陌生感。可是有某種東西逸出獵人／獵物的分野，凸顯潔絲在「白色驚恐」的歷史場域中作為「女人」的意象。對我這麼一個女性白人觀眾而言，這個逸出的東西既不是記憶也不是「負傷逃跑的想像」，而是一種知識的痕跡，此知識得自於其他的文本和故事（Langton 33），然後以回溯的方式映在這一景上。潔絲不只是「女人」，她也是個「母親」，她的抽象身分可由她兒子的名字（Sprog，「後代」之意）再加肯定。只有在「沙灘─樹林─房子」這段情節中潔絲才是單獨存在的女人，她遇到的其他危險狀況，都是抱著兒子。這也銜接了另外兩場追逐戲，其中都有個小孩受到威脅：在電影開始飆

16「驚恐」在現代的涵義可當作一種傳染，遇到社會危機時的一種政治面向，參見巴巴（Bhabha, *Location* 198-211）談印度屠殺的驚恐和謠言。
17 感謝古明君為我強調這一景這方面的重要。

車族的一員「馭夜者」企圖撞倒路上一個剛學會走路的孩子，影片結尾「馭夜者」的同伴撞倒潔絲和她的兒子。在這個層次上，這故事是由受難者三連圖所組成：孩子／女人／母子。

如果我們在這些場景中看到的潔絲是原住民呢？如果我們把她想成（hallucinate）是原住民母親，由一群白人追著逃跑[18]？這裡除了恢復一種在澳洲仍然常被壓抑的性暴力以外，也尋回種族恐懼的一景，這一景在國族歷史中很重要，但幾乎從未在主流的「國族電影」出現過。回顧歷史，尤其在一九二〇和一九六〇年代之間，澳洲各州皆強迫帶走原住民孩子，放在州立收容所或白人寄宿家庭裡，美其名是要他們同化到白人社會（Edwards and Read）。這個政策的極端擁護者因為相信優生學，希望用這種做法在幾代以後讓原住民漸漸消失（Haebich 316-25）。雖然這個滅種計畫沒有實現，因為民眾普遍不贊成（318），但是這個剝削原住民婦女和小孩的恐怖想像，希望藉此建立白澳的數量來抵抗未來／亞洲的威脅，很快地經由媒體傳輸到一般人對於人口問題的看法（例如 Hill 225-32）。

一旦原住民受迫害的故事被納入「澳洲歷史書寫的各種版本」而且成為書寫重點的話，那麼也許我們有一天可以把《瘋狂麥斯》裡追逐母親的那場戲看成是一個寓言，也就是澳洲社會要從種族歧視的單一文化主義中轉型，等於補充並部分改寫了貝恩為死於樹林的白人所寫的輓歌。說電影和貝恩的作品相互補充並不是指「貝恩寫的是人類史而《瘋狂麥斯》開創了一個空間談婦孺的經驗」，而是說二者事實上都含有「國族文化」的基調，但後者改了一點：潔絲是白人，而且她的世界裡並沒有原住民；不過，《瘋狂麥斯》的「反烏托邦」預言改變了傳統上的認知——而且震驚了第一批看這部電影的觀眾——它投射出一片神祕的土地和一個（未來的）過

---

18 我向丁乃非借用「hallucination」這個觀念。

去，重要的是「有事」發生，也就是在這土地上「真正的危險」不是來自「土地本身」（Bean 2）。

四、無名小卒與大人物：未來的女人

以此為前提，就可以開展不同的故事了。如果未來是令人懼怕的客體，那就較難預測：人的行動可以改變未來，結局也變成是實驗的對象，即令幸福也只是一個敘事的選擇。以下我要簡單地討論《瘋狂麥斯》第三集裡談論未來所用的意象。

此片中我們看到新的人群；此時已經沒有國家或政體來管理「人口」。原先第二集結束時那群尋求天堂的北方部落應該是在海邊實現他們繁衍的夢了，而在沙漠中一個由孩子組成的白人部落住在一個翠綠的山谷裡，名之為「地球縫隙」（Crack of the Earth）：這裡看起來像是好萊塢叢林電影的布景，這群人的生活方式彷彿改編自湯姆・考恩（Tom Cowan）的電影《女人之間的旅程》（*Journey Among Women*, 1977），那是一部女同性戀電影，談一群女罪犯建立的新社會，她們「豐饒的天堂隱藏在荒蕪的內陸當中」（Gibson, *South* 162）是一個澳洲奇幻文學常用的母題。然後還有「交易鎮」（Bartertown）：一個交易熱絡的野蠻城市，令人想到好萊塢的聖經或羅馬片，人物服裝都是拼湊式的（「非洲」戰士、「羅馬」士兵、「阿拉伯」商人、「亞洲」暴君），混和了「英國」殖民地居民和世界知名的媒體偶像，而把這些串聯起來的卻是東亞的一些意象——這裡一個頭飾、那裡一個刺青——使得交易鎮代表不折不扣的超資本主義式的「太平洋邊陲」[19]。

---

[19] 事實上，交易鎮也像地球縫隙一樣，從一八九〇年代的澳洲流行小說中找靈感，當時風行一時的東方故事談澳洲中部一個「失落的文明」（見Docker）。

　　每一群人都在發展自己獨特的政治體制。北方部落是父權體系，白人部落是兩性平等的長者統治（大一點的孩子來領導），而交易鎮是由一個女人所治理，她是蒂娜·透納（Tina Turner）演的「豐實姨」（Aunty Entity）。憑藉她超級巨星的風采，蒂娜·透納在片中被塑造成「埃及豔后」型，也因此被定型為一個集美麗、殘忍，和權力為一身的東方女人，以公開懲罰（「大法」）和暗盤交易兩種方式來管理，巧妙地結合罰役和環保永續技術鞏固自己法老王式的地位。

　　麥斯這個永遠的居中者，促使兩個未來得以相遇，混和了白人部落主義和企業經營的多元文化主義，產生了第三個未來，於片尾即將拯救雪梨（「我們的家」）。把雪梨視為雙方的家倒不令人驚訝。它像交易鎮一樣時時尋求創新，但和「地球縫隙」一樣仍保持兩性平等。但和地球縫隙不同的是雪梨以技術為本，也和暴力充斥的交易鎮不同的是，這個「家」得以社會和諧，因為有講故事和回憶的習慣。「家」的領導者妮絲（Savannah Nix，由海倫·巴岱[Helen Buday] 飾演）是個白種女人，身兼兩性優點：既是戰士又是母親，也是個有使命感的歷史家，她令每個人每晚朗誦他們的歷史。

　　在妮絲（這名字原意是「無人」）和豐實姨（意味「某人」）之間很容易做一連串的比較，電影本身也要觀眾把這兩人對照起來。她們一白一黑、天真／精明、理想主義／實用主義、回憶／遺忘，還有歷史／經濟。豐實姨是做生意的女人，如果說她對歷史的看法像亨利·福特（Henry Ford）（他說「歷史是胡說八道的東西」），誠如她對麥斯解釋她的管理辦法，令人想起已去世的澳洲工黨政治家弗瑞德·戴利（Fred Daly）的哲學：「你一天睥睨群倫，下一天就可能變成社會底層。」不過，對豐實姨來說，歷史的內容並非求公義，而是個人求生存和機會的隨機遊戲：「世界毀滅時，我還活

著。無名小卒有機會變成大人物，這就是歷史。」

然而在蒂娜・透納所扮演的角色身上卻有雙重的歷史置換。她是內陸的黑人領袖，恰好居於原住民婦女缺席的位置。她以一介女流管理「東方多元文化」貿易區，其中唯一看得到的女像是以刺青方式出現在吹薩克斯風的日本人背上。因此，如果我們把《瘋狂麥斯》第三集看成是澳洲片，那就能解釋為何種族和性別的議題都被蒂娜・透納這個人邊緣化了，理由如下：所有的三部曲中，其他的故事（如第二集會用回力刀的小男孩，以及吹薩克斯風的男人）都只有邊緣的位置，但在此同時，社會毀滅和重建的整部傳奇卻都是談這些邊緣化的人物，以及他們在其他有關人口增多減少、戰爭和移民、支配歷史和經濟權的故事中所扮演的角色。

如果我們還把妮絲和豐實姨對照來看，電影很清楚地以濫情方式解決兩人之間的衝突，偏袒將要在雪梨建造新世界的妮絲。這個結局很好，也符合1983至1996年的工黨政府所提倡的烏托邦：一個開放、忍讓、企業、「聰明」的社會，創造新的工業或重新利用舊的產業，歡迎移民，同時保有舊的白澳團體價值、歷史意識和社會福利。這些美德可以把「家」與殘暴的交易鎮區別開來，人們無須競相搏命，毫無安全保障。

如果說這是濫情的收場，那麼也是個假的結局。這部片在三部曲中製作成本最高，票房卻最不成功。採用蒂娜・透納主要為了國際市場，而在銀幕上，她確是比妮絲可看性高。豐實姨既美麗又聰明，有幽默感，與麥斯的親和力也強。她所流露的嘲諷表情比起妮絲的緊張嚴肅，更契合澳洲的流行文化，並以其幽雅、自信和輕鬆的態度成為全片觀賞的焦點。相反地，妮絲的社會拼湊性和自己編排的歷史，使她看起來不太像代表未來的活力，而較像第一集中技術稍差的時代的人。

我們如果問麥斯如何居中協調這兩個黑白女主角，那麼完美結

局的安排就更有問題了。他不能加入妮絲的「家」，就好像他也不能住在地球縫隙；而是把過去拋在腦後，在精神上同意非母性的豐實姨，留在荒漠裡繼續發展：麥斯從執法者變成「無民小卒」（「沒有名字的人」）；豐實姨則從無名小卒變成「大法」。片尾我們知道白人母子圖已經被否定。

　　其實總是這樣。即使在第一集，只有潔絲和她的孩子真正生活在所謂正常、秩序，和理性的理想中，其他人則已經多少是「社會底層」了，除了麥斯的同事Goose，不過他是公路追逐戰第一個死的。麥斯自己順勢而行，很怕變成那些瘋狂者之一，而這卻是他必須做的。奧瑞根（O' Regan）（127）曾指出，妻與子的死亡使得麥斯「瘋狂」，他終於可以避開其同事「植物般」的命運，活過世界毀滅，然後進入新世界。這通常令女性主義者不看好這三部曲（Dermody and Jacka 177-78），尤其是讓白人婦女扮演「上帝的警察」角色——社區的道德捍衛者、社會律法的執行者——這實在是延續殖民傳統的做法（Summers）。

　　但是潔絲本身比妮絲豐富得多，後者才較適合「捍衛者」的稱呼。我們並非要為潔絲的命運高興，也因此《瘋狂麥斯》以其直接提出治療白澳歷史「心理動力」的辦法才會驚嚇到觀眾：試想未來的國族敘事竟然不用到「母子」。這開啟了另外一系列的問題，關於在殖民主義下人口觀念所造成的衝擊。如果我們向來以為白人母性的圖像應該取代其他的性取向和種族歷史，那麼現在該注意這個圖像有史以來在許多澳洲流行文化上所產生的負面意義[20]。為什麼負責生產的「私領域」（以柏克的話來說就是「白色的柔美」）會經

---

[20] 早期拓荒社會對於白種女人的敵意和輕視可參見芭芭拉·貝登（Barbara Baynton）（81-88）的故事「選中的容器」，1896年初搞，談一個年輕的拓荒母親在孩子面前被殺。當代約翰·魯安（John Ruane）導演的喜劇電影 *Death in Brunswick*（1991）則描述弒母失敗的故事。

常被指為是創造「美麗新世界」（the Brave New World）的障礙？

　　探討答案的方法之一可以考慮「壯麗」較複雜的操作力量。我們可以用到李歐塔（Lyotard, "Sublime"）對於「事件」（the event），以及柏克「壯麗」觀中恐懼死亡的分析，來瞭解在國族的恐懼敘事中為何一直對「母親」有所焦慮。李歐塔認為柏克的壯麗是由「啥都不會發生的這種威脅所點燃」；他把柏克讀成事件理論家，關心的是「時間的問題」（「發生了嗎？」），對他而言最大的恐怖是「它」在終極匱乏（也就是死亡）時就不再發生了（Lyotard, "Sublime" 204）。這就是為什麼壯麗是提振精神的經驗：因為健康的靈魂必然騷動不安，隨時準備迎接下一個事件，要「演練」壯麗（Burke 136）來模擬並克服一種「沉默、不動，和死沒兩樣的恐怖心態」（Lyotard, "Sublime" 205）。

　　這種不健康的懶散顯然威脅到柏克所談的「精神」（nerves）（以及李歐塔的藝術力量），所以是陰性化的「邪惡」（Burke 135），與中產階級的家庭生活關係較大，而與戰爭或建立城市的關係較小。同樣地，李歐塔顯然和柏克一樣也不把「生」（birthe）當作事件，因為他們都不認為「勞動」（labor）（或恐懼）這個觀念有母性意涵。但是在優生學的神話中，「生」這件事攸關最可怖的死亡，過程緩慢、集體、殘酷[21]：沒有人能確知一個女人「懷」的是什麼，或說她懷的對家庭、社群、國家、種族是否會是個禍害。

　　如此看來，李歐塔對柏克的詮釋的確指出重要的一點，可以解釋《瘋狂麥斯》三部曲所呈現的「母親為承載者」（mother-as-carrier）的神話。母親（在此論述中）既是以身體銜接內外世界，那麼也可以承載從過去來的「危險」和對未來的希望或害怕。甜美的潔絲錯

21 渥大維·貝爾（Beale）對於此神話提供了詳細的導讀，是由一個信仰者彙編的。它在二十世紀初對於女人身分地位的影響則參見蘿絲瑪麗·普林格（Pringle）。

在繼承那該被淘汰的遺產；失去活力的生活方式必須跟她一樣被毀滅。未來世界的妮絲，卻可以協調交易鎮的自由貿易活力，以及地球縫隙的慶典精神，使白種人部落可以用敘述精采的世界末日故事來抵擋「懶散」（他們用這名詞形容文化衰退）。

這些所謂的活力和懶散故事當然再一次引發了一種歷史書寫，其中「壯麗」把一些「他者化」的比喻湊在一起，組成一個等待災難降臨的澳洲社會景象，所謂的災難要不是（他們）強（我們）弱的這種衝突，就是內在的「空無」無限蔓延。勞倫斯寫的並非樹林的恐怖，而是英國人對澳洲都市民主的看法：「這種自由的『空盪』幾乎叫人害怕……塞得滿滿的雪梨溢出了無數的郊區平房……像淺水漫開，沒人擋得了。然後還有什麼？沒了」（32-33）。他其實並不是唯一發現澳洲缺乏精神活力的作家，事實上流行文化數十年來一直擺盪在「麻木不仁」（stupor）（Conway）和「虛無主義」（nihilism）（The Kingdom of Nothingness; Clark, *History*）之間。

《瘋狂麥斯》三部曲彌補了批評視野的不足，不再透過母親的身體來想歷史，而是企圖超越「無用」的文化（和其彌補做法），抬高「英雄式的失敗」——也就是人類征服土地的雄心壯志背後所隱含的故事（Gibson 173-74）。第三集也許因為想要超越而失敗了，但片尾麥斯留在沙漠裡反而暗示了可能有第四集。不過，正如吉卜生所說（175），重要的是麥斯沒死，而且土地並沒殺死他，同時他也不像貝恩的受害者，得以「活著，而非遁逃……到神聖化裡」。就本文來說，我要強調麥斯不想要的「家」，其活力是由妮絲手抱的孩子來象徵，是一個握有歷史敘述權的母親意象。

五、結論

這雖然只是個故事，和其他許多故事一樣以清晰和幽默的方式

談二十世紀澳洲「即將消失的神話」（Gibson 175），只不過說的方式和別的故事不同。不過，所謂故事一定是知道一兩件有關神話變貌的事，這些是學者和政治家通常不予理會的。如果對於亞洲移民的驚恐（誠如1996年發生的）在澳洲的公共生活中屢次出現，我們又怎會驚訝——這幾年這麼多關於「亞洲化」的官方說法一直帶有同樣的驚恐論調，只是現在是由經濟而非種族的焦慮所導致？

例如，當麥基發出本文開頭引述的嚴厲警告——「不久，很快，我們必須有能力以他們的條件面對（亞洲人）」（v）——他說的是事實，原本立意良善：澳洲在很多方面的確是「離島，挨著太平洋世界的邊，看人家的社會和文明活力四射」。但是他說的方式卻重新喚起白澳人感受「亞洲」壯麗的威脅。畢竟這個教訓是對誰說的？可不是對亞裔澳洲人。住在離島有什麼不對？而且麥基認定「我們」擁有的權力是什麼，且認為此權力得以挫他人銳氣？什麼是「微不足道」的國家？以誰的「條件」來區分「重要」和「微不足道」的國家？這是採用誰的眼光？重要的關係一定得在國家的層次上定義嗎？我們被要求做什麼樣的犧牲來呼應抵抗「他者」排山倒海而來的力量？以誰的「條件」我們得改造自己？以上這一切，每一次，不都是按澳洲的條件嗎？

很明顯的是，這種想像就是容不下普通、平凡、不激動的接觸，每日混雜的經驗，一個尋常「生」的事件：好像每件事都得發生得轟轟烈烈，只此一次。處理這個題材最好的電影之一，約翰·丁渥（John Dingwall）導演的 *Phobia*（1988），就讓其有曠野恐怖症的女主角瑞內忒（歌西亞·德布勞卡 [Gosia Dobrowlska] 所飾）在外面走，結果沒有任何驚悚或恐怖的事發生，她的害怕其實是由她的澳洲先生（史恩·史考利 [Sean Scully] 所飾）不斷告訴她這個移民，說陌生人在陌生地上的危險。瑞內忒發現外面不過是平常的真實狀態，這個發現足以摧毀恐懼敘事的誇張原動力，那種必須把所

有的事搞得大規模又有預測性的敘事。

到外面指的是和人講話——以瑞內忒來說，就是和盎格魯澳洲人交談——她卻在丈夫為她建構的恐懼敘事中視交談者為「他們」。這也是學者和政治家可以從拍電影的人學到的東西，因為電影說的故事是給多樣化的世界聽的。Foong Ling Kong 對麥基所介紹的書《黃種女士：澳洲對亞洲的印象》（*The Yellow Lady: Australian Impressions of Asia*）（作者史利森・布洛諾斯基 [Alison Broinowski]，1992年出版）寫了一篇評論，指出這本書雖然強烈批評白澳人過去和現在的狹隘，仍然認為亞洲女人「存在於一度空間，被人談論時安靜地聽著，從來不聽自己的聲音」（91）。也因此，此書流露出誠如書名所展現的文化閉鎖[22]。Foong Ling Kong自己作為往來於哥倫坡和墨爾本的女人（83）卻被排拒於「澳洲看亞洲」的場域，其書評也被《黃種女士》視為邊緣歷史觀點——另一個刺青罷了。

然而新的敘事模式不容易發展，好例子也難尋。我因此有興趣研究一部電影《瘋狂麥斯》，表面看起來是不折不扣的白澳陽剛神話，卻在骨子裡改變了這些神話。不過，這個研究應該提供一個討論的基礎，使大家更欣賞幾部銷路不廣的實驗電影，是近年來女性導演拍的動作片和家庭片：如崔西・莫法特（Tracy Moffatt）的《暗夜哭泣：一個鄉村旳悲劇》（*Night Cries: A Rural Tragedy*, 1987），述說一個原住民女兒在美麗的「沙漠」景色中照料垂死的白人母親；陳寶玲（Pauline Chan）的《陷阱》（*Traps*, 1993），演一對英裔澳洲夫妻原本埋首於事業和家庭生活，卻突然遇到一場暴動，發生

---

[22]「黃種女士」這一詞來自一九二〇年代的一幅色情蝕刻版畫，畫家是諾曼・林賽（Norman Lindsay），擁護白澳政策不遺餘力。這幅畫成為布洛諾斯基的書初版封面，這種強烈的「他者化」意象原本用來定義此書的研究對象，而非重述林賽的價值觀，但是，複製品還是複製了原來的東西，Foong Ling Kong的書評就分析了這個問題。

於1950年的法屬中南半島，令他們不知所措；瑪歌・納許（Margot Nash）的 *Vacant Possession*（1994）敘述一個白澳女人在母親死後回家（她家位於國家誕生地「伯特尼灣」），面對受戰爭創傷的父親，以及被她父親殺死的原住民情人的家庭。

這些電影經常被批評家貶到國族電影的邊緣位置，稱之為「獨立片」、「女性主義片」，或「多元文化片」，顯然指出傳統上國族電影的限制；它們現在以女人和小孩的經驗為主，把國家內部問題國際化，而不是建立一群統合的「國人」。不過，我希望我所提出的恐懼敘事可以幫助大家瞭解為什麼這些電影已經不用驚恐或誇張的手法來為未來創造歷史書寫。

文化研究，批判理論以及類型的問題[*]
——動作電影中的歷史

墨美姬（Meaghan Morris）著
林秀玲譯

（對於決定何謂「錯誤的意識」正反兩面辯證式所構成的）
分析遠非只是對人在歷史中某一刻**實際上**所思、所感，以及所
欲，或對在社會結構中的某一點所做的天真地描繪而已。我並
無意否認此點的重要性，但終究它只是真正的歷史分析之**素材**
而已。

喬治・盧卡奇（Georg Lukács），《歷史與階級意識》
（*History and Class Consciousness*, 1923。原著強調）

　　沒有人會建議說，我們一定要受到路人行人的美學標準的規
範，但任何一位對教育有所關懷的人一定憂心於當今所寫的大
部分評論與一般觀眾對電影的反應方式之間的距離。對於一般
觀眾他們而言，這並非是新的霍克斯（Hawks），或新的福特

---

[*] 原文篇名為 "History in Action-Adventure, Cultural Studies, Critical Theory, and the Question of Genre"

（Ford）或新的畢京柏（Peckinpah）的作品；這是一部新的西部片。……流行藝術（……）一方面強調藝術家與素材的關係，另一方面又強調素材與觀眾之間的關係。

艾德華‧柏斯孔（Edward Buscombe），

〈類型的概念〉（"The Idea of Genre", 1970）

　　既然此篇論文的題目是由至少五個重要蘊涵的名詞所組成——「文化研究」、「批判理論」、「類型」、「歷史」、「動作電影」——就讓我以一句有關此篇論文的文類開始我的討論。題目宣示了這個文類以利用傳統的記號，在英文裡，這些記號替讀者準備好這是一篇學術論文：一個逗號，一個「，以及」，以及一個冒號（"X, Y and Z: ..."）。第六個名詞——「問題」將這個題目凝聚在一起。這暗示了這是一篇人文學科中的學術論文，在此之中，今日對於一個「問題」的討論通常既不允諾問題的解答，亦未提供在知識論文某一個問題的解答（如科學論文中可能做到的），所能提供的無非是書目的討論。確然，我的每一個蘊涵重大的名稱都是學術文獻中一個廣大的領域，而這些領域反之又交叉錯雜著它們之間如何產生關聯的爭議；譬如，「文化研究與批判理論」或「類型與歷史」，或者「理論與歷史」。我選擇探詢的路線是標示為（很傳統地，標示在冒號之後）是「動作電影中的歷史」。現在，以日常標準而言，有關「問題」的書目式的或後設批評的使用「問題」一詞是相當醒目，或甚至特異的，然而今日在文化為中心的學院中使用已正常化，乃至於如果有人問：「什麼問題？」，此人會立即被標示為——「被」那問題，當那是一個真的問題時——被貼上標籤為一個資訊不足的「局外人」。那人犯了一個類型的錯誤，也就是說，一個社會上的錯誤。由於字面上理解「這問題」，他們無法去理解這些學術論文的標示（"X, Y and Z: ..."），同時亦未理解這在當代人文

學科的論述中一個主要的文類，「理論」論文的文類：「X、Y，以及Z的問題」，「X的問題，（或『Y』，或者『Z』）」。那麼，就論文最嚴謹的定義而言，作為文類，同時亦就構成今日在說英語的世界（這不意謂著西方的世界）中的人文學科中流傳的典範二義而言，這是一篇「理論的」的論文。現在，「理論的問題」在內緣的討論上我沒有什麼興趣。我也沒時間去做推廣的工作，替某理論家作品踵事增華，以它作為一個架構，以此為某個「在地」或「實務上分析」的事件上增加重要性。因為以此方式召喚起的理論家幾乎總是居住在西方，或是他們可以閱讀英文或閱讀英文的翻譯，這種方式無疑是與其他方式一樣更加鞏固以英、美為中心的世界秩序。一再重複產生製造「西方」，以及「我國家文化」之間的對立，以這種策略方式發現後者的差異只是會鞏固前者的前行地位，這一點都無助於讀者關注超越他們這群朋友的圈子之外的事物：人們讀一點佛洛依德（Sigmund Freud），或班雅明（Walter Benjamin），然後略過「有關在地的細節」。這也是一個原因說明為何理論論文現在在美國主控的全球學界的專業領域中是最受尊重的文類。

　　我比較喜歡以相反的方向來著手，先從世界上某種神祕或某種困擾我的事物著手，然後再檢驗看當這些問題是由很自明地並不屬於他們的分析之情境來定義時看理論的問題如何產生，以什麼形式產生。由此途徑，理論是理解為如羅蘭・巴特（Roland Barthes）所謂的「文本的結果」，也就是說，這是研究、思考、分析的結果，也就是語言（"Outcomes" 238-49）的產生的成果。對於我而言，文化研究是種始自於、也隱身於思想與行動[1]的一種混雜情境之下的實踐操作（practice）。如果那些被廣泛討論的，且幫助我和我的同

---

[1] 在我《太早又嫌遲：流行文化中的歷史》（*Too Soon Too Late: History in Popular Culture*）一書的前言介紹時已論及此。

儕產生關聯與交集的理論問題，在我在理論的實踐之中產生了，那很好；若沒有，太遺憾；不過，總也會產生其他的東西。無論如何，「理論的問題」通常會產生。目前我主要關懷的神祕主題是上面所引的盧卡奇，以及柏斯孔的兩段引言互相有何關係所產生的問題，以及它們與動作電影如何關聯所產生的問題。

「動作電影」是這些語詞中範圍最小的，意義最穩固確立的詞語，而在理論實踐上，此選集中所包括我所貢獻的兩篇文章中所做的是與「動作電影」相關的「歷史」之數種思考方法。動作片有時候以某種駭人的立即方式很有彈性地處理歷史的包袱，比方說，在詹姆斯・卡麥隆（James Cameron）的《魔鬼大帝：真實謊言》（*True Lies*, 1994）以一種對抗衝突的方式在流傳，是有關「阿拉伯恐怖主義」的波斯灣戰爭喜劇，但當電影中最清晰也是成為全球最高度曝光的一景，一架飛機飛撞高樓的一景之後，「真實謊言」現在就可視之為對九一一的預言。好萊塢大片子尤其是以虛構的方式處理曾經為西方歷史傳統中為由偉大人物及事件構成帝國主義與國家政治歷史，充斥著衝突與戰爭的領域。但動作電影中所涵蓋的又不僅於此，在我第二篇論文〈動作片中的跨國想像〉（"Transnational Imagination in Action Cinema"），我描繪一部以香港為根據的電影模式作為一個文類的領域，在其中有關「接觸」的跨文化邏輯——視覺與聽覺的社會文化的，以及實體的——被經常以，但不限於，以打鬥或好鬥的方式演出且試測。

英文字「打鬥的」（agonistic）形容詞來自希臘文的agon，意謂「將力氣付之公開測試」；令人思及拳擊手或其他運動員在公共場合中互相「測試」（如古代希臘奧林帕斯山上舉行的競賽，或今日的奧林匹克運動會，或者羅馬競技場，或今日足球場上的競賽）。然而，對於希臘與羅馬人同樣重要的是，口舌上的一較高下，如今日我們在公眾論辯中所見。不論是修辭上，或是體能上的，或者兩

者均是，agon 是一種競賽性的表演，並涉及對手及觀眾；因此，它可能因此定義了一高度政治化的空間[2]。我們可能「痛苦」地與過去抗鬥，或者與幻象抗爭，或者與我們自己的某個面向抗爭。

這促使我處理我在這些文章中倚重頗深的兩個取自古典西方思想中的名詞：「修辭」（rhetoric）與「類型」（genre）。我的老師，安・弗德曼（Anne Freadman）曾以某種方式定義修辭，其定義的方式影響我至深，以至於我遺忘了她這句話的出處；就我記憶所及，她稱修辭為「對解決這命題互相之間關係之謎題之答案所做的操控」（the manipulation of an answer to the puzzle of what these propositions have to do with one another）。（我對盧卡奇及柏斯孔之謎是為一修辭上極大的挑戰，其義即為此）。如弗德曼在他處所言，古代修辭側重演說（oratory），亦即，公眾演說以為黨私之目的的藝術，亦即為：

> 論述的政治，以一種方式教育之，以將語言的力量綑綁於公眾秩序的機構，但又同時，以另一種方式教育之，以加強這些語言的力量，以至於它們（譯按：指語言的力量）得以掌控法律，以及它們所從事的習俗。[3]

用其他話來說，修辭的實踐一方面具有穩定的功用（對於公眾秩序的機構而言），然而，它另一方面而言，又是一個可以演出的教學

---

[2] 將此模式運用到文學史（透過一種比較陽剛的閱讀佛洛依德）的有名例子是哈羅德・布魯姆 (Harold Bloom). *Agon*。

[3] 安・弗德曼（[Anne Freadman　253]）。之後有關此作的引文頁數都見於正文。這句引文出自弗德曼對於羅馬修辭家昆體良（Quintilian）的討論；昆體良的《雄辯家的培訓》（*Institutio Oratoria*）（重新發現於1491年）影響及西方對教育的思考達數世紀之久。

方式（修辭是可以「教」的）以挑戰穩定的狀況；這對於弗德曼而言，它根據的是「一套修辭的穩定理論是……是矛盾的說法」（Freadman 258）。

今日，她寫道，在解構的影響之下，修辭被化約為對「各種比喻方式」（tropes）與「各種修辭技巧」（figures）的研究——也就是我們所謂的再現的問題。然而古典修辭所涵蓋的範圍更廣。古典修辭寫成的背景，是一個好爭執、自我利益為重的天神之間好鬥的萬神廟，古典修辭將對轉義的研究放置於某些更加立即政治的東西之下，亦即有效性之下（「對黨派目的」而為的公眾演說）；「這是一個純粹政治的世界；而公眾演說是其藝術」（256）。所以，極必然地，就此意義而言，修辭是一種對於「演說模式」（modes of address）的研究及實踐。多方面地以「你」為中心，而修辭上可能以「我們」為中心，修辭並不只是一個「主觀」的實踐（演說者的公眾「我」是一個戲劇化所創造出來的），亦非僅是一個就談論及或「建構」出一個指涉物而言所謂的再現的實踐（對「X」、「Y」或「Z」的再現）。修辭是一種與人談論的藝術；為了可以說服別人，改變他們的心意，完成某些事，你必得要抓住及吸引住他們的注意力，你必得以某些方式來「感動」他們。就此觀點而言，古典修辭的三角關係正亦如同以上所引的柏斯孔對「流行藝術」所下的定義；換句話說，柏斯孔所講的內容，修辭一方面強調公眾演說為內容之間的關係（如tropes, figures等等），而另一方面修辭又強調內容與「觀眾」之間的關係。

對弗德曼而言，文類是古代修辭裡的一個主題（a topic in ancient rhetoric），雖然在英文裡我們現在談及「類型」一詞，好像這個名詞是為某種論述而給予的標籤——比方說，「類型電影」（genre cinema）意謂著「動作電影、幫派電影、科幻電影、通俗劇、恐怖電影」，以及其他種種。若以在弗德曼所承襲之傳統言

之，類型與類型之間的差異（the difference）是由自古典時期就建
立起來的，根據的是「社會─機構的，或儀式的背景或在此背景之
下所做的演說的目的」（260）。這在文化研究中有時被視為新發
現，當我們論及一部流行電影在黑暗的電影院中直接投射放映，當
靜默有其目的地統治一切時，這又是如何不同於在光影吵鬧聲的客
廳中，不能聚精會神地看有線電視上播映的同樣一部電影文本，或
者亦如何不同於學生在房間的電腦上看盜版的VCD，或者在戲院
中被一群打扮得與劇中人一樣的觀眾親切地打斷，他們大聲唸出他
們默記在心的台詞（如一整世代的美國與澳洲觀眾在觀看《洛基恐
怖秀》（The Rocky Horror Show）時反應即是如此）；在文化研究之
中我們幾近浪漫地稱呼一種故意或令人憤怒地利用場景與目的之間
所構成的差異為「文本的侵占」（texual poaching）（Jenkins）。然而
對於弗德曼，對於文類區分差別之間的社會的及實務上的性質是普
遍尋常的。因之亦是常有的，文類被認為是文本之間的關係，而非
某一文類的內在的所有之物[4]。然而，政治性的事物仍（或者更甚
如此）是之中可能付出的代價：

> 文類是一種說話的方式；它將對話者之間相互的位置組織起
> 來，也替彼此之間對對方或為對方做了何事組織起來，或將可
> 能的取捨及後果組織起來。「文類」因此是一種描述「政治」
> 的方式──也就是說，戰略與策略──將權力（Freadman and
> MacDonald 46）之間相互位置表演出來。

現在，既然「場景」是社會的，而這社會照酒井直樹（Naoki
Sakai）的講法（Translation），是必然混雜的，而且本質上是「異語

---

[4] 有關從此而發展出來的論點，請見安‧弗德曼 (Anne Freadman). "Uptake" (39-56)。

言的」（heterolingual），如果緊跟著意謂著接修辭行為的諸多目的之一，可能是為了產生「統一連貫性」（coherence），而這種統一連貫性是修辭行為暫時、可爭論的結果；而我們在類型之間所做的區分──譬如說像是消費者或是觀眾所做的，我們所做的分類，以及指認的行為──就跟我們說話的目的一樣是本質上不穩定且多變的。再者，文本的理解（uptake）可以肯定或駁斥、忽視或改變文本所採取的文類。這種理解由不同的觀者、讀者、觀眾或最廣義的「大眾」來實踐，此種定義下的「理解」與類似文化研究或解構中大家所熟知的「顛覆閱讀」相重疊卻更勝一籌；特定的理解也許會或也許不會顛覆特定情況或場景，但任何理解都是主動的、策略的且干預的。對於弗德曼來說，這點還是普遍尋常的。我認為文化研究是最有效的方式，不是當它固定某種特定的理解及將某種特定的理解具體化，而是當它企圖去指明文類操作「如何」才能行得通，或行不通的時候。因為任何有目的的操作都可能失敗；雖然我們往往忽略掉它，但對失敗進行對於論述的政治性是重要的。

　　讓我們思考一段《陷阱》（Traps）開頭的一景。這是一部一九九〇年代初期陳寶玲（Pauline Chan）執導的澳洲電影，我要說的是這不是一部動作片：肢體的打鬥並未受到太注目誇大地處理，節奏有點慢，情緒氛圍則是反思自省的，人物有著細膩親密的心理上角色刻畫，而非徒具象徵著社會角色及敘述功能而已，對話驅動情節，而反之亦然，情節也驅動對話，但有關於它「是」（is）一部什麼樣的電影，我想提出另一個論點。取決於你們要怎樣談《陷阱》這部電影，它可以被稱為一部「歷史的」（historical）或「某時代的」（a period film）的電影（電影的背景是設定在法國殖民統治下的印度中國之最後的一段時日）；亦可被稱為一部「女性主義」（feminist）或「後殖民主義」的電影（a postcolonial film）（電影的重點是放在一位歐洲女人對東南亞正在脫離殖民統治那段暴力且男性

主控的時日之反應）；一部「藝術電影」（art film）或是一部「批判性的、獨立製片」的電影（a critical independent film）（看過這部電影的人不多；這部片子的製作是由政府輔助，因此，這部片子只在一些「高水準」[quality]）的場合出口參展過——如電影節、小戲院、特定的電視——這些文化菁英及專業者較常去的場合演出過而已）。但當這部電影發行時，它基本上就被視為「多元文化」的電影（a "multicultural" film）；《陷阱》被讚譽為「由一位亞裔的澳洲導演所拍攝的首部大電影」。而我相信，這部電影一定在當地的中國與越南人圈子中挑起複雜的接受反應。

現在，我很想說如此豐富各種可能性的詮釋是得自這部電影本身的複雜性——這點我很喜歡，我的論點是說：對於類型的描述總是「決定於你怎麼談這部電影」。作為批評家、觀眾，以及說話者的我們，與電影推銷員、發行人及藝術家一起共同在定義及維護（或放棄）某種類型的定義。為了現下這個談話，我要吸收我方才提及的所有（譯指：所有對該電影的詮釋）的可能性，並稱《陷阱》這部電影為「反動作片」（an anti-action film），就如我們談及「反英雄」（an anti-hero）的意義一樣的——「反英雄」不一定是個惡棍，他甚至也可能是電影的英雄或中心主角，但以某種方式否定或削弱傳統上認為英雄應該是什麼樣子的流行看法——譬如說一九八〇年代澳洲電影裡的《瘋狂麥斯》（*Mad Max*）；一九九〇年代香港電影裡的周星馳——「反英雄」甚至會否決英雄主義本身的理想，但如果觀眾及影評人都希望如此，如此的否定就成為新的理想。就此意義言之的「反—什麼」（anti-）並沒有取消其所反對的語詞。《陷阱》是部「反—動作」的電影，因為它將古典動作探險片的素材拿來作為放在「女性電影」（a woman's film）的架構之下，將之前的文本問題化——它成了一部走調的愛情故事，或是走調的通俗理劇，是取材自西方白人中產階級家庭內部空間「之外」

（根據某些有關電影類型的傳統理論的說法，這個西方白人中產階級家庭也是這種類型電影的「適切」屬所），然後漫步進入某一個時間、空間，以及類型（「歷史」）這些原先這類型的主角不歸屬的地方去進行爆發性的行動。

　　一對「英國」裔／中上階層的澳大利亞人在一九五〇年代初期某段時間從印度—中國（Indo-China）（譯按：指今日越南一帶）的森林被逐出。在這個奇怪、令人不安的環境裡，這一男一女之間的關係有點緊張；他們理應表現出是在一個充滿異域色彩的地方從事探險，或是度蜜月，但兩人之間的關係不協調。這女人在她的座位上蠢動不安，男人告訴越南司機說她需要「在路邊休息一下」（roadside refreshment）；他聽不太懂，女人就大剌剌地說她要「小便」。司機停下車，指向森林，回道：「隨處都是便池（everywhere toilet）。」男人似乎有點厭惡，女人看來有點無所謂，她很實際需要地走出車外，做她自己的事。

　　我們對此如何解讀？或者說，讓我問台北的觀眾：你對此又如何解讀？在澳洲，此景已被相當正確的解讀為對一個處於越南空間[5]的殖民者兼觀光客受窘但功能上又具感染性的情景所做的精采評論：「你可能不希望它變成這樣，但你的出現使得整個國家成為一間廁所。」（當他好像在實事求是地解釋他日常生活中的基本事實一樣）司機似乎對這種景況的這一點，以及這對男女的不安有點幸災樂禍。然而，澳洲的某些批評家同時又進一步將此景國族化地解釋（nationalizing the scene）——以作為「在亞洲的澳洲人」的類型影像。從一九九〇年代初期至中期，這在澳洲那兒是個大題目。也就是在此時，有關認知、「對公眾的演說」類型，以及修辭的問

---

5 見海倫・格雷絲（Helen Grace）對此景的精細解讀 (131-43): "Inquiry into the State of AngloSaxonness in the Nation"。

題開始成型。

　　就我自己而言，當我在見到這部「具優勢的英國—澳洲」類型電影裡的角色（在此相對於「勞工階層的愛爾蘭人」（working-class Irish），我的認同就比較有限，我不會想到「澳洲」，我想到的是「墨斯門」（Mosman，位處雪梨的近郊）。我同時看到的是，這部電影在處理男人與女人各自反應之間的強大差異。他覺得整個情況令人難以忍受，但是一旦她接受離開車子的不便之處，很明顯地，她在路旁灌木叢中小解；她喜歡在她身前的那棵樹幹，暫時覺得安然如在家般的舒適，而當三個少年悄悄地移至她身後，偷笑，以讓她知道他們正在偷窺時[6]，她維持沉穩不為所動。你感覺到這之前也曾發生在她身上（亦如我自己童年時發生過多次一樣，而坦白說，有時我現在還會這麼做）。然而，這些年輕人攜帶武器，而她似乎並未完全體會到這可能代表的更大的威脅。她做得好像他們可能只是鄉下家中產業畜牧僱工（牛仔）前來處理蛇隻，不大可能會威脅到家中女主人。她來自充滿暴力的殖民社會，但殖民的暴力是在她經驗之外的；革命她是無法想像的。我們對此種優越的情況稱之為「無知」（ignorance）。這花了她一點時間去理解殖民暴力的意涵。但如此景所預示的，她學到的會比男人多些。

　　所以，在我的閱讀中，此景建立了一個分類的問題，也在呈現有關類型混雜的問題，將這些問題呈現於一個允許多種的、不協調的理解方式，因為這本就深陷於歷史之中。當批評家為優先順序，以及學院多文化之意的領土戰爭所驅策而從電影中提淬取出一個陌

---

[6] 此段借自我對《陷阱》之討論，見 "Participating"。在我企圖定義的類型轉變的詮釋例子中，我首先開始思考此景以挑戰回應在一場會議中聽到某個與會人士討論及廁所文化（在回應陳奕麟 [Allen Chun] 的一篇論文時）極力大聲的主張：「西方人是坐著，而東方人是蹲著的」（雖然陳奕麟本身並未如此主張著）。

生的影像，一個「白種澳洲」女人因必須蹲踞在一棵樹後方便而感到恐懼時，我懷疑電影最初造成的批判衝擊力道會消失。但電影製作人還能怎麼做？過去有，而現在亦仍存在著像這樣的英國─澳洲人；此景具有歷史上的精確性。只有在那個長途旅行是有點困難且所費不貲的時代的那個地方才會有「像那樣的人」（我自己的母親是1920年出生，從未旅行至澳洲東部的兩個州以外的地方）。劇中人物被過度普遍化成為一個國族的象徵，這是由批評家創造出來的（將聲援主張置於學術研究之前，因之將世界約化成為我們自己所做的努力之寓言），而這是不易避免的；大部分的時候，我們要以這些方式來普遍化，為的是能夠彼此交談，尤其是處在跨國家的情境之中。然而，如此普遍化的專業內翻外轉的模式是要付出代價的。往往，當批判論述在公共媒體的情境下錯失了論點時，就無法想像其他人會以如何精確的程度看待他們自己，因此也就無法行使他們對真實的感覺──這是修辭能力的失敗[7]。如果有時候要「理論」對此負責的話，原因比較不在於理論本身的專有名詞，而是比較是因於我所謂的「單一類型」的演說模式（a mono-generic mode of address），這個名詞是我跟隨著弗德曼的用法而來的：

> 由於社會學科及人文學科的專業化，我們使自己陷於以「小心行使的方法」來寫作及閱讀，而這些方法也無非是單一類型的……如果我說得對的話，社會的情況最好是被描述成為從事或允許多種相異的類型的演練，那麼，單一類型的詮釋策略將會錯失重點（"Vagabond" 280）。

或許如此「專業化」的陷阱是對方法的限制性的行使，以致我們不

7　如需對類比之例的詳細討論，請見筆者之 "'Please explain?'"。

只發展出對人說話的某種單調的方式，好像我們可以將他們的關懷
及同意視為理所當然，而且我們做出好像是個學者的樣子，致使我
們所有進行的批評的背景全都一樣——大學，或者是這種我們都碰
巧駐守的大學——像我們寫作及演說的代價及目的總是大同小異。

一、「文化研究」、「批判理論」

　　讓我稍為抽離一下，以反省方才我表達的對內向化及退縮之
「擔心」似乎成為一種精準的理論形成的討論類型的方法的普遍特
色。「馬路小英雄」式的影評人不擔心他們與觀眾的距離，他們就
是做他們的事（如耐吉〔Nike〕廣告所言）：「偉大的動作電影，五
顆星。」「街頭女霸王」型的影評人亦不是太擔憂：「更加性別歧
視、種族歧視的垃圾：別去看。」然而，理論上，觀眾再三以作為
憂慮與失落的場域的方式出現。在柏斯孔於1970年極具影響力的
文章〈有關類型的概念〉（"The idea of genre in American Cinema"）
中就召喚出「觀眾」作為聚集憂心與失落的場域此一之意象：「任
何一位對教育有所關懷的人一定憂心於當今所寫的大部分評論與一
般觀眾對一部電影反應的方式之間的距離」（20-21）。

　　今天，柏斯孔的評論聽來像是對透過精神分析、馬克思主義、
解構，以及近日來德勒茲（Gilles Deleuze）的理論等等，一般人無
法理解的，以及對過分專業化的電影理論名詞之憂心。這並非如
此：可理解地，如此對柏斯孔文本的理解是犯了歷史上的錯誤。柏
斯孔在1970年所擔憂的是「作者論」（auteur theory），「作者論」在
當時，頗具廣泛影響力的研究方法，研究偉大的電影藝術家如何克
服好萊塢的電影工作室系統給予他們的限制（"Auteur" 224-309）。
作者論者即輕斥「類型」為諸多限制之一。他們將電影分類歸類為
「霍克斯」（Hawks）、「福特」（Ford）、「畢京柏」（Peckinpah）——

當其時，如柏斯孔指出，大部分的人根本不注意到導演的名字，而只是「去看一部西部片」、「一部幫派片」、「一部功夫片」。我可以為此作證，發誓這是真的。當時在1970年，不到20歲，當柏斯孔（我當時尚未聞其名）的文章出現時，我有種敬畏及讚嘆之感，當年我遇到一位學者，約翰・弗烈姆（John Flames），他都會注意到電影片末感謝的工作人員，他責備我從不注意到此：「妳會忘記誰是小說的作者嗎？」（作為一個學文學的學生，我覺得很丟臉地回答：「不會。」）我懷疑我大部分的家人讀小說時大概都會說：「我總是忘記作者是誰。」不到幾年之中，當一些從事符號學、拉岡精神分析，以及馬克思主義的批評家開始做類型研究及觀眾觀念（如產生電影理論中的一些如「論題」[topoi]，如「注視」[the gaze]、「觀者」[the spectator] 等等），現今則輪到是作者論者，以及他們的後繼者開始抱怨批評與路上行人之間的距離。或許注意一下一九八〇及一九九〇年代電影理論的發展，檢驗一下當其形式保持或再三重複下來時，檢驗其中的內容，有助於理解他們憂心的內容及本質會有什麼改變。然而，請注意一位更為資深的批評家，其作品在一九六〇年代晚期，以及一九七〇年代早期被西方年輕人廣泛閱讀及引用的匈牙利馬克思主義批評家盧卡奇（文學領域中二十世紀最偉大的文類批評家之一）並不擔心距離的問題，雖然他也預設了一個「天真描述」（naïve description）這個層面，且很小心翼翼將其與他自己的批評工作分開來（*History* 50-51）。盧卡奇同時將「批評家」放置在疏遠的地方，但他擁抱並加以肯定這個位置（假設這也是他的位置）為「真實的歷史分析」（genuine historical analysis）的位置。

在我另一篇文章中，我會更仔細地回來探討盧卡奇；在此，我想提的是：《歷史與階級意識》寫成於〈類型的概念〉幾近五十年之前，二者都在一九七〇年代初期熱切被閱讀及討論著，而塑造成

今日我們所知的「電影理論」，而且在此二文本之中（當然還有許多其他的文本），首先就分立著在分析者（盧卡奇）或影評家（柏斯孔），以及他的「素材」二者的對立；再者，又將分析者（「人事實上如何想，如何感覺，以及需要什麼」），以及「一般觀眾」對立起來。然而，這存有不平衡：當柏斯孔直率地在「觀眾／街頭」，以及「影評家／作者」預設了二元對立，以為可以「流行藝術」三分的模式取代二元對立，盧卡奇就比較細膩，二度將自己的距離拉開，一度將自己抽離「天真描述」，以及遠離「人實際上如何想、感覺，以及需要」，然而又同時肯定但又輕斥（「只不過是」）為他用之以建構他「素材」的這個實證式的經驗的世界的「偉大重要性」。然而，兩位作者存有一個差異，而且此差異是被安置上的，且是被空間化（spatialised）：盧卡奇所肯定的分析是「遠離」天真描述，而柏斯孔則欲縮減批評與一般反應的「距離」。

暫時擱置此處所凸顯的對方便進行批評的比喻如「天真」及「一般」之對比的態度[8]，我希望特別提及的是一邊是批評家與素材之間的關係，而另一邊是觀眾（以柏斯孔的話來說），二者之間的關係之空間化亦是無形地為一文化平面之「高等形式／低等形式」之區分所主導組成，我將此高低之區別拿來討論文本；這是一種解讀的方式。這並非唯一可能的解讀方式；因為盧卡奇的「遠離」，以及柏斯孔的「距離」都可以平面地閱讀，或以水面的方式來投射。但弗德曼提醒我們，「解讀有記憶——長的、分支的、互文的，以及類型之間的記憶」（"Uptake" 40），而且，正如柏斯孔的「街上行人」是為「象牙塔中的批評家」所掩蓋，因此，盧卡奇的辯證學者所追尋的「遠離」天真亦傳統以來為更「高」一層的分析

---

8 在我的一篇文章 "Tooth"（262-65）；以及 "Banality"（14-43）的〈帝國的憨第德〉（"Colonial Candide"）中曾討論及這些人物。

所安全地固守著。這樣高低差異之空間化（就此次會議而言，這也是一種視覺化 [visualization]，本就不足為奇）；有關「高」與「低」之分布在有關類型的古典神話之中，以及目前通行的有關類型的討論之中，都是非常顯明的[9]。它證明是令人驚嘆地持久下來了，儘管從後現代主義之中，以及文化研究之流派中都對其攻擊；它亦同時是徹底地政治性的，高低差異又與社會秩序中的難纏複雜的模式呼應[10]。一位澳洲文學的資深發言人唐諾·霍恩（Donald Horne）曾言：一旦你聽到有人宣稱應結束文化中有關高／低差別，你可以確定的是那必是「高文化」在說話。而且，儘管近年來不斷在文化研究中有強烈的積極主張應將「高蹈」的保持距離揚棄掉，並從「街上」去理論化，這真正的論點，就是一句擴張的「中間的管理」（middle management）；精於混於此「道」（street-smart）的文化研究現在將畢業生送上媒體、廣告、軟體、文化遺產，以及觀光業中，學校之中。

然而，任何有關高／低區別之價值，此區別所組織出來的內容，以及得此之場合或「背景」（setting），以及得此結論之目的或「要點」，都是極度不同的[11]。就舉「文化研究」與廣義言之的「批判理論」之差別為例吧。有人告訴我，在日本，年輕學者將此二者的領域混而為一，他們擔心文化研究會變得精緻化，並且「抽象」，以致在近來日本國族主義再度興起的危險時刻會顯得太「遠離」教學，以及其他政治目的之所需。在美國，反而是相反的評價

---

9 對於帕爾納索斯山和奧林帕斯山的神話，見安·弗德曼 (Anne Freadman). "Genre" (309-74)。

10 兩篇再三強調此模式的極具影響力之批評為德瑟妥 (Michel de Certeau). "Walking" (91-110)──此文本將「街道」一景與紐約的世貿大樓所見之廣大視野相對比──，以及伊恩·張伯斯 (Iain Chambers). Popular。

11 對於由此變異所產生的問題，請見約翰·法羅 (John Frow). Cultural。

取得上風，而且有時亦具有反國族主義的味道：文化研究被呈現為一種「愚而下駸」（a "dumbing-down"），或者一種「心智的麥當勞化」（mental Macdonaldization），一種對（美國的）流行文化不加以批判地讚頌——似乎柏斯孔認為不大可能發生的一景（「沒有人會暗示說我們一定為被街上行人的美學標準所制約」）已然發生。

　　所以，所有這些擔心所為何？當一位文化研究的從事者對她自己的領域中大塊區塊不具同情時，為此我不同意之點無非是要提出這些所有焦慮的舉措都是在學院政治的大情境之下努力朝向弗德曼所稱的「單一類型」（monogeneric）的霸權。而我以下的論點是：動作片——動作片它經常思考的是其與「高蹈」文化之間的關係，以及心智勞力與體能勞力之間的關聯，及心靈上與肢體上的藝術之間的關聯——提供我們一種有用的觀點以看待這種鬥爭。

二、歷史的類型

　　我之前主張《陷阱》一片中我討論的一景內在即提出一個有關性別、殖民主義，以及文類定義的有關性別化的問題：何時人們會在看電影時認出這是「動作中的歷史」？（譯註：或「行進中的歷史」，原文history in action，作者顯然有一語雙關之義）。無疑地，歷史的確認此一議題（以及不同的類型）出現在霍耀良（Clarence Fok Yiu-lieung）1989年的動作喜劇《急凍奇俠》之中，此片英文名為*Iceman Cometh*，或者，用另一個比較無趣的譯名——*Time Warriors*。此部電影中，人們的討論錯失方向；有關如何將過去與現在發生關聯，以及何種類型最能使得文化連續性可以建構起來的討論都錯失方向，這些都直接跳至螢幕之前。當這兩個戰士在明朝的一場爭鬥之中被急凍，在1989年的香港意外被解凍，一個「北方」的中國過去與一個「南方／香港」的現在，於此有關類型及文化學習情境之

喜劇中互相撞擊[12]。

這兩個戰士是嚴謹忠誠的禁衛軍（元彪飾演），以及他之前的朋友（元華），後者是叛徒，他同時享樂地濫權以強暴及殺人，以彌補嚴格訓練的那幾年。在我討論的場景中，主角方守正新來乍到香港，未注意到他的敵人亦來到此地，也未知他棲息之地是一位妓女的家（張曼玉飾演）。此景出現在方守正首次接觸到現代科技（電燈、電視、沖水馬桶）一連串的趣事之後。在一連串有趣事件之始，方守正很快就抓住有關「再現」，及電視發聲的詭詐的本質，當張曼玉熟練地使用遙控將螢幕上的豔星的「出現」轉為「不見」，轉至另一場景（譯註：presence，另一意為「現在」的一語雙關），他誤以為她正在對他懇求進行交易，因而與她進行一場憤怒的對話。在喝了幾口漱口水、吃了蟑螂的喜劇之後，方守正得到一個歷史教訓；從電視上演出的一場歌劇電影後，他發現明朝被推翻了，他的皇上被弒。即使透過繞口的英語字幕，這一刻的沉痛仍非常強烈；方守正在地上用力磕了三次頭，並哀痛他國家的滅亡。

我既不講廣東話，亦不講普通話（DVD使得中國觀眾可以二者擇一），這使得我比較難以像《陷阱》那部電影一樣提出修辭的問題：「我們如何解讀此景？你又如何解讀此景？因為我並沒有把握我會弄懂你的答案。」我如何解讀一方面是由我所讀到的奇妙的「香港英文」的字幕，另一方面是由我學生告訴我有關語言使用二者所構成的。當我覺得某些場合、視覺映象、電影指涉，以及敘述的笑話好笑時，大部分當我在嶺南放映此部電影時，我聽到的笑聲都是起自對話，以及學生用英文所稱之的「spoken written-Cantonese」（廣東書寫的口語），這些從歷史中走出來的，以及從北方走出的人使用的語言（這是我有點難以想像的效果；然而，這也是另一部

《超級戰警》（*Demolition Man*）電影裡也使用的電影效果，這部好萊塢的改編電影由席維斯・史特龍（Sylvester Stallone）及衛斯理・史奈普（Wesley Snipes）主演，戲中在現世中是警察及犯人在未來的洛杉磯解凍，在那裡，人們在日常生活中使用的是一種很雕飾的「不尋常」語言。由於我語言上的無法勝任使得我對這部電影在我所專注的批評方法之內產生一種怪異的且「西方的」理解方式。對於《陷阱》此一電影，我可以從對多種（當然，並非全部的）可能解讀具有親密知識所形成的立場來解讀，這可能是社會性地構成澳洲對於該電影的接受方式。看《急凍奇俠》，我沒有這樣的知識，一絲也沒有。然而，這是一個也流傳在我文化世界中的電影文本；我在雪梨看過英文字幕的錄影帶，遠在我瞭解到有那麼一天我有可能會在香港工作之前。

　　以下是我在這部電影中看到的一些東西。首先，在英文籠統分別稱之為「武俠片」（martial arts cinema）、「刀劍片」（swordplay），及「功夫片」（kung fu）中有「南」、「北」之分。在《急凍奇俠》中，在香港電影中，對於後者的區分的重要性，遠低於經由類型及語言混雜的喜劇而產生的存在此區分本身所存的緊張衝突中的方式。那些緊張的相關性是早早就在一個「外框的」場景中就建立起來了，在那個場景中，發現冰凍屍體的大陸科學家提及「那混蛋李鵬」、想著如何用這些屍體作為前往美國做研究之旅的藉口。由於這是一部喜劇，北／南（北京／香港）的文化差異，以及道德——倫理上的對立以「英雄」／「女英雄」之間的戲劇化表現出來。最終以「愛」來解決——但也只一種超自然的方式。使這對（男／女主角）和解並再次找到對方，所需的不僅是時間機器，以及在女方方面，一種被動、不情願的「從良」，而且需要的是對帝國人的一滴「廢武功的藥劑」。

　　再者，誤認造成的喜劇不僅是就用以對比的道德符碼來構成

（譬如說，正直英雄一方面面對的是妓女的實用主義，而另一方面
又面對的是惡棍的自我沉溺），而同時亦是就歷史理解之不同模式
而言，方守正與電視機首次接觸之景重複述說的是一個電影的老笑
話，幾乎是對電影而言的一個很根本的笑話，最近又再次在中田秀
夫（Hideo Nakata）的《七夜怪談》（Ringu）中又再次被利用，而
且產生極佳的效果；從有電影早期時日以來，人們長久以來一直在
訴說著有關原始人，以及在現代前期的人類相信螢幕上的東西，是
可以伸手去「取得」的。但我想在《急凍奇俠》中最重要的是這個
古老的笑話使得「亡國」的哀傷蕭穆的一刻變成喜劇的方式。方守
正的憂傷是接收到來自電視中壞消息的人所有的憂傷；在此刻中，
他不僅對於香港觀眾而言是玩笑人物，也同時是代言那些觀眾的人
物（還有其他等等），甚且，方守正知道電視是個活生生的媒體，
而當他將歌劇視為一真實的歷史之紀年史，而電視則為資訊之來
源，作為一個對現下的「歷史的」反應，他的反應就質感而言是比
張曼玉角色的反應來得遠為犀利——對張曼玉的角色而言，電視機
重要的只不過是作為商品的地位[13]。對她而言，過去只不過是沒有
電的地方。作為典型的香港消費者，她專注於個人的現在而使她未
能理解到方守正是來自過去的人；將禁衛軍誤認為來自今日的中國
偏遠的鄉村，她以為他不過是一個典型的「大陸人」。

　　第三，這種錯置的俗套構成的喧鬧的嘉年華是以一種美學上非
常自覺的方式被置於香港電影史之中。如同電影開始的一些場景清
楚地顯示出來，正直的「明朝戰士」從香港電影早先數年的記憶庫
中被「起死回生」，但卻發現他自己走錯路，漫步走進，並開始學
習，一個這樣的英雄原本不應該屬於的地方及時代（然而，那個壞

---

[13] 然而，在討論中，丁乃菲指出方守正立即離開一下去查書以查證他的發現，這個
　　反應她認為是「十分中國」。我必須承認我從來沒有對方守正使用書一事想太多。

蛋倒是從頭至尾都與一九八〇年代晚期的香港十分契合）。

三、動作─探險片的歷史

　　所有我到目前為止所能做的是創造出一個架構，在這個架構之中，這兩部「本質」上並不相干的電影──《陷阱》與《急凍奇俠》──可以一起被放在同樣討論的平台上。這是我今天希望完成的卑微的修辭目的。在下一篇文章中，我會比較深入地談盧卡奇，以及文化研究，以及多談一點動作片的歷史，這個部分我到目前為止，只是把它處理成一些例子的源頭。暫時我希望以一些引言（在一篇文類上嚴謹的文章應該會將此放置於開頭）作結，亦即以有關在所謂的歷史分析之中對其如何理解的混雜情境來結束。

　　動作片是過去二十年來，世界上最廣為消費的娛樂形式，而在英文世界裡，好萊塢版大抵上已形塑了對此類型的批評方面之興趣；香港、印度、泰國、韓國的動作片比較傾向吸引對該國電影，或漸多對該「區域」的電影專家之研究注意。因之，有關好萊塢動作片的作品反映出來的是美國批評研究上的道德優先順序；動作片被輕斥或推崇為暴力之奇景，「軍事娛樂」，技術展現，以及其對「身體」文化之衝擊影響。動作片很少被視之為歷史小說。然而，卻也是好萊塢電影的類型在從事最直接明顯處理跟文化及地理──政治的衝突、文明之衝突，以及──既已吸收了科幻小說，以及歷史某個時期的探險電影──，以及帶著「時間旅行」至其他社會的文化衝擊，或者，也帶著人類學的力量，至你自己社會中的另一個發展的時期。

　　當然，動作片是歷史虛構的類型（action IS a genre of historical *fiction*），拍得很成功的時候，它很少會讓人注意到有一個他者或過去的多樣性；具有「紀錄片」，或「實驗性」之效果的電影通常會

使電影院為之一空。講述有關在地、國族的，或全球性的英雄事略以挽救世界（大大小小的世界）倖免於毀滅，動作電影將我們時代中的巨大衝突，以及不確定性搬上舞台，並以虛構的方式「解決」（resolve）我們時代中的巨大衝突，以及不確定性。兩年前的《神鬼戰士》（Gladiator）即是清楚的例子，主角是來自帝國邊陲講澳洲語言的英雄，他願意犧牲自己的生命，以行動表示對他從未見過的講英語，以及美語的「羅馬」忠誠。如果你（這不僅對中國人而言，美國人也一樣），英文懂得不多、不夠廣到可以抓住此電影中的「腔調」政治，你就可能會遺漏了許多東西——這也就是我要談的重點。至於《鐵達尼號》（Titanic），全球性的對這部片子的接受，本身就可以成為十分有趣的研究，看這部電影，你會見到其他東西，將其他感覺與關懷都帶進來。如同今日那種最喜歡給每個人都帶來點什麼東西的電影類型，動作片亦是最開放的類型，吸受自許多非美國的源頭（香港電影、日本漫畫、拉丁英雄傳奇）。動作片並不是新的類型，這當然也絕非始自成龍、吳宇森及李安。

我對動作片的興趣是在於其敘述類型在澳洲當地具有歷史書寫的力量；歷史小說，以及奇幻在形塑寬廣的概念，以及形塑對過去的熱情上扮演重要的角色，對有關在今日對「歷史」價值的辯論（有些時候這些辯論具有政治上之重要性），以及對未來的實務上的一些政策上都扮演一角；一個講述過去歷史的好的故事往往最能合理化對未來所採取的行動最好的合法化。這是為何我有時會以「動作—探險片」（action-adventure）一詞，這是一個古老的行銷語彙，它指稱任何一種敘述方式，在其中主角旅行（這通常要感謝新技術的發明）經過陌生的風景，與奇怪人物接觸，面對始料未及、驚悚的，時而危險的行動。我用的「動作—探險片」一詞是有點老舊的說法，因為在今日的電影，以及新一點的媒體形式中，我們英文中通常只會說「動作片」，隱含著將「探險」敘述的部分放在似乎比

較寬廣一點的「奇觀」（spectacle）的視覺項目之下。但這也是為何「動作—探險片」依舊是個有用的語彙；作為一個跨媒體的項目現今仍可涵括小說、報導文學，以及其他的散文形式，除了處理新奇之物之外，並處理延續及復發，它打開了一頗有深沉歷史的類型混雜的歷史。在我自己的作品中，譬如說，它使我得以更寬廣地探討殖民，以及遷移的經驗如何經由想像地一再被述說及詮釋而放在數個明顯的歷史情境架構之下；如果將它放在二十世紀中葉狹隘的白種人國族主義與近來的批判大都會主義（the critical cosmopolitanism）放在一起對比的架構之下來看的話，在澳洲，在舊殖民文學與當代流行，以及「批判」電影之間的連續性可能比我們原先以為的更加強大。如果你可以原諒我省略掉那些細節，讓我只談動作探險片共有的一些主題關懷：

（一）對於實際上社會的、政治的，以及經濟的政策所遺留下的遺緒如何影響日常生活的興趣。探討家庭、族系以同宗之凝聚力，所承繼及打斷的，即興創作出的或再創造出來的聯繫，這些文本在空間及在時間中通常將公／私（或「動作片／劇情片」）之間的分隔向前推進，或漫步出這個公／私的分隔；場景通常是放在政府的邊緣塞外或深入的內陸，動作—探險片常常探討政府的後續結果（aftermath），以及分崩離析（breakdown）——失序或無政府狀態的時期（如西部片，以及香港電影中的《少林寺》系列都是）——或者是其他有關某些政府或獨裁政權施暴或愚蠢的行為之後果，有時這些行為是以「家庭」寓言施之。

（二）意識到跨國的國際勢力正在形塑當地的故事，這些是帝國、種族、宗親，及遷移之勢力，說白一點，即是關乎資本主義，以及內在於資本主義本身就存在的衝突；在西方，如果你想看流行電影中探討基礎工業的危機，製造業，以及能量生產的危機，或有關商品生產及流通的危機，你應該看看動作片電影。

（三）偶爾，具有希望以吸引人們的方式來敘述過去的熱情。這是我最喜歡的部分，自詹明信（Fredric Jameson）首度提出「後現代，或者晚期資本主義之文化邏輯」緊跟在「真實歷史」的沒落（他意指的是傳統歐洲歷史小說努力的目標）。之後的二十年中，有數條探討的軸線已將有關歷史的未來這些問題當作是社群互相瞭解的類型，將其放置在我籠統稱之為「全球化」之經濟的、地理—政治的，以及經濟的轉變所產生的意涵之相關辯論之中心，讓我特別提及三種工作：

1. 文化研究凸顯在文學典範形塑的過程中被忽略掉但仍是「真的」歷史的形式及做法。

2. 電影及媒體研究中一些作品在探討新技術如何形塑「重新想像歷史」（revisioning history），以及創造出社區的新方法。

3. 對歷史性作為一種價值的後殖民，以及性別上的批判，對歐洲有關時間現代性，以及為其基礎的大都會主義的理論所做的後殖民，以及性別上的批判，以及沿著帝國主義的商業貿易途徑，以及由國族—城邦所產生的「身體政治」兩個途徑所做的學科訓練之散布所作的後殖民，以及性別上的批判。

這三種方法途徑已擴大我們對於什麼可以算是重要的真實的歷史的認識。在大學之中共同的目標是第四種關懷。

（四）歷史學家之間對他們的學科訓練被壓縮到（如凱洛琳·史蒂曼 [Carolyn Steedman] 所論），以「非—歷史的」或甚至「反歷史的」（non-or even anti-historical）目的及方法學的課程之中時，歷史學家之間對學科的未來有所爭議。這些「非—歷史的」或「反歷史的」目的和方法學是一種將一點點的歷史與其他材料或理解的模式混合，包括那些——譬如說，像方守正在香港的電視上閱讀京劇——將過去與現在視為連續的，而未見其差異（Steedman 613-22）。

此種連續性的「閱讀」對於動作片達致公眾效益的修辭策略是

基本的──公眾效益指的是娛樂、收益，但有時也同時指教育──
對於動作片中跨國際規模上允許的詮釋與使用的多義性是基本的。
當批評家在擔心有關高蹈與低級、學院和街頭之二分，通常不自覺
地具有單一類型的衝動（以消滅或取代競爭）那先已預設一個同質
性的機制場所──在單一地點爭奪共同的質源──今日全球流通的
流行文化一定也預設了相反的東西：一群觀眾與大眾多元的背景、
表現的形式、消費的情況及方式，而這一群觀眾與大眾的語言、興
趣、信仰、美學喜好、道德符碼，以及行為習慣，不僅與那些製片
人不同，而且，往往，這些觀眾與大眾亦不互相認識。至於批評家
怎麼對此進行解讀將是我第二篇論文的主題。

動作片中的跨國想像[*]
——香港和全球流行文化的製造

墨美姬（Meaghan Morris）著
楊芳枝、陳怜縈譯

整體是一個強烈的字眼。
其實是有不同程度的整體性。

詹姆斯‧卡麥隆（James Cameron），
《魔鬼大帝：真實謊言》（*True Lies*, 1994）

不同於奴隸的自我意識，當工人認知到自己是一件商品時，
他的知識是有用的。也就是說，這種知識會對他所認知到的知
識客體帶來客觀結構的改變。

喬治‧盧卡奇（Georg Lukács），
《歷史與階級意識》（*History and Class Consciousness*, 1923）

當今我們該如何想像在批判修辭裡一再被提及的文化的「跨國」

---

[*] 原文篇名為 "Transnational Imagination in Action Cinema: Hong Kong and the Making of a Global Popular Culture"

流動？想像這個行動總是先於、並且是混合於一個具體的研究計畫裡。然而我們在文化這個領域的研究中（亦即，不同於移民和資本流動的研究）所處理的跨國想像卻經常是令人訝異地淺薄——這些研究常常藉著對國族分類與國族情感歸屬的批判來呈現出與移動、速度，和空間有關的含糊不清之比喻，並且用與跨國無關的事來談對跨國性的想像。在今天，「跨國」這個詞本身已被強烈地空間化，並且帶有一連串的，與「全球性」力量穿越無疆界的世界的意象。

但這並非一直是如此的：在克里斯多福・康納萊（Christopher Connery）所稱「全球性的毛派主義者」的六〇年代，以及七〇年代初期，「跨國」的意義指的是與「資本主義」，以及「歷史性的」（和「辯證」）有關的分析（"Maoism"）。造成過去和現在之間的差別是一個歷史性的問題，然而，「歷史」對於現代人而言則是一個批判的問題。研究動作片的歷史及其空間化是思考上述兩個問題的好方法。有關全球化的理論繁多，然而要增進我們對於全球化力量如何在文化領域裡運作或是不運作的瞭解則有賴於實證經驗的研究[1]。動作片會是我們發展這類型研究的好例子，因為它有發展完善的美學和工業傳統——它的跨國性並不是一個新的現象，且其類型的受歡迎程度也已歷經無數次起起伏伏的循環——並且也因為動作片裡的「動作」（action）清楚地戲劇化了它本身充滿衝突的傳播管道，以及其流行於全球的地位。在亞洲的這個脈絡下，動作片可以讓我們做一個歷史性的反省，從一個非單源自於西方跨國工業與美學想像的角度來思考跨國性。並且讓我們，就如同過去所發生的，思考動作片如何流向／流經西方電影，以及本身所處的亞洲區域之間。

讓我再引述自1973年的法國「趨勢」電影（a French situationlist

---

1 我在這個地方發展過這個論點，"Globalisation" (17-29)；以及 (266-78)。

film）：魏延年（René Viénet）（據說魏延年住在或是曾經住過台灣，但現在否認這部片，不過我不知道這是真是假）所導的《辯證法破磚術》（*La Dialectique peut-elle casser les briques?* [*Can Dialectics Break Bricks?*]）來詳細闡述這些論點。這部電影可稱為是代表文化激進主義沸騰點的作品，其製作時間則是在巴黎一九六八年五月事件漸漸平息後，一些法國極左派分子為了以無記名投票方式贏得政權，開始思考與共產黨及社會主義黨組織一個「共有的計畫」（a Common Program）。這部片從未停止被宣傳為「一部地下經典之作」。魏延年的團隊採用一部已存在的香港電影，移除其電影配樂，還絕妙地使用法文以無政府馬克思主義的觀點來詮釋解讀這部作品的影像，彷彿這部電影是無產階級和官僚主義者之間階級鬥爭的寓言。

　　這樣的技巧稱之為迂迴（détournment）──扭曲或是移轉文本最初被認定的意義，並且在第二個文本上做一些不同於或是顛覆第一個文本意義的技巧。為了製作一個具政治批判性的文本而把另一個文本視為原料素材可說是一種強而有力的姿態；這種以超現實主義為基礎的「趨勢」電影的實踐可以說是幫忙塑造了哲學上的解構主義，而且也確實影響了在文學和文化研究裡有關「顛覆」（subversive）和「逾越」（transgressive）解讀方式的弱勢傳統。

　　然而，某些使用迂迴技巧的作品很快地就過時了。《辯證法破磚術》雖然還是部令人感到愉悅的電影，可是在一部正規電影的長度中，它的笑話卻顯得越來越薄弱（除非你對昔日那些政治語言暴力感到興趣，我則不然）。這部電影一開始讓人感到些許的尷尬，然而影像很快地便展顯出力量；故事情節生動有趣並且淺顯易懂，新的對話內容巧妙地連接到我們在螢幕上所看到的影像。但現今我想看到或是寧可聽到的，卻是第一部中國電影，一部已消逝的電影──被過去那些自以為無所不知的法國人摧毀。我覺得很丟臉因為

我仍記得使用東方主義式的方式去看一部「香港電影」，或是任何一部香港電影的感覺是什麼——我完全無法辨別不同影片之間的差別，更別提如何去分辨劍術片和功夫片的不同（或者，確實的說，空手道或是日本劍術電影的不同）。我對中國電影的眾多類型完全無知，並且相信這樣的無知是因為在以「低劣」英文配音聞名的香港電影中，所有影片都同樣糟糕到令人覺得可笑。這種誇大解讀香港電影的方式在當今一些西方影迷的次文化中存活下來。另外還讓我覺得丟臉的是，在過去我曾認為一個異文化故事之所以須要被嚴肅對待只是因為它和我本身所處的澳洲文化相關，並且與英美文化相異。

但仍有另一種方式可以看待這件事。我對於形構無數部香港電影中的「兩種敵對派別」的敘述模式（the "two rival schools" narrative）頗感興趣，而在這部法國「趨勢」電影之下的中國電影則是其中之一[2]。在這部電影中，基本上，邪惡的「官僚主義者」顯然是日本的劍客；而無產階級者則是徒手格鬥的中國師父們。這是王羽的《龍虎鬥》（*The Chinese Boxer*, 1970），以及羅維的《精武門》（*Fist of Fury*，又以 *The Chinese Connection* 知名，1972）的複製。顯然地，在法國電影之下的中國電影是由屠光啟（Tu Guangqi, 1914-1980）所導的 *Crush* [3]，又名《唐手跆拳道》（*Crush Karate*, 1972）。根據李櫂桃（Stephen Teo）之言，屠光啟在第二次世界大戰之後從上海到香港，並且在香港當地製作文化國族主義的華語電影；他是替亞洲電影公司（The Asia Film Company）服務的右翼分子，這公司是在

---

2 現在還留存這個故事的最早版本之一是黑澤明（Akira Kurosawa）極具影響力的《姿三四郎》（*Sugata Sanshiro*, Japan, 1943）。

3 感謝保羅·維爾門（Paul Willemen）及阿德里安·馬丁（Adrian Martin）確認這個消息。

1953年用美國資金成立的。屠光啟從右翼國家主義的角度來重新製作和詮釋一些成功的左翼戲劇和主題——確實是迂迴策略——如若果真如此，法國人改版的《唐手跆拳道》確實是一種詩學正義（poetic justice）的顯現。

　　然而，我在這「跨國的空間」裡所用的寓言式的論點——來替歷史作品做批判性的闡釋——只是個微不足道的東西。我們該如何擴大範圍來處理這樣的作品，並且考量研究的重要利害關係？方法（Method）是最難的部分，在文化研究裡，在研究方法上的省思比起創造新的方法更加普遍。在文化研究的領域中，「如何」（how）做歷史研究是個複雜的問題。很多文章主張應當做這類的研究，但他們接著做的卻是理論方面的閱讀；麥可·畢克林（Michael Pickering）的《歷史、經驗，以及文化研究》（*History, Experience and Cultural Studies*, 1997）是最近的一個例子。許多有關再現的評論文章皆具有時間深度或是將重心放在某個特定時期，並且大部分文化研究的作品也指涉到世界——歷史性的力量——帝國主義、父權、資本主義、種族歧視——因為這些力量形構著特殊的歷史事件。然而，除了一些較敏感的歷史學家（例如凱洛琳·史蒂曼 [Carolyn Steedman] 和凱薩琳·霍爾 [Catherine Hall]）之外，到目前為止，在以英文寫作的作品中，很少有具實質性的歷史作品出現。保羅·葛洛義（Paul Gilroy）的《黑色大西洋》（*The Black Atlantic*, 1993）和安·麥克林托克（Anne McClintock）的《帝國皮革》（*Imperial Leather: Race, Gender and Sexuality in the Colonial Context*, 1995）是在這個階段中被讚賞勝於被模仿的典範，而丁乃非的《穢淫之物：《金瓶梅》的性政治》（*Obscene Things: The Sexual Politics in Jin Ping Mei*, 2002）和戴錦華的《電影與慾望》（*Cinema and Desire: Feminist Marxism and Cultural Politics in the Work of Dai Jinhua*, 2002）這兩本著作有我在文學和電影研究領域中想尋找的革新力量。

　　這麼多年來，在建立文化研究學科的辯論之後，卻只出現了這些少許的作品。學科的邊界是機制與思考上的障礙，它使得真正的跨國性學術研究難以出現。然而這種跨國學術研究和英美出版業以國際行銷出版的研究是不同的。在有關文化的學術論述裡，不管是在我們表達研究對象的形式時，或是在我們宣稱的實踐裡，要不再次去銘刻國族邊界確實是件困難的事。畢林克在文化研究中隨口稱呼的「地緣政治學的不連續性」（geo-political discontinuities）其實是存在於你我之間真實世界的差距，而那不只是知識與智慧形成的差距，而且也是感覺和想知慾望的差距。這些差距指出了在文化研究領域裡做歷史研究必然遇到的困難（History）。而大家所熟知的「無疆界的世界」（borderless world）這個詞彙，就如邱靜美（Esther C. M. Yau）在她的選集《全速前進：無疆界的世界中之香港電影》（*At Full Speed: Hong Kong Cinema in a Borderless World*）的序言中所指出，就是這困難的符號與症狀（25）。太多時候我們只是沒有足夠的知識從歷史的角度在跨國或是跨區域的層面上來談電影——這和我們的文化同好者討論「有關」跨國電影是不同的。

　　所以我以一種破碎的方式著手寫這篇論文。接下來的部分我將大略地描繪一個有關「跨國想像」的歷史案例。這是個由我和我在嶺南大學的同事陳清僑（Stephen Chan Ching-kiu）與李小良（Li Siu-leung）[4]所共同研究的計畫案。我在先前所提到的問題無可避免地形構了這個計畫。我的中國同事把重心放在香港及其電影上，因此他們感興趣的議題比「動作片」更廣泛。我大抵是研究動作—探險片，但把主要焦點放在澳洲文化上。我並不把動作片和香港電

---

[4] "Transnational Imagination in Action Cinema: Hong Kong and the Making of a Global Popular Culture", Research Grants Council Competitive Earmarked research Grant, Hong Kong, 2001-2003.

影混為一談（這是在香港常聽到的對西方評論家的抱怨），然而，我對作為一個「香港電影」的研究學者並不特別感興趣。在電影研究中，國族電影模式（「國族」，對香港而言，並非是一個正確的字眼，但暫且就使用這個詞吧）的研究依然是個強而有力的分析架構（Willemen 206-19）[5]。就和其他人一樣，我也屈服在它的吸引力，以及限制之下，但我認為假如我們不要好萊塢來定義電影研究的準則，那我們就必須超越國族電影的模式。所以在本文的第二部分，我將研究在西方脈絡中有關香港動作片這個電影類型的一些層面。

二、香港和全球流行文化的製造

在此有一個簡單的歷史性看法：在當今流行於全球各地的動作片中，香港扮演著一個構成（a formative）而非邊緣的角色。以英文談論動作片的報導大部分都集中在好萊塢電影上，而把香港對動作片的影響局限在1970年的李小龍功夫熱，以及現今在好萊塢電影發展的一些有名人物（成龍、吳宇森、徐克、周潤發、袁和平）。然而，動作片長久以來已有一套複雜的經濟體制，好萊塢電影不僅和香港電影的混雜文化交易著電影風格和敘述模式，在形式和產業模式上更是大量地取材自以亞洲為基地，特別是以香港為創意中心的「直接拍成錄影帶」（direct to video）工業。

我把「香港」定義成是一個來自世界各地眾多影片製造者的匯集地——特別是來自日本、菲律賓群島、澳洲、美國、台灣，和中國大陸——這些人和當地工業互相交流，並產生出新的跨國電影類

---

[5] 我的論點是大部分以英文寫作的評論在研究香港電影時，都把香港電影當作是「國族電影」，然而在香港的評論中，「國族」這個字通常指的是，香港特別行政區與中華人民共和國之間複雜的關係與位置。

型。從購物中心裡的影城放映的好萊塢強片到遙遠社區裡只用一台放影機播放的戶外電影，動作片以各種不同的形式和語言將兩種敵對生活方式互相「接觸」的故事傳播給世界各地不同的觀眾。也因如此，動作片大量借用香港電影中以具世界性的文化形式來表達地方關懷的特色。在一九六〇年代，日本和（根據羅卡之說）菲律賓模式大致形塑了香港功夫片的傳統[6]，同時，來自中國大陸的流亡導演也將他們的回憶和經驗帶給香港。一九七〇年代，功夫片因為李小龍的關係而廣受世界各地歡迎。功夫片對動作片的影響不只是一種新的打鬥方式而已，同樣具有重大影響的是功夫片的主題，亦即，不同的存在（being）與行動（acting）方式之間的接觸：除了《龍虎鬥》和《精武門》之外——兩部都是有關「功夫和空手道」兩派別互相對抗的故事——另外一個好的例子就是劉家良的《中華丈夫》（*Shaolin Challenges Ninja*, 1978）。這是一部為了爭中國或日本武術風格為霸而毀了一段婚姻的故事。值得注意的是，一九七〇年代邵氏所出產的影片大多數要到今天才以DVD/VCD中文版的形式流傳，然而，骯髒的錄影帶配上以英文，和以及其他多國語言發音的功夫片在這幾十年間從未停止流傳過（我曾經在網路上花了很多錢買了一部品質很差、配上荷蘭文字幕的《中華丈夫》）。在這同時，這個故事在今日依舊不斷地被更新：《少林足球》（*Shaolin Soccer*）是在上海拍攝的一部前世界盃的影片，周星馳在這部片中壯觀地重拍了他自己所認為的「敵對方法」之傳統。

接下來要談幾點有關全球流行文化跨國歷史研究的價值。第一、以香港為基礎（而不是以香港為焦點）的研究可以提供我們從非美國但卻具世界性的地方角度來瞭解全球電影。第二，為了讓這

---

[6] 在香港電影資料館服務的羅卡先生，在一次談話中引起我們去注意在這段時期裡菲律賓電影在香港大受歡迎。

樣的研究更具說服力則須把重心放在影片產製和閱聽的議題上，這也就是近來研究西門・杜林（Simon During）所提的「全球性的流行」（the global popular）所關注的焦點（339-53）。這研究還必須有辨別多種語言的警覺性，這不只是因為英文版的香港電影能引發並行銷到最廣泛的圈子，並且它強調出「兩種派別／兩種風格」的敵對敘述模式。舉例來說，在1990年由黃泰來執導的一部影片，片名在字意上直接翻譯成英文叫作「*Modern Buddha Magic Palm*」《現代佛魔掌》，此片名把這部片放置在精心想像出虛構武打技巧的「不對時武士」（warrior out of time）的喜劇傳統裡——這是繼霍耀良的《急凍奇俠》（*Iceman Cometh*, 1989）成功之後所形成的喜劇類型。然而，在香港版的英文中，這部片的片名變成「功夫對抗雜耍的」（Kung Fu vs. Acrobatic）——一個不可能的詞句，一個名詞和一個形容詞的競爭。在此故意模糊語意的目的就是要強調「兩種方式」故事的語法結構：X vs. Y。

　　基於論證的考量，讓我們來想像當代動作電影的發展史可能的樣子：

　　（一）1973至1985：國際電影或共同製作時期。以好萊塢影片為主的報導始於「災難電影」（《沖天大火災》[*The Towering Inferno*], 1974）和具有創意行銷的《大白鯊》（*Jaws*）。一個以東亞為主的電影研究則可始於以合作製片、實地攝影、人才交換，以及其他在一九五〇年代風行的不穩定的合資拍片方式。以香港為基礎，邵氏兄弟在此區域的冒險故事扮演了重要的角色：舉例來說，1955年邵氏兄弟和日本東寶映畫株式會社（Daiei）合拍的《楊貴妃》（*Empress Yang Kwei Fei*）是「第一部表現出香港和日本合製出的普通品牌之影片」（105-106, 140）；而1957年的《異國情鴛》（*Love with an Alien*）則是邵氏和韓國公司（Shen Films）第一部合作的影片，片中採用了日本導演西本正（Wakasugi Mitsuo）、韓國導演金崇基

（Kim Cheong-gi），以及從中國來的導演屠光啟。邵氏兄弟具想像力的算計看來不只是一種發展過程，同時還是一種創意行銷。韓國導演在他們看來是頗具效率的，而且他們對美國電影和（當時流行的）通俗劇也很瞭解；而日本導演則因為他們大膽的採用科技，以及其所帶來的金錢利益而獲青睞。

然而，就當今行銷於全球的大製作片的「系譜」（genealogy）而言，一個好的象徵性起點可能是1970年日本和香港合製，安田公義（Kimoyoshi Yasuda）的《縱橫天下》（*Zatoich Meets the One Armed Swordsman*）。這部電影讓日本電影中廣受歡迎的《盲劍客》（*Zatoichi*）與在張徹《獨臂刀》（*The One-Armed Swordsman*, 1967）中由王羽所飾演的有名的、被殺成殘廢的中國英雄互相對抗。這部作品有趣的地方在於它有兩個結局：針對日本市場，盲劍客獲勝，而中國這邊則是獨臂劍客戰勝。一直等到由派拉蒙（Paramount）與嘉禾電影公司合製的影片，由李小龍、茅瑛、約翰·沙克森（John Saxon），和吉姆·凱利（Jim Kelly）主演的《龍爭虎鬥》（*Enter the Dragon*, 1973），西方才出現在動作片的版圖中。必須注意的是這部深具傳奇性的電影融合了功夫的元素和007龐德（James Bond）電影《雷霆谷》（*You Only Live Twice*, 1967）裡的情節。這部龐德電影把忍者介紹給全球觀眾，然而此片卻取材自由澳洲電視台（ABC-TV）製作、受歡迎的日本電視影集《忍者》（*The Samurai*）。當我只有十來歲時，這個影集比政府在1986至1996這十年之間所推行的政策更能形塑我對亞洲的想像[7]。

《龍爭虎鬥》所引起的全球性功夫熱是眾所皆知的（Desser 19-43）。和《龍爭虎鬥》武打場面具有同等影響力的（就某些方面

---

7 有關這個影集更多的資料請參考 "Nikki Whites Samurai Page", http://www.webone. com.au?~nikkiw/。

而言，這是武打片歷史中最無趣的面向，雖然在編武、舞／武台設計，以及打鬥場面的剪輯上這些都成為具有國際影響力的香港風格之主要元素）（Martin），是它混雜的形式，以及表達的模式（*mode of address*）：它以好壞對立作為其基本故事架構、以壯觀場景來表現這個故事，並藉此讓形形色色的觀眾可以開懷大笑──並且還能享受──他們所不瞭解的部分。這部電影也可能牽涉到教導了西方人，如我在《辯證法破磚術》所注意到的，一種空洞的、東方主義式的凝視（gaze）。在同時，這電影也使得這個凝視機制化。（從我的經驗來談），這種凝視在以前是不存在於，舉例來說，澳洲白人勞工階級的觀眾群和衝浪者的次文化裡。《龍爭虎鬥》還助長許多為了「弱勢族群」而做的劇本改編。在此影響下的試驗作品包括《黑帶瓊斯》（*Black Belt Jones*, 1974）。這部電影不但從日本，經由香港，取得「兩派互相較量」的故事，同時也取材自黑澤明（Akira Kurosawa）的第一部電影《姿三四郎》（*Sugata Sanshiro*, 1943），並把它放置在非裔美人的脈絡中，變成一部講一所教導黑人小孩尋回自尊的空手道學校如何被房地產開發者和黑手黨威脅的故事。《直搗黃龍》（*The Man From Hong Kong*, 1975）是一部將王羽帶至雪梨的澳洲片。本片採用諷刺手法描述該城市的恐外國人症和警察貪污的故事（Morris, "Man"）。元奎的《不退不降》（*No Retreat, No Surrender* 1985）把故事帶進美國白人郊區的核心。《不退不降》是由當今一些有名的香港導演（包括吳思遠和元奎本人）所導，現已被視為美國武打片的經典（Morris, "Learing" 171-86）。

　　（二）1985至1993：「直接拍成錄影帶」工業。從一九八〇年代的中期開始，家庭式錄放影科技的快速發展引發了新的電影生產方式。這讓有著一身武打真功夫，以及有香港拍片經驗的西方明星能拍攝有美國導演、以色列製作人、盧森堡經濟援助，以及來自亞洲任何國家（包括澳洲）的助理導演、團隊工作人員，和協助卡

司的片子——查克・諾理士（Chuck Norris）、尚克勞德・范・達美（Jean-Claude van Damme）、辛西亞・羅夫洛（Cynthia Rothrock），和澳洲武術師理察・諾頓（Richard Norton）都是可以作為研究的好例子。這樣的電影可以既便宜又快速地被拍成，有時再配上一位來自香港的編武專家和「兩種方式」故事，強調文化或是道德上的衝突。

　　大多數這樣的片子很少或是根本不會在戲院裡上映。早期曾在電影院裡放映過的錄影帶經典之作是馬克・狄沙利（Mark Disalle）和大衛・沃思（David Worth）的《唯我獨尊》（Kickboxer），這是一部有關美國的傲慢自大與重新再教育美國人的電影，改拍自1971年具有強烈國族主義的張徹電影《拳擊》（Duel of Fist）。《拳擊》講的是有關在日本的中國兄弟的故事。沃思替印尼的Rapi Films將這部戲改拍成《屠龍女》（Lady Dragon, 1990），由羅夫洛演出「喪失配偶」類型的故事版本（並且搭配「本土的」明星貝拉・依絲裴倫思 [Bella Esperance]，以及助理導演艾克伊・安韋 [Ackyl Anwary]）。這類有關跨文化教育（cross-cultural Bildung）的「泛亞洲」復仇故事談的是兩個兄弟或是一對夫妻一塊到異地，但其中一個過逝，另一個則慢慢地轉變或「同化」（assimilate）的故事。這類的電影情節近期來一再地被改拍與複製。以泰國為場景的例子就是由劉德華和常盤貴子主演的《阿虎》（A Fighter's Blues）。

　　要更深入研究的議題是，在這段時期電影公司大量地製作行銷到西方的「直接拍成錄影帶」的動作片，尤其是這類電影和致力於發展國族電影的機構、創意人才和影評者常常有具敵意的互動方式。好在我並沒有多餘的空間在此追溯細節（有關這領域的研究格外地困難），所以我將簡略地順著文本的蹤跡敘事。由這些公司廉價地製造並行銷到世界各地的「小模式」電影（the minor cinema）談的不只是敵對的敘述模式（兩種派別，兩種風格，兩種方法），

還包括了一種以仿效（emulation）為基礎的學習模式。這樣的學習模式預設了師生之間的不等階層關係並不是件值得注意的事；對我而言更具意義的是在功夫教育片中學生是藉由一種特殊的形式或是模仿來獲得培力（empowerment）——模仿這門特殊的藝術牽涉到道德與身體的付出，其目的是在學習可以變成像（become-like）由老師所體現出來的理想典型。

　　相似並非「認同」（identity），不相似也不等同於相異（difference）。大體而言，動作片對「相似雙人組」和「不相似雙人組」特別感興趣，也因此它對「相同」，以及「相同」與「相似」之間的差異性很感興趣（在《疊影威龍》[Double Impact] 這部片裡，矮個子尚克勞德・范・達美扮演他自己的雙胞胎兄弟，而《反擊王》[Double Team] 則將他和美國黑人的籃球選手丹尼斯・羅德曼 [Dennis Rodman] 結合在一起）：「你和我，我們是一樣的。」——這是很多影片中壞蛋對英雄所提出的訴求，在此舉幾個小模式電影（minor cinema）的例子：《逍遙法外》（An Eye for an Eye, 1981）、《諜報戰龍》（Good Guys Wear Black, 1978）、Bloodmatch（1991）、《所向無敵》（Tiger Claws, 1992）、《瞄準核子心》（Eve of Destruction）、《熱血悍將》（Perfect Weapon, 1991）、《真假莫測》（The Hard Truth, 1994）、《不退不降 3》（No Retreat No Surrender 3）、《魔鬼專家》（The Specialist）和 The Expert；以及一些強片電影，像是《危險年代》（The Year of Living Dangerously, 1982）、《魔鬼專家》、《魔鬼戰將》（Under Siege, 1992）和《特警判官》（Judge Dredd, 1995）。然而，在功夫教育片中，渴望變成和師父一模一樣或是想要成為師父的通常是壞蛋這個角色。他通常是個離經叛道的方丈，在過去曾經殺害或是背叛他自己的師父，而如今則利用他的權勢胡作非為。而在西方場景裡，這號人物則轉變成瘋狂的武林高手或是法西斯式的體育老師：這樣的例子有《小子難纏》（The

Karate Kid, 1984）和《所向無敵》，以及來自澳洲的 *Watch the Shadows Dance*（1986）。這是部由年輕的妮可・基嫚（Nicole Kidman）所演出。

（達成）認同是惡棍的特色，但（志向抱負上的）的相似則是英雄的標誌。有別於惡棍是循著消費或是消滅的軌道來處理存在（Being），英雄則是走著「變成相似」的路線使他自己接近他的模範偶像，但同時也維持了這模範偶像的光環與他者的特殊性（更適切地說，吉勒・德勒茲（Gilles Deleuze）和菲力克斯・瓜達里（Félix Guattari）所談的變成的模式（model of becoming）是一個有著三層關係的過程，也就是當 A 變成 B 時，B 變成 X，而在教育片裡，「師父」這個角色經常忙於變成醉醺醺的、愛昏睡的，或是退隱的）。存在於英雄和英雄的英雄之間的距離是永遠不可能消失的，而這兩者之間的「隔閡」是屬於時間性的；它含概著老師和學生之間的歷史，而惡棍這個角色在於他背叛或是否認這兩者之間存在的歷史。

《中華丈夫》這部片就複雜地玩弄這個遊戲規則。有著貴族家世的中國拳擊手劉家輝知道自己必須和來自日本最有成就的打手對決，便到各客棧尋找由劉家良演的酒醉師父。劉家輝把他師父從酒醉中激勵半醒，這時我們看到「學徒」在鏡頭的前景模仿師父在背景裡所做的動作。這一連串的模仿動作表達的不只是穿越時間回到過去，以及過去的電影史（劉家輝從他乾哥劉家良身上「學習」功夫，而劉家良則是從黃飛鴻好幾代後的弟子身上學得功夫），而且還有向前延伸時間的潛能——甚至延伸到跟著螢幕上動作模仿的觀眾的空間。這種觀眾對影像的回應就是激進理想主義者所希望觀眾能做到的，然而卻是社會保衛者所恐懼的（在電影和歷史社會學中，觀眾對影像的模仿這個論點仍然引起很大的爭辯，雖然它具有某種程度的影響力）。在劉家良的影片出現後沒多久，也正是幾百萬

西方人正開始使用錄影帶在家練習有氧舞蹈、運動，和「自助式」的武術教學。

1993至1994年是「直接拍成錄影帶」電影的尖峰季，但很快就受到網際網路、DVD，以及最重要的是，以VCD方式重新錄製舊片及拍成的「速成」電影之挑戰。另外在香港則更受到日益加深的電影工業危機意識的挑戰——《侏羅紀公園》（*Jurassic Park*, 1993）是第一部在戲院票房這個地盤上勝過香港電影的好萊塢強片。另外，除了伴隨著黑幫對電影工業本身所造成的壓力外，非法的盜版活動在經濟上也成為一個重要的問題。然而，當這些新的趨勢改變動作片的類型時，我們更可以深入的追蹤這些具有創意的故事。當好萊塢電影變得更有世界性時，許多香港演員和導演移轉到好萊塢工作，這一部分原因是來自1997年大限的壓力，以及在國內拍片所需的費用節節上升。還有，在這時期很多外國人才大量湧入好萊塢——此時，更多的動作強片開始以《龍爭虎鬥》的模式訴求於不同的全球觀眾：《刀鋒戰士》（*Blade*, 1998）、《尖峰時刻》（*Rush Hour*, 1998）、《極光追殺令》（*Dark City*, 1998）、《駭客任務》（*The Matrix*, 1999）、《臥虎藏龍》（*Crouching Tiger Hidden Dragon*, 2000）、《神鬼戰士》（*Gladiator*, 2000）。唐季禮、洪金寶，以及阿森諾·豪勒（Arsenio Hall）在美國的電視影集《過江龍》（*Matial Law*, 1997～）有紅極一時的演出。在這同時，香港電影本身因為新的力量的出現，一方面開創出極具野心的泛亞洲跨國影片（例如，馬楚成的《東京攻略》[*Tokyo Raider*, 2000]），另一方面則努力地在本土重新改造香港的電影傳統（例如杜琪峰 [Johnny To] 的《鎗火》[*The Mission*, 1999]）[8]。在這兩者之間有劉偉強的《古惑仔系列》及其副產品。這是一部極其浪漫的黑道傳奇與黑道全球化的故事。這系列影片很

---

[8] 我感謝李小良對此的觀察。

仔細地勾勒出在與台灣、中國大陸、澳門、日本、英國，甚至香港本地的屯門（嶺南大學的所在地）所互相聯結的區域網路中，香港內部多元化的本土主義。

　　基於必要性，我在此論文中大致上排除了好萊塢電影；否則將須花很大的篇幅來追蹤它們的關係。在這篇論文的剩餘部分，我想討論前文所概述的第二個階段之兩個特點，即以非戲院播放為主的「電影」出現在全球各地的階段。第一個特點是「直接拍成錄影帶」動作片可以以很複雜的方式打動西方勞工階級的觀眾；另一個特點則是香港電影裡的模仿英雄原則如何地被投射到極為不同的社會與文化的敘述層面。

三、錄影帶電影中的歷史和階級意識

　　薇薇安・娑察克（Vivian Sobchack）在美國寫道：「一種新的、對歷史的自我意識最近正在公共領域裡擴張」，她論道：

> 　　二十世紀再現與敘述的科技（最重要的就是電視）已經加速地瓦解了存在於現在、過去和未來之間時間上的距離，而這距離建構我們過去所認為的歷史這個概念（因為後者與經驗不同）。也就是說，事件，以及其再現方式，立即性，以及其中介方式，已經加速地往同時性邁進。（4-5）

　　在一九八〇年代有關後現代主義的辯論中，對這樣的論點應該是很熟悉的。亦即，把歷史當成是發生在「過去」的事這種的論點已被貶為是過去式（我們應該小心翼翼的看待這個矛盾的論點）。然而，我們很難不去同意娑察克的主要論點：「現今，歷史似乎發生在當下，它被傳送、被反省、以一部又一部的戲劇方式被呈現，

以不同的故事和不同等級的重要性被擷取，並且以現在式的形式被賦予各種不同的外表」(5)。她舉的例子是，電視以真實時間播放警察追逐非裔美國人英雄兼謀殺嫌疑犯——辛普森（O. J. Simpson）——開著福特野馬（Ford Bronco）的車在洛杉磯的高速公路上逃逸的畫面。但2001年世貿中心的被摧毀——幾乎可以確定是計畫以真實時間「播送」——在今日提供一個更重要的、全球性的例子。娑察克認為，歷史在今日「發生」，就如同「碰到狗屎」（一個嚴厲的美式措詞）；也就是說，「（歷史）只有在現在發生，在過去和未來之間的時間點上」(14)。歷史／狗屎的類比是值得發人省思的：「碰到狗屎」這個詞語所傳達的不僅是一種被不受歡迎的事件所侵擾的現在感，而且是由李‧塔瑪何瑞（Lee Tamahori）所執導的《勢不兩立》(*The Edge*, 1997)裡的主角（由安東尼‧霍普金斯 [Anthony Hopkins] 主演）所表達出來的一種麻木不仁的求生主義。置身在生命受到威脅的酷寒下，以及被食人熊包圍中，他向他未來的殺手亞歷‧鮑德溫（Alec Baldwin）解釋道：「我並不愚蠢，我只是沒有想像力而已。」

　　娑察克繼續分辨歷史和「狗屎」之間的差別，並強調狗屎的持續性，「而這樣的持續性使『歷史』具有一種時間的聯結性與擴散性……（使得我們可以）從歷史書寫的反思中得知（歷史）的規模與重要性，並從那時尚未成型的素材中獲得具有深度意義的東西」(14)。電影和媒體科技幫忙製造了這個持續性並形塑其素材。好萊塢動作片不只一次的以「碰到狗屎」談論生與死的議題，但即使是在最具黨派意識和最愛國的電影裡，競爭與敵對（「兩種方法」）的敘述模式仍強調不同行動與知識模式的競爭。在動作片當中，找出為什麼「碰到狗屎」是在技術層面上去瞭解該採取什麼樣的行動。這就是為什麼好萊塢動作片裡會有辦公室軍人和政府官員笑話原因之一（就如俗諺所說的「軍事的情報／智慧 [military intelligence] 是

個自相矛盾的說法」)。大體而言，這些影片喜歡藉著動作片的英雄來定義自己，而這些動作片的英雄在解決電影虛構的衝突時，總是比現實生活中的政府組織更聰明、更具人性。

現在式主義（「歷史在發生」）形塑著動作片的哲學，而競賽（敵對與打鬥是故事產生的原則）則構成了動作片的內容，也因此，我們有許多方式可以理性地談「動作片裡的歷史」。如同很多好萊塢電影所做的，我們可以把歷史看成是一種地緣政治的鬥爭：《魔鬼大帝：真實謊言》（*True Lies*, 1994）、《火線勇氣》（*Courage under Fire*, 1996）、《龍霸天下》（*Rapid Fire*, 1993）、《間諜遊戲》（*Spy Game*, 2001）、《魔鬼特遣隊》（*Sweepers*, 1999）、《戰略殺手》（*Peacemaker*, 1997）、《恐懼的總和》（*The Sum of All Fears*, 2001），或是《圍城》（*State of Siege*, 1973）都演出恐怖分子對紐約的攻擊。我們也可以把歷史看成是透過反省過去事件來釐清現在：雷尼・史考特（Ridley Scott）的《黑鷹計劃》（*Black Hawk Down*, 2002）這部電影淡化了美國合理化其駐軍干預索馬利亞的一些老掉牙的意識形態，只留下（可疑的）「兄弟之情」和（令人懷疑的）「奮戰存活」來當作其支撐價值。《神鬼戰士》（也是史考特的作品，他是動作片最偉大的導演之一）這部片不只是對帝國的反省——有時似乎是以戲劇形式表現麥克・哈德（Michael Hardt）和安東尼奧・納格利（Antonio Negri）的暢銷書主題（*Empire*）——同時也是對古羅馬時期為了生活而必須為當時觀眾做「活生生」的現場演出之場景，以及現今看競技場演出的大眾做出反省。稍微不那麼壯觀華麗的影片包括所有史帝芬・席格（Steven Seagal）導演的，和一些查克・諾理士（Chuck Norris）早期所導演的低成本電影，這些片都處理了美國的外交政策、軍事冒險主義和政府的矯揉偽善等議題。

用較廣泛的詞來說，「歷史」可以是將過去傳說復活的古裝劇（《英雄本色》[*Braveheart*, 1995] 和《赤膽豪情》[*Rob Roy*, 1995] 為蘇

格蘭國族主義所做的就如同少林系列電影為明／清時代在中國的衝突所做的是一樣的）；或者歷史可以是把過去與神話有關的垃圾投射到未來的影劇；《印弟安那‧瓊斯系列電影》（*The Indiana Jones Films*），《神鬼傳奇》（*The Mummy*)、《古墓奇兵》（*Lara Croft Tomb Raider*, 2001）、《魔蠍大帝》（*The Scorpion King*, 2002）和《星際奇兵系列電影》（*The Stargate Film*），及其電視影集再次點燃了一九五〇年代當我還是個小孩時所讀到的維多利亞和愛德華王朝時期有關古埃及的帝國主義神話。歷史還提供一個虛構的過去和未來場景讓我們可以探討當代種族——政治紛爭的脈絡：《千鈞一髮》（*Gattaca*, 1997）（遺傳學的基因工程）、*Escape from Absalom*（私營化的監獄）、《捍衛機密》（*Johnny Mnemonic*, 1995）和《奪命連線》（*Antitrust*, 2001）（資訊和網際網路的自由權）、《超級戰警》（*Demolition Man*, 1993）（政治正確和社會監視）。有很多的影片——或許最有名的就是《魔鬼終結者2》（*Terminator 2: Judgment Day*)——批判科學及科技被生產軍事用的毀滅性武器所控制。

在電影裡就如同在社會裡一樣，在有關傳承的爭辯中，「歷史」也可以是個籌碼。在塞吉奧‧李安尼（Sergio Leone），以及當今克林‧伊斯威特（Clint Eastwood）的影片《殺無赦》（*Unforgiven*, 1992）大量引進亞非裔、西班牙裔，以及亞裔人物進入西方電影版圖後，有關亞裔美人的傳奇故事開始出現「家庭歷史」這個面向，例如 *Rising Son* (sic) (1990)，以及《李小龍傳》（*Dragon: The Bruce Lee Story*, 1993），羅伯‧寇漢（Rob Cohen）導演的有關李小龍生命虛構故事（這部電影很短暫地介紹一位中國「歷史老師」的角色）。從《黑帶瓊斯》到《超速悍將》（*Bounty Tracker*, 1993）（談一位印尼裔美國人古流武術家的故事），在無數有關「移民」和「弱勢團體」的功夫教育片中可以看到一些模糊不明但卻充滿情感的比喻指向共同被歧視與離鄉背景的歷史，包括《熱血悍將》（韓國人）、《王牌

至尊》（*Only the Strong*）（巴西人）。和這相關的是在跟白人罪惡感
有關的電影裡，如鬼魅般纏繞著現在的過去成為歷史的特徵。如在
《鬼店》（*The Shining*, 1990）這部片中，傑克・尼克遜（Jack
Nicholson）在一個大旅館中因精神狂亂而殺人，而這個旅館便落腳
在印地安人的墓園裡。而《瘋狂麥斯三部曲》（*The Mad Max Trilogy*）
的「白色恐怖」則是重新將澳洲白人殖民的過去改拍成是對全球人
類未來的啟示（"White" 239-62）。

　　還有很多其他的方法可以思考動作片裡的歷史。我現在想把重
心放在一個比較專門的觀念，這觀念來自「批判理論」，在此，我
以一個嚴格的標準來定義這個詞，即是把歷史當作是由階級鬥爭所
驅動的全球性過程，並且分析有關互相競爭的知識模式和知識的
「立場位置」問題。階級分析並不是我所喜歡的批判模式。然而，
階級鬥爭提供一種方法去思考錄影帶動作片中最持久但卻最被忽略
的項目之一：由經濟所定義的社會階級。

　　如查克・克萊漢（Chuck Kleinhans）在一篇有關史帝芬・席格
的不錯的評論文章指出，在動作片中階級占有很重要的地位。很
多影片圍繞在以具道德性的幻想（「即去做一件正確的事但卻可以
不需要去計算經濟上的困難」）來向勞工階級的觀眾做明確及強烈
的訴求（240-63）。舉一個明顯的與「訴求」有關的例子——也就
是電影對觀眾訴說或是召喚觀眾的方式及其吸引力——讓我們看看
羅伯特・雷德勒（Robert Radler, as Bob Radler）的經典作《黑帶精
英》（*Best of the Best*, 1989）這部電影的片頭。這是一部由艾瑞克・羅
伯特（Eric Robert）、詹姆斯・厄爾・瓊斯（James Earl Jones）和韓裔
美國人的武打片明星菲利普・李（Philip Rhee）主演[9]。這個段落是

---

9 我最後一次看的時候，在這系列有四部電影，菲利普・李自己導演了《黑帶精英3》
　（*Best of the Best 3*），這部電影及時以第一部韓裔美國人所導演的電影來促銷。

由三個陳腔濫調（cinematic cliché），卻令人喜愛的電影手法連串而成令，而其中的每一個手法分別在三個電影場景中以優秀的方式被表現出來：

（一）這部影片於黎明拂曉時開始，介紹人物的片頭字幕也在此跟著鏡頭滑出。這個鏡頭往一個寬闊平地的上方來個高空的全景照，裡頭有一派或是一群穿著白色空手道黑段服的男人整齊劃一地在練習一套武打功夫。這場景只有中鏡頭而無個人特寫鏡頭，表現出有紀律的整體性；這鏡頭的遠處有一個球門，讓只有眼光銳利的觀眾才看得到這是一個現代的操場而非中古時代的平原。這個場景直接挪用了香港電影，而全球觀眾是因《龍爭虎鬥》才對這鏡頭感到熟悉（還有在《唐手跆拳道》和《辯證法破磚術》的片頭也都有這類的鏡頭），這個場景向觀眾宣告這是部「武打片」，而因武打片在西方擁有一群崇拜者，這部電影也以這個鏡頭來迎接它理想中的影迷。

（二）片頭介紹人物的字幕繼續出現，但鏡頭卻突兀地將我們帶入一座工廠內部。在此，紀律性的行動由看管著汽車生產線而承受著壓力的人體部位表現出來。在視覺上，這個場景因為布滿了製造汽車所產生的彩色電光與火花而顯得擁擠，同時也因為工具的鏗鏘聲和搖滾樂的重節拍聲而變得很吵雜。其中一個不知名人士脫掉他的安全帽，透露出他流著汗、被溫和燈光照耀著的一張具有個人特色的臉艾瑞克·羅伯特，很明顯的，影片中的主角出現了。這個工廠場景讓我們想起保羅·薛洛德（Paul Schrader）的《藍領階級》（*Blue Collar*, 1978）這部電影的片頭（在《閃舞》[*Flash Dance*, 1983]）中也有，這是一部談一位女焊工夜晚在俱樂部跳色情舞為生，但心中卻懷著跳芭蕾舞「高級藝術」夢想的雷根（Ronald W. Reagan）時代的羅曼史電影）。這個場景可以被稱為是講「白人無產階級的陳腔濫調」（white proletariat cliché），它把更廣泛的社會內容帶入以

陳腔濫調手法拍攝的「武打片」的操場／場域中。在工廠外部拍攝的一個鏡頭則是為了凸顯這個社會內容，此景將我們快速地帶進郊區的街上，讓我們看到主角 Alex Grady（艾瑞克‧羅伯特）正在街上教他兒子騎腳踏車。

（三）另一個鏡頭將我們帶回武術的場景。和工廠的場景一樣，這個場景也是個室內景，是在一個擺著美國大國旗的純白色的體育館裡。順著腳踏車那幕具邏輯性地發展下來，在這個場景裡不平穩地嘗試著「紀律的動作」的身體是小孩子的身體。沒有任何軍隊，這次的集會確實是在一所學校——而且攝影機快速地顯露出這是一所眾多族群聚集的武術學校，而他們有位面貌英俊、輪廓鮮明的亞裔美籍老師（菲利普‧李）。在此帶入「李小龍」電影裡一成不變（陳腔濫調 [cliché]）的拍攝手法。就像是操場和工廠的場景，在國旗之下的「武術課」是武打片的標誌（這將是一部美國武打電影），但它再加入兩個條件：在白人無產階級運動之後，菲利普‧李這位具個體性的角色指出了這是一部談在美國的文化認同的故事；另外，當重點放在他對其他小孩的照顧時（因為他阻止兩個小男孩免於打鬥），這電影便是在替一個由寬容、學習和個人自尊所「構成」的故事做準備。

追溯過去，我們可以看到這個陳腔濫調（cliché）的李小龍電影鏡頭把操場／工廠、集體／個人、亞洲人／美國人的對立關係沿著傳統／現在的軸線組織起來。武術場／操場來自「香港」經典電影裡不甚明確的封建世界，工廠則是從當今美國的電影裡爆出，而有紀律但又不失個體性、以錄影帶為導向的亞裔美人的空間則是綜合上述兩者的能量——但它同時也使用了發展故事劇情的國家歸屬之問題來凸顯其（認同的）混雜性。故事的結果是，在操場上演習的「軍隊」其實是為了加入韓國的國家「空手道」隊所做的試演，而在工廠工作的白人勞工 Alex Grady（艾瑞克‧羅伯特）和韓裔美

籍老師Tommy Lee（菲利普・李）將會收到一封信邀請他們嘗試著去加入美國國家隊。

　　有趣的是，在這部片裡很激烈地把國家歸屬當作是一個問題的是「白人無產階級」而非「李小龍」這個角色。菲利普・李所扮演的角色Tommy必須處理來自他隊友Travis（克里斯多夫・潘[Christopher Penn]）對他的種族偏見，但在敘述的層面上，因為他必須處理其「已故兄弟」的次要情節——一位韓國錦標得手Dae Han（賽門・李 [Simon Rhee]）在比武會場中殺了Tommy的兄弟——所以他便被移除在國族焦慮這個場域之外。這位韓裔美國人想要報復韓國鬥士的渴望保證了他對領養他的土地（在此指美國）的效忠承諾。這樣的情節設計，對Tommy而言，使得血親的忠誠與他對美國的愛國主義具有一致性。相反地，Alex Grady這位白人勞工在體育的層面上雖是一個愛國者（代表國家），然而在日常生活的面向卻是一位遠比Tommy更加疏離的人物。工作上的無聊和不開心使得他把個人的成就放在他於國家中所扮演的角色上，以及他對自身破碎家庭的承諾。然而當他被迫在兒子和國家團隊之間做選擇時，他毫不猶豫地選擇了他的兒子。在這方面《黑帶精英》極度複雜地表現出白人勞工階級的錯置感，而這錯置感在一九九〇年代的美國（和澳洲）國內的政治形成了一股強而有力的力量，並努力地讓「憤怒白種男人」對移民和少數民族的反應有所改變，這議題將在三年後喬舒・馬克（Joel Schumacher）的《城市英雄》（*Falling Down*, 1993）被探討。

　　我將回到在《黑帶精英》片中談階級、種族、性別和國族的構聯。首先、我必須聲稱動作片意識到階級是一種更穩固的基礎。

四、大模式經濟與小模式經濟（Major Economies and Minor Economies）

　　讓我用啟發式的方法把動作片劃分為大模式電影和小模式電影來使動作片這個詞變得更複雜。我在此鬆散地使用德勒茲的用語來區分這兩者——它們並非是二元對立，而且也不是兩種本質的對比；就像在音樂裡，它們指的是兩種實踐方式，兩種不同的「方法」來處理相同的素材（Deleuze and Guattari, *Kafka; Thousand* ch. 4）[10]。動作片的大模式電影指的是好萊塢強片，它們在構圖方式和表達的模式（mode of address）上多多少少都具有世界觀。而小模式電影的其中一例就是我所說的「直接拍成錄影帶」電影，這類電影有跨國的產業組成方式，且在訴求於觀眾的形式上具高度的變化性，此乃因為來自世界各地不相關的經銷商常常在電影的影像上用不同的語言來配音（而不是以字幕的形式出現）[11]。

　　我在此附上一份圖表（圖表1），大概略述一些方法來比較這兩種模式的動作片。這種劃分法並不連貫也不完整；它反映了系統化的這個過程是充滿著複雜性與漏洞（porousness）的。然而，在高成本製作片的「大事業」和直接拍成錄音帶的「小事業」之間可協商的差異性卻是真實的。

　　這些項目和描述大部分都很清楚，但讓我加強說明一些要點。

---

10 我在此確實是很鬆散地使用了他們的區分方式。他們所指的是「對語言的兩種不同對待方式，一種從中擷取了恆常性，另一種則把它放置在恆變性中」（*Thousand* 106）。用這樣的定義來看，宣稱所有的「直接拍成錄影帶」動作電影皆把其素材「放置在恆變性中」是沒有意義的，雖然有些特定的導演或文本確實是如此。

11 就這個定義而言，當好萊塢電影與當地語言配音時，它就變成了一個小模式電影。在一個比較完整的分析裡去思考像是韓國強片（Korean blockbuster）這樣子的發展是很重要的。韓國強片可以說是一種在大銀幕演出的小模式電影。

圖表1

	大模式	小模式
預算	大：高檔的製作群，有名的公司；長時間拍攝的行程，高價值生產	小：專業製作人，財務不穩定的公司；速成的行程，以刪減經費為其價值，「低劣」的外觀
促銷和發行	即時的全球性密集攻勢；外加周邊關聯性產品（電玩遊戲、CD、DVD、VCD、玩具、衣服），很長的獲利連鎖圈；產品經銷特許權的結構	不規則的全球性傳播：地方性小店，租借的方式、口耳相傳、聊天室、影迷空間（如：體育館）、武術雜誌、小眾市場
放映地點	影城，接著是多樣的形式和地點（包括飛機裡）	非正式的消費空間：家裡，俱樂部，大廳（通常不會在飛機裡）
卡司陣容	「美國保護弱勢族群條款」，或是好萊塢所定義的全球性	「全是本土的／國內的」，或是跨國的（西方的明星、本土的助手和惡棍、外來的導演，本土的技術群）」
拍攝地點	接近異國風景的昂貴的、次等級城市；數位化實驗室	任何便宜的地方：「第三世界」，有時則是第四或是前第二世界，西方城市的貧民窟
武打片特色場景	「非一地方」：旅館、機場、風景區、軍事設施區、運輸和溝通中心、遊艇、摩天大樓	「無論任何空間皆可」：汽車旅館、公車、火車、工廠、碼頭、貨櫃庫房、棚屋、倉庫、廚房、荒廢建築物

時間模式	緊急狀況：有預言世界末日的優勢，「拯救世界」	災難之後：長期的荒廢棄置和損失，「窘迫的未來」
銀幕設計	大銀幕；長方形	小銀幕；正方形
音調形式（表達的模式）	美式愛國主義式的或全球性的民間傳說	社群的建立或是「長距離」的國族主義者
倫理道德體系	「碰到狗屎」（特殊效果）	具原真性（模仿）

第一、卡司部分：精確地分配美國有色人種「代表」在銀幕上「再現」的比例，就現今好萊塢電影而言，是稀鬆平常的（「美國保護弱勢族群條款 [affirmative action]」）；好萊塢甚至讓黑人男明星（丹佐‧華盛頓 [Denzel Washington]，衛斯理‧史奈普），外來的亞洲男明星（成龍 [Jackie Chan]、周潤發 [Chow Yun-fat]、李連杰 [Jet Li]），以及最近的在紐約出生的劉玉玲（Lucy Liu）來扮演主角的角色。至於直接拍成錄音帶的影片則可能會有一位白人明星因為某些模糊不清的合理藉口在貧困、充滿異國風味的地區流浪閒晃（他／她可能是間諜、軍人、僱傭兵、上述這些工作者的遺孀或鰥夫，或是武術的愛好者）；他總是由當地的夥伴陪同，並被當地的地痞流氓所威脅。這些「當地人」是影片在拍攝地點所僱來的演員，其中有些還是他們國家或是本土電影的知名明星。白人明星的用處是為了拉攏西方的觀眾（當然，並非全是白人），而當地的明星──他們在銀幕演出的時間通常比好萊塢在保護弱勢族群條款之下所僱用的「弱勢族群代表」的銀幕演出時間還多──可以幫助影片促銷到眾多的非西方市場，或是在影迷的脈絡網下，西方的「弱勢族群」市場。在這原則下仍有些變化性。針對全球市場而製作的好萊塢影片有時會在卡司陣容上將「白人」的銀幕演出降低至適度的比例

（《刀鋒戰士》是一個很好的例子）。而在非西方地區或是國族市場所配音或廉價重拍的電影則涵蓋了極大的範圍（舉個例子，特魯古語［Telugu］重拍的香港電影，我得感激斯里尼瓦［S. V. Srinivas］讓我懂得這些些微的知識）（"Hong"），而且這些影片在西方除了在移民社區之外是非常少見的。

　　影片的卡司陣容形塑影片表達的模式或是影片的音調。《魔鬼大帝：真實謊言》這部電影扭曲了好萊塢的美國保護弱勢族群條款的做法，而讓美國白人英雄哈里‧塔斯克（Harry Tasker）（阿諾‧史瓦辛格［Arnold Schwarzenegger]）的夥伴飾演阿拉伯裔美人，Fast Faisal（阿特‧馬利克［Art Malik]）。這個角色將他的阿拉伯特性與外國的（阿拉伯的）恐怖主義者分開來，並把他對族群／種族的親密性，以及他對國家／文化的忠誠抽離開來。同時，這個團隊所代表的是以美國作為全球「防禦的最後陣線」的世界主義，而影片虛構出Harry對半打語言的流暢力（包括了字幕所強調，但卻沒有必要告訴我們的「完美的阿拉伯語」），以及Arnie的一口外國腔英語代表了美國這個具世界性組成分子的防禦陣線被守住了。這是一部具全球性的美國愛國主義動作喜劇片；史瓦辛格將會拯救這個世界，只有「壞人」不會和他站在同一邊。較不具明顯政治議題的好萊塢電影強片通常以壯觀的方式演出以善惡對抗來解救人類的簡單故事──舉些與惡有關的嫌疑犯為例：吸血鬼（《刀鋒戰士》）、病毒（《極度驚慌》［*Outbreak*, 1995]）、瘋狂的科學（《侏儸紀公園》）、自然災害（《火山爆發》［*Volcano*, 1997]，《世界末日》［*Armageddon*, 1998]），或是充滿敵意的外星人（《妖獸艦隊》［*Alien Species*, 1996]）。在我看來，今日這些故事的重要性並不在於它們有潛力去傳達美國的被迫害妄想（在一九五〇年代的好萊塢流行著以「共產黨蟲從外太空降臨」為模式的科幻故事）。這些故事的重要性在於它有能力去吸收各式各樣的資源並和廣泛散布在各地的文化傳

統產生共鳴，這兩組電影都賦予一位有特殊能力和技巧——不論是肉體上的、科技上的、心智上的、精神上的，或是像羅伯·寇漢的×××中殺不死的英雄，或單只是心態上的——的菁英去防禦全球災害發生的責任和特權。

相反地，在動作片的小模式電影裡，因其卡司陣容的不特定性，與移遷和流離失所所產生的磨擦有關的議題常被推至重要的位置，而善與惡之間對抗的最終點是在於達到一個安全平穩的狀態；和大模式（為了要被置放「在威脅之下」）不同的是這樣的狀態並沒有在一開始就被視為理所當然。在小模式電影裡，不管主角是個「被困在熱帶地區的白種男人／女人」、受到壓抑，或是天賦不被賞識的無產階級者，或是個必須處理種族歧視和偏見的少數民族的一員，在敘述層面上，主角和他所處社群之間的情誼關係的問題一直是占著重要的位置。像許多與訓練和競技賽有關的影片，《黑帶精英》蒐集有關美國男人的刻板印象來明確地顯現這個問題——勞工家庭裡的白種男人、白人鄉巴佬「牛仔」、敏感的新世紀白人佛教徒、義大利裔美國人、韓裔美國人——這些人不只在面臨難對付的敵手時（文化同質性高、深具傳統觀念，以及受到長期訓練的韓國隊），還有在嚴厲的非裔美籍 Couzo 教練（詹姆斯·厄爾·瓊斯）的教導下，必須形塑出一個共有的國族精神。另外，在這個大體上還不錯的影片中，有幾幕最愚蠢的鏡頭裡出現了一位「在東亞成長」的白種女人精神導師 Wade（沙莉·克柯蘭 [Sally Kirkland]）。

小模式電影動作片裡英雄面臨著分裂的和被迫停止的忠誠。在解決這樣的問題時，不管他們是選擇了甚於國家官員所表現的、更深沉的愛國認同（這是在史帝芬·席格和查克·諾理士的片中常見的解決方法），或是在他們的家庭或是個人——道德層次上解決他們的「問題」（唐·威爾森 [外號「神龍」] [Don "the Dragon" Wilson]、辛西亞·羅夫洛 [Cynthia Rothrock]、羅倫佐·拉瑪斯

[Lorenzo Lamas]、尚克勞德・范・達美），這些片的音調大致上指向一個流動的和自我選擇的「社群」，而不是一個以國家為主的情感動員模式，而且因為他們本身的混雜性，他們很容易就在認同層面上理解班納迪克・安德森（Benedict Anderson）所稱的「長距離的國族主義者」（*Spectre*）。羅伯・寇漢的《李小龍傳》就是在這長距離的層面探討李小龍的中國「文化」國族主義詩學，將他在生命末期時返回香港的情況聯結至他在好萊塢被拒絕的經驗。

　　小模式電影裡的英雄傾向於缺乏幽默感。像「阿尼」（Arnie）效應（「Hasta la vista, baby」；「I'll be back」）這樣的一行俏皮話，或是典型的「詹姆斯・龐德」（James Bond）所有的那種冷淡和殘酷的統治階級者的反諷都不屬於他。除了一些特例之外（查克・諾理士，即是一例），小模式電影裡的英雄比較可能會哭泣而不會講笑話；在《黑帶精英》的最後一場比賽中並非以大屠殺收尾（那是倒數第二個階段）而是有兩個隊伍互擁而泣。在一九九〇年代中期，尚克勞德・范・達美的黃金時期，他為了預設中的「男同性戀凝視」大展他的大腿和臀部而因此惡名昭彰；但和這同樣有名的另一個鮮明的形象特徵即是停留在他那大又溫柔的眼睛，以及因淚水而濕潤的長眉毛的特寫鏡頭（《尖峰戰士》[*Cyborg*, 1989]，*Wrong Bet*，《勇探無敵》[*No Place to Hide*, 1993]）。小模式電影裡的英雄和悲傷與失落共存。Harry Tasker對於折磨著他郊區家人的問題完全漠不關心，一直要等到一場發生在佛羅里達的核子攻擊才喚醒他去關心他的妻小。但Alex Grady打從一開始就失去他的老婆，他的兒子失去母親，Alex Grady的母親失去丈夫（對於她的喪夫之痛並沒有提供或需要解釋），而Tommy Lee則是在小時候就看到他兄弟的死亡而受到創傷。

　　創傷和破裂是小模式動作片的前提而非電影裡主要危機的產物。在很多好萊塢電影裡，一個光明愉悅的正常狀態通常會因他者

的侵蝕而受到動搖（恐怖分子的炸彈，狙擊手的槍擊、一場大火、
地球上的裂縫、在水裡的尖叫聲和血液、《大白鯊》的一開頭在此
可說是個經典之作）。小模式動作片裡突兀的開始和結束都布滿了
災難──就這方面而言，它也是借用了有著精打細算風格，以及各
種不同神話的老香港電影，而在老香港電影中總是有更多的故事可
以來談這一群沒什麼大差別的英雄人物。在小模式電影裡的他者總
是已經嵌入事情的中間，在故事中間（in medias res）。裡頭的英雄
總是心存警戒，悲傷，有喪親之痛，他總是在躲藏或在逃路，而影
片中的「主要」危機只是在沒有最終快樂結局的生命中的一段感傷
插曲。

　　不管它是源自於一個廉價的、不穩定的影片拍片模式，或是基
於在美學上某些更深刻的需要，這種把創傷和破裂當成是平淡無奇
的風格使得它偏向於選擇社會經濟上被疏忽的一群人作為其想像題
材：這類電影充斥著警衛、保鑣、街頭戰士、被拋棄的人、僱傭
兵、妓女、俱樂部舞者、當過間諜的人、毒品販賣者、低薪的警
察、背叛的電腦人和吃自己頭路的武術師或是流民。小模式動作片
的世界可說是「後─工業的」，因為影片裡的衝突是在被工業的─
殖民資本主義所毀壞的空間和時間裡所形塑（《瘋狂麥斯》、《捍衛
機密》、《獵人A計劃》[Surviving the Game, 1994]）；而裡面的角色
則是靠著在勇敢新世界中所留存的地下經濟，在舊世界的殼子中過
日子。小模式電影所偏好的場景並非是Harry Tasker的範圍──包
括豪華旅館、旅遊勝地和高科技的溝通指揮中心（「龐德空間」），
此即馬克・奧格（Marc Auge）所稱的「非─地方」（Non-Places），
一個「超現代」的轉換空間（transit space）──而是被遺棄或是一
再被重複回收使用的屬於工業和低下階級的空間：碼頭、工廠、貧
民窟、貨櫃倉庫、拳擊俱樂部、邪惡的街道和妓院，也就是德勒茲
所稱的「無論任何空間皆可（any-space-whatever）──調車場、廢

棄的倉庫、城市裡沒有特色的架構」：

> ……我們問在這個世上有什麼是可以不用靠整體性和聯繫性來維持所謂的一整套（整體效果）。這答案很簡單：形成一整套的方法就是靠陳腔濫調（cliché），沒有別的。除了陳腔濫調，還是陳腔濫調，到處都是……它們是這些漂浮的影像，這些不具名的陳腔濫調，不僅散布流傳於外在世界，但也潛入我們每個人之中而建構他的內在世界，因此，每個人所擁有的只是心裡的陳腔濫調，並藉由這些陳腔濫調來思考和感受，同時藉由陳腔濫調被思考和被感覺，因為他自己本身就是和芸芸眾生一樣都只是陳腔濫調。（Deleuze, *Cinema 1* 208）

　　德勒茲在此想的是一個構成的原則，而不只是對當代電影——心靈所形成的真實性的一個沮喪悲哀的評論；在法國，「陳腔濫調」（cliché）這個字仍然含有攝影用底片的強烈意味——亦即可以生產多重複製影像的物質。可以證明的是，動作片裡的英雄實踐了陳腔濫調在構成上的功用，在一段時間裡，他們藉由一次又一次的模仿複製理想中的運動員、健美男子，或是李小龍的影像來塑造自己的身體；在大模式電影中的英雄則是經由利用昂貴的「特殊效果」來加強身體的潛能。這個與陳腔濫調相互構成的關係在某些程度上解釋了為什麼阿諾・史瓦辛格（Arnie），席維斯・史特龍（Sly），基諾・李維（Keanu Reeves），和湯姆・克魯斯（Tom Cruise）這些人，在我們很想區別他們差異性的要求下，發現他們在表演方式上都很容易地被辨認出來，但同時他們的演出卻也很有限——我們無法輕易地容許他們在其他類型片或以其他方法演出，或是我們不讓他們可能有能力演出。然而，小模式電影動作片裡的明星，如史帝芬・席格，查克・諾理士，辛西亞・羅夫洛，理察・諾頓和尚克勞

德・范・達美則沒有特定的「演出曲目」；作為被排斥的悲慘演員，他們卻是無數小孩、青少年和影迷所模仿的對象（參考查克・諾理士在《無敵戰將》（*Sidekicks*, 1992）裡的演出，這部電影提出模仿武打片可以替身體殘障的小孩帶來好處並用此來替武打片做辯護），這些小模式電影明星是具原真性的底片／陳腔濫調（authentic cliché）──「真實生活裡的武術師」──而且他們也知道。凱利・馬金（Kelly Makin）的《所向無敵》很明顯的就是一部模仿並嘲弄這個原真性的負擔（the burden of authenticity）的電影；在此，「真正的」武術師（Bolo Yeung）是一個殺死他師父並具恐懼偶像狂的精神變態者，而片中英雄則是由一位沒有說服力和自戀狂的傑勞・麥西（Jalal Merhi）所演出。

先把前面講的這些放在心上，讓我再回到《黑帶精英》這部片，以及在片頭之後的這個段落。這部電影在片頭中使用了陳腔濫調（體育場、工廠、武術學校）的空間來向觀眾預告這是一部動作片。當Tommy Lee收到邀請他去嘗試加入美國隊的信時，一種敵對的敘述模式就在第三空間裡萌芽。這個段落剩下的故事情節則讓我們明白另外的兩個空間，並且更進一步地去定義他們的主角們──當Alex Grady和他母親及兒子在討論這封信時，一位大聲嚷嚷、不苟言笑但可被辨認出是韓國人的隊長宣布了競爭的開始。

我現在要更仔細地探討這個段落中最長的、把重心放在Alex Grady身上的部分，並藉此來談對階級的意識（在更明確的意思上，這並不同於「階級意識」）。

在這個段落裡，白人勞工被固著在家庭的領域中，這使得他一方面與單身卻載負社會責任感的亞裔美國人的個體劃分界線（在這事件的階段裡），另一方面，也使得他與不具名的、團結一致的「韓國人」有所區隔。要一直到電影的末端當我們看到影片中的美國人在觀看他們未來的對手工作時，這些韓國人才被賦予名字和特

性，而且只有在最後和解的那一幕，他們才被賦予個人特質（而最後的結局是他們全都說英文）。在具個體性的亞裔美國人和具集體性的韓國人所代表的兩極化之男性角色之間，Alex Grady被定位成一位愛家的白種男人。

在Tommy Lee收到信後欣喜揮舞拳頭的那幕之後，鏡頭就切換到一對母子在家裡的茶桌旁爭論。和電視劇一樣，對話在此是重要的。在母子間幾秒鐘的暴躁話語中，我們得知Alex Grady是個白人，是香港電影中「獨臂」英雄的西方版本；他在前次的打鬥中嚴重受傷，所以裝了塑膠的軟骨組織（「垃圾」，他媽媽如此稱呼它），同時他的肩膀上也裝了鋼釘。在感情上，他也被工業主義，而非殖民的侵略，搞成殘廢：「媽，我在這什麼都沒有。沒有任何東西。競爭是唯一一件能讓我可以感覺到……。」他太過熱淚盈眶和情緒激動以至於無法說完這句話，Alex Grady以扭曲、脆弱的姿勢顫抖地舉起他的單手使其手指朝上，這動作和Tommy Lee所習慣的握拳頭不僅相互呼應，還形成對比，並且他還溫柔地加了一句話：「妳看見了我。」母子間共同分享了令人記憶深刻驕傲的溫柔片刻，接著她開始一個新的攻擊方式：「那你的兒子該如何處理？」所以我們得知Alex Grady是一位單親父親，並且看到他愛憐地為兒子讀一篇中古時期亞瑟王傳奇的戰爭故事和男性情誼，這是早期大英帝國的神話「英雄」。

這是什麼樣勞工階級意識？

五、喬治・盧卡奇：一個傳奇

當今世上最具影響力但卻最少被人們所閱讀的文化理論家是一名過世超過三十年的匈牙利馬克思主義者與共產黨員。每當學生背誦到布爾喬亞文化把歷史的變化隱藏成自然的變化時，就是受到喬

治・盧卡奇（1885～1971）早期作品的影響；我是透過羅蘭・巴特（Roland Barthes）的《神話學》（*Mythologies*, 1957）學得這項知識。今天當澳洲的高中生想要能流利地解讀廣告符碼時，他們依然要閱讀它。每當批評家在找出文本裡的「結構上空缺」，並解釋文本沒說或是不能說的東西是比它表面上的內容更為重要時，盧卡奇的影響力便在此顯現。從路西恩・戈德曼（Lucien Goldmann）《隱蔽的神》（*The Hidden God*, 1956）與阿圖塞（Louis Althusser）的合作者，皮耶・馬修萊（Pierre Macherey）《文學生產的理論》（*A Theory of Literary Production*, 1966）的「徵狀式閱讀」（symptomatic reading）中，我學會這種閱讀分析方法。精神分析強化了但同時也使這種閱讀方式個人化，然而它在現今已是一種政治正確的普遍策略：你沒有討論到（我的興趣），我發現這是你無法去……的徵狀。最重要的是，每當盧卡奇的發揚者詹明信（Fredric Jameson）被閱讀時，盧卡奇的影響力就再次顯現（"Case"）；在文化研究中，詹明信兩次對盧卡奇理論的修正使得盧卡奇的影響更為顯著。一次是在詹明信提出他的主要論點，指出1960年後所出現的「晚期資本主義文化」的特徵為真實歷史感的消失（*Postmodernism*）。在他的《歷史小說》（*The Historical Novel*, 1955）中，盧卡奇也以相同的說法來描述1848年後歐洲布爾喬亞階級的墮落。詹明信另一次對盧卡奇的修正出現得較早，但我相信這卻更重要：文化研究的中心信條指出，在最為「墮落」的藝術模式，最商品化的文化實踐中，都還有一種追求未來時刻的妥協與救贖的烏托邦式能量。從雷蒙・威廉斯（Raymond Williams）與史都華・霍爾（Stuart Hall），以及詹明信於1979年優秀的論文〈大眾文化的物質化與烏托邦〉（"Reification and Utopia in Mass Culture"），我們得知了這種觀點。

我在此強調盧卡奇在文化研究裡甚少被認可的傳承，特別是他的《歷史與階級意識》，並不是呼籲要「回歸到他的作品」[12]。在

他一生的作品中無論是如何地變化，確實是有真正的原因讓盧卡奇的原則和女性主義／，以及，依據他的術語，無疑地是我所從事的「布爾喬亞」文化研究有所衝突。然而，這真正的原因指的並非是普遍流傳於文化研究中拙劣與簡化的教條：例如，因為盧卡奇寫到「錯誤意識」，他就相信一般大眾是文化白痴；或者，因為他提出整體性的概念，他就相信真理是可以從一個超越一切的位置來觀看與構出。盧卡奇並沒有想到這些愚蠢的事，雖然他確實是想要區分他所稱呼的「真正的歷史分析」與「有關在歷史上的任何時刻與在階級結構的任何一點上，人類實際上所思考，感受與渴望的簡單描述」（*History* 50-51）。文化研究從許多可能的角度切入來瞭解分析討論在特殊的脈絡下人們不同的思考，感覺與渴望，但這並不指向簡單的描述。就像社會學（一種盧卡奇所鄙視的思考模式），一旦它屈服於簡單描述這種絕對的奉獻，它將變得很糟糕。

對從事文化研究者而言整體性是一個難處理的議題。在我們很多人當中，它代表的是男性化的，以及在知識慾望上否認差異性的西方傳統所投射出來的一種「觀看全體」崇高夢想的名稱（如米歇·德瑟妥 [Michel de Certeau] 所言，「一種想要成為一個觀點的慾求」92）。但對盧卡奇而言，整體性（亦即，在資本主義下真實關係的具體化整體）從來就不是可以藉由一個隔離的位置來觀察得到的。在一九二〇年代，他明確的批評這種幻想與其所賦予知識分子的自大與自欺的角色（Martin, *Marxism* 125-27）。《歷史與階級意識》的論點就是指出整體性只能藉由內在性來獲知，而且是在資本主義的塵土中所浮現的觀點：無產階級。對於為什麼這個想法在

---

12 在此我趨向於同意喬治·利希泰姆（George Lichtheim）對盧卡奇的評估，認為盧卡奇的事業生涯是「知識分子的災難」（245-55）。因為他對文化研究的影響，所以我認為我們應該重新仔細閱讀盧卡奇的作品。

現今無法對我們多數人產生影響的一個簡答是，讓我們想一下在
《魔鬼大帝：真實謊言》中當 Harry Tasker、Fast Faisal 與 Albert（湯
姆・阿諾 [Tom Arnold] 所飾）被他們的 CIA 老闆（由一位愛國的、
手持槍桿的美國動作片英雄祖師查爾頓・黑思頓 [Charlton Heston]
所扮演）嚴厲譴責時的情形：「請告訴我我如何才能不把這件事看
成是一個全面性的災難？」Arnie 用一種「碰到狗屎」的模式回應
（「整體是一個強烈的字眼」），雅伯特防禦性地結結巴巴答道：「對
啊！其實是有不同程度的整體性。」這是一個輕微的玩笑，一個沒
有意義而且僭越邏輯的笑話，可是它低能量的幽默卻很準確地捕捉
了，對形成當今很多知識分子與服務業員工所擁有例行的、工作意
識形態的一種野心認知的強烈拒絕。它很實際地把我們終究是無法
掌握，以及控制這個世界的常識呈現出來。

　　盧卡奇毫無疑問地會將這種常識診斷為是極度的小資產階級
（petty-bourgeois）。但在今日對於文化研究、女性主義、後殖民或是
酷兒研究而言，《歷史與階級意識》真正的問題在於它的階級理
論。盧卡奇是在一個可以處理多種階級類別的馬克思主義傳統中寫
作，但對他而言（在他思考的這個階段當中）只有兩個階級才具有
重要性：布爾喬亞階級與無產階級，「只有他們才是社會中真正的
階級」（59）。他們是為了未來而鬥爭，只是他們把他們的階級利益
放在整個社會的建構上。貴族、小資產階級者、農民，以及賤民
（lumpen-proletariat）[13] 都被視為是過去的痕跡，封建社會的殘留
物，是／或是「過渡的」，像是雅伯特的笑話，或更正確的是，在
《黑帶精英》中的 Alex Grady 所代表的個人俠義之典範所顯示的，一

---

13 譯者註：在馬克思理論中，這個詞有兩個主要的意思：一、賤民，指的是 the refuse
　of the proletariat；二、因社會結構改變造成流離失所而離開自己原有階級的人。我
　在此選擇賤民。

種對資本主義秩序的「適應」。今天的問題不只在於這種是被剝光而空洞化的理論（stripped-down theory），在一個「真正的歷史分析」裡是無法認知到作為運作類別的性別、性、種族，或殖民性；而且，把農民、小資產階級，或是下層階級邊緣化，就階級分析本身而言，就是個錯誤的舉動，特別是在我們這個資本與勞力鬥爭正在全球化的時代，這些類別已經成為極具重要性與關鍵性的焦點。

這三種階級類型所代表的人物事實上是過去二十年來出現在全球動作影片裡的「社會英雄」，而如果我們允許香港電影扮演一個與好萊塢一樣是構成動作片的角色時，這種現象會變得更明顯。在大部分西方動作電影中，不管是大模式電影或是小模式電影都演出與小資產階級相關的人——不管他們是像Alex Grady這樣想出人頭地的員工，或是那些屬於廉價的企業管理階層人員，像是金融資本主義中的步兵或是外籍傭兵（Harry Tasker即是一位偽裝成電腦售貨員的間諜）。香港電影中有許多屬於這種類型的人，但更重要的是也有許多農民或是正在變成過去的農民，他們藉著由鄉村遷往都市來追求社會階層的向上移動（這個情節源自於李小龍在成人之後所演出的大部分香港電影）：他們是從一個城市遷移到另一個城市而被困在犯罪或是幫派活動的流散人群。好萊塢與香港電影一樣都充滿了這些賤民、街頭鬥士、保鏢、被僱用來的打鬥人員、職業殺手、妓女，以及自己開業的武術師。這些人都嘗試著用他們擁有的唯一資源來存活，那就是他們的身體、本身的信仰，與在街頭上所得來的知識。

就盧卡奇而言，由於無產階級的階級意識可以改變這個世界，所以是獨特的：「不同於奴隸的自我意識，當工人認知到自己是一件商品時，他的知識是有用的。也就是說，這種知識會對他所認知到的知識客體帶來客觀結構的改變」（*History* 169）。假如一位奴隸認知到自己是一名奴隸（盧卡奇說），這並不會改變任何事，因為

奴隸制度是在某種類型的社會中發生在個人身上的意外事件。但是當一個處於商品生產關鍵性結構位置的工人——也就是說，在人與人之間，而非人與事物之間的具體關係中——瞭解到他自己是一件商品時，這就會改變「知識客體」，也就是，工人本身。他所處的位置使得他可以瞭解在資本主義下具體關係的整體性，並且（盧卡奇論道）也使得他可以做一些事來造成改變。

若我們循著小資產階級的精神來肯定「不同程度的整體性」，我們會在當代資本主義中認知到其他的「關鍵性」工人—商品，像是性工作者；士兵（對於士兵—商品這個概念，參照寇特・羅素 [Kurt Russell] 的《兵人》[*Soldier*, 1998]，范・達美與杜夫・朗格林 [Dolph Lundgren] 的《魔鬼命令》[*Universal Soldier*, 1992]）；運動員與職業拳擊手；被僱用的武術師；以及超級名模。當這些性工作者、超級名模，或超級士兵認知到自己是商品時，這樣的知識會帶來何種改變，或是有潛力帶來何種改變？對盧卡奇而言（農民、小資產階級，或是賤民是否可以被稱之為階級都還是個問題），他們只能「在面對無可避免的事件發生時瞭解到他們獨自奮鬥的無助感」。在文化研究中，一個可以與此對等的自動回應可能是，「沒有單一的答案來回答那個問題」。而一個比較好的回應是：「這是由什麼地點、什麼事，以及其他哪些人來決定她可能是或將會變成（什麼樣的階級）。」沒有任何事是不可避免的，我們藉由接合／構連在這具體的整體中所來自於各不同地方的回應來生產（而不是達成）具有轉化價值的有用知識。

假若這樣一個空間化的答案只停留於更加詳細地、無止盡地定義剝削與壓迫的關係位置，那麼，它就錯置了問題的目標。如同盧卡奇對「理解」這個詞的瞭解一般，接合／構連是一個事件，它需要運作，並且隨著時間而展開。同樣的，動作片明星們有名的「身體」也是一樣，動作片中身體的知識常是一種付費的活動。在動作

電影中,身體可以是很多的東西——物體、景觀、義肢、慾望的場域、商品、勞力的產品——但最重要的是,它是一種賺錢吃飯的方式;而且,有的時候,像是在辛西亞‧羅夫洛的電影裡,身體是一種達到更多種獨立的手段。這就是為什麼在西方電影中從香港來的純潔、具道德導向的武術師,不管這影片是多麼的寒酸或是「東方化」,仍擁有了一股烏托邦式的力量:它是沒有被疏離的勞力的象徵。

然而這些盧卡奇式的論調是需要被補充的。要發展出(在另一個場合)以更細微的方式來理解動作片中與知識有關的議題的一種方法,則可以伊芙‧賽菊克(Eve Kosofsky Sedgwick)為模範。伊芙‧賽菊克在《衣櫃知識論》(*Epistemology of the Closet*, 1990)中分析梅爾維爾(Herman Melville)的小說《比利‧巴德》(*Billy Budd*),在討論到結合著恐同症與同性慾望的暴力角色克拉迦特(Claggart),賽菊克寫道:

> 兩個鏡像中的男人投射性地互相指控,他們同時也被無法區辨是慾望或是掠奪的情誼拉在一起,這就是典型的偏執知識的表現。其知識論的原則是,「只有相似的人才能瞭解彼此」。用梅爾維爾的話來說,有可能形成一種非不是互相的感情的概念(form no conception of an unreciprocated emotion)……而整個規訓過程都調到了和警察誘捕方式相同的音調。(100)

兩個鏡像中的男人:想像一下在香港與好萊塢電影之間的混雜空間中生存的雙面男性角色:《急凍奇俠》、《超級戰警》、《變臉》(*Face Off*, 1997)。然而,賽菊克的文本對我們最有用的是它強調了相互性的問題,使用暴力而形成的「非不是互相的感情的概念」的認知方式,以及用這種概念思考的困難(在「泛亞洲計畫」中大家

所熟悉的問題）。如同我先前所說明的，大模式電影動作片裡英雄的學習模式是——偏執的知識（paranoid knowledge）——他的關鍵問題在於「你是像我或者是不像我？」在這之間沒有第三種——不互相的或是沒有回應的——可能性。當他們決定自己並不「像」壞蛋時，好萊塢電影中的動作片英雄才發展出英雄的自我意識：「你只是跟我一樣」，在《城市英雄》一個新納粹分子對一個憤怒的白種男性如是說。而後者困惑了一會才拒絕這種指控：「我是一位美國人，你卻是一位病態的混蛋。」兩種偏離正軌的英雄主義爭論著彼此之間的關係，並在這個場景中用強暴與凶殺的方式爆發出來。然而，麥克·道格拉斯（Michael Douglas）所扮演的「美國人」的悲劇是，事實上，他正在變成「病態的混蛋」——一位被解僱的員工，迷失的愛家男人——變成他鏡像中的另一個自我，「一個壞人」。但他卻是最後知道這件事的人。

　　然而，在小模式電影的典範中，至少會有一個場景處理到武打片的女英雄發現到沒有互相回饋的感情。在大衛·沃思的《火禿鷹》（Angel of Fury），又稱《屠龍女 2》（Lady Dragon 2）（Rapi 電影，印尼，1991）這部電影裡，女人之間的情感顛覆了史碧娃克（Gayatri Chakravarty Spivak）所稱的拯救幻想：「白種男性從棕種男性的手中救出他們的女人」（271-313）。旅居外國的武打明星 Susan（辛西亞·羅夫洛）前往雅加達去從白種男人與棕種男人的手中拯救她的僕人，Sari（貝拉·依絲裴倫思 [Bella Esperance]）[14]。當場景開始，Sari 處於一個典型的「等待被救援的女性」的位置；她被置放在動作片中的邊緣，而讓 Susan 解決了所有的男性。但是當「憤怒的天使／火禿鷹」Susan 信心十足地走向 Sari 時（「來吧！Sari，讓我幫

---

14 這是《屠龍女》裡面兩個女性角色的部分反轉。在這部電影裡，辛西亞·羅夫洛假扮成一位有錢的印尼女人（貝拉·依絲裴倫思）的僕人。

妳逃出這裡」)，Sari拿出了一把槍。不同的情節安排導致了這個意
外的發生，接著Sari妨礙自己被拯救之後的是一段極為冗長的對
話。這場對話長到可以引發強烈的種族與階級商品的叛亂。這個對
話太長了，不能全部完整引用。但是當白種女人與「棕」種女人暈
眩地在那兒互相繞圈子，整個臉面對鏡頭，鏡頭背景是空曠巨大的
車站而鏡頭邊緣有一輛靜止不動、色彩鮮豔、流線型的火車，已經
不再是低層賤民的Sari詳細地說出她的社會哲學：

> 在這個世上有兩種人，一種人負責買，另一種人則是被賣。
> 我已經厭煩自己老是被賣！……我再也不想替人服務，煮飯，
> 打掃，或是幫他人跑腿！

Susan簡直不能相信自己的耳朵，她懇求著Sari要順從於自己
「真正的」身分──具美德的僕人（「這聽起來不像是妳！」），這個
要Sari做正確模仿的要求使得Sari勃然大怒：「聽起來不像是我？
不像我！天啊！妳不瞭解我！妳甚至沒有注意到我……！」Susan
微弱的自由派回應（「我待妳像是對待我的朋友……把妳當成是同
等的人」）說明了Sari的指責是對的。

唉：Sari對自己是商品的認知卻不足以拯救她。作為一個性別
意識不足的通俗劇人物，她將她的反叛轉變成另一個被拯救的幻
想：那個壞蛋將會以帶她離開（「去里奧〔Rio〕！」）作為她背叛
Susan的回報。就如所有動作片女英雄的回答一樣，Susan不屑地給
了一個實際的回應（「面對現實吧！Diego不會要妳，他要的是鑽
石！」）。以一個無法回答的「去妳的」，Susan結束了她們之間的爭
吵──這是一個關於這部電影是動作片或是羅曼史的類型爭執。令
人悲傷的是，Susan對於這是何種電影的看法是正確的，Diego果真
要的是鑽石，不久後，叛徒僕人Sari被射死。然而，這場有關她爆

發異常行為的記憶——它的動機幾乎不是由故事劇情所引起，而只是很緊湊地被拍攝下來——在動作片的例行結尾之後仍強而有力地繚繞著觀眾。

像《火禿鷹》這樣的電影可以被證明是對國家電影工業的發展有害，像Rapi這類的公司在「便宜」的地點用盡了所有資源、資金與人才去製造國際電影速成品（Sen）。然而，一個文化研究的方法可能要去研究對我剛剛所描述的場景的「理解」——當電影在不同的放映情境與空間中流傳時，它是如何地被接受／閱讀？對Sari的爆發場景，例如，在香港很多的中國家庭都僱用菲律賓與印尼女佣，這可能會產生哪些不同的理解方式？更廣泛地來說，我們必須跨國際地去思考在美學上顯得「粗糙」的電影，像是《火禿鷹》這部片，是如何牽涉到不同文類的混合。羅夫洛的「沒有演出」的演出與依絲裴倫思高度正式通俗劇的表演風格之不同可能「只是」拍片時的偶然，但卻是令人訝異的。我相信這些偶然與它們流到銀幕的方式會是跨國分析研究動作片歷史的一個好的起點。

所以，辯證可以打破磚塊嗎？不見得，但是有時修辭法可以辦到，假如我們把它看成是在練習／實踐以一種共同合作的方式——而且不要總是去期待會有互惠關係——去解答我們才剛開始建立起共有的分析空間裡，不同的文化「命題」（propositions）可能會與彼此有何種關聯。這個過程就是我所理解的跨國想像——忘掉「偏執的知識」並創造其他認知與行動的方式。

回應墨美姬

文類錯亂與對話之不／可能

丁乃非

　　首先，我要感謝劉紀蕙教授給我這個機會回應墨美姬教授
（Professor Meaghan Morris）。多年以來閱讀與聆聽墨美姬教授的文
章和演講，我的收穫極豐富，今天得以當面回應，非常榮幸。但也
有些遺憾，主要是自己對於電影研究與動作片作為一種文類，所知
實在太少，以致回應必然有些文不對題，希望多少有一些不期然的
碰撞和觸發。

　　我的回應主要有兩點，第一點比較需要鋪陳，第二點非常簡
短。

　　第一點針對的是墨美姬教授對於文類（genre），尤其文化研究
與批判理論觀點出發的文類，所做的釐清與思考。墨美姬教授在昨
天的演講中說明，文類的力道來自它是一種文本之間的關係模態，
不是一種文本的內在特殊性質。文類也是一種發言方式，這種發言
方式組織了發言者之間的關係、他們之間的權力布局（what they
can do to or for one another），以及，可能是「怎樣看待」（同一個文
本），以及這種看待法（uptakes）的效應後果。正因為如此，如何
看待一個文本，就文化研究和批判理論而言，事關「政治」（權力
關係之間的策略性思考與做法、行動）。對墨美姬教授而言，文化

研究的效力不在樹立起某種特定的「看待」方式（閱讀、詮釋）作為「批判或顛覆之典範」，而在於研究並精準的描繪不同的文類做法之間，哪些得以作用，而哪些失敗了，亦即，哪些沒有能夠被準確「看待」出來。

墨美姬教授進一步指出，某些澳洲影評當年對於影片《陷阱》（*Traps*, 1998）的閱讀看待，正好說明了這種「文類」錯亂（genre confusion）的情形，而這份錯亂也驗證了這部影片與歷史之深刻糾結以致其討論閱讀必然引發多種的、不搭調的不同「看待」方式。當某些影評把電影裡頭的女主角在越南的橡膠樹林中下車撒尿的舉動普遍化看成為澳洲白人在亞洲行徑的代表／再現時，他們如此普同化的讀法源自學院內部詮釋路線之爭，卻喪失了更為精準閱讀與深入討論的契機（就墨美姬教授的讀法，那位女主角不是一般澳洲白人，而是澳洲特定階級地區屬性的白人女性，其中的階級、種族、性別的歷史與政治可以也應當成為討論的重點）。

墨美姬教授認為，當批判語言不夠精準而失去了作為公共言說的修辭力道，亦即，失去了說服人的力量，正是因為想像力的缺失，因為沒有辦法去精準的想像他人是如何看待自身，也就是沒有辦法去涉入他人的真實感（sense of reality）。而這種想像的缺乏將導致文化分析者或影評人批判修辭力道的不足。這個時候，常看起來是「理論」出了問題，但與其說歸咎於理論之假槓（jargon），還不如說，這是「單一文類」發言模態（mono-generic mode of address）的問題。墨美姬教授在此並引用了安・弗德曼（Anne Freadman）的話，「社會科學與人文學科的專業化，使得我們不得不在閱讀與書寫的時候非常小心謹慎的去使用特定『方法』，這些方法只能稱之為『單一文類』的……而如果我說得沒有錯，社會態勢的條件正是充滿了也啟動著各種各類相互異質的文類做法（generic practices），那麼單一文類的詮釋策略注定永遠無法精準、中的」。

　　我想延伸墨美姬教授這裡的論點，思考這次的國際營有幾個場次的演講討論出現了一些不太搭調、構不成對話的對白。這樣的情形或許可以從墨美姬教授所闡述的學院派傾向之單一發話模態來重新理解，亦即墨美姬教授所說，去理解某些閱讀無法精準的成因，何以某一些批判論述（公眾發言），以及對於這種批判論述的回應，雙雙竟無法中的，似乎完全失去重點。

　　當演講者在台灣的公眾發言按照學院規矩符合了人文科學之理論文類發表模態，相對應的必然引發在地學者以合乎此文類之討論方法回應。這個時候，回應文類不外乎兩種：一種內在於理論文類系統，更為細緻地爬梳理論之曲折精義，另一種則就著演講者所舉例子，或是積極閱讀出她／他影射之意義範疇，而做出相對應於這些例子的回應，這種回應也往往被讀成代表／再現在地的一種發言。非常簡化地來說，後者的情況常常出現的一種回應形態，在於說明我們這裡情況如何不（完全）符合你（外來專家）的理論演繹，因此，你沒說到（我們需要的或想聽的）重點。這種回應難免聽來帶有些許怨懟，而怨懟似乎也不全然沒道理。

　　墨美姬教授講演中提出了這種學院「理論」文類的必要，以及缺失：它造就不同地區、言語、文化歷史之人文社會學術社群之間的對話，也成為像這次的國際文化研究營不可或缺的基本要件。但是，她也提到，對話的前提與後果都可能在強化所謂理論（多源自歐美）的霸權，畢竟各地的學術條件與發展相當程度複製了全球政治地理、經濟與出版至少四百年來，愈來愈難以均等的發展軌跡。過度內省（introverted）之專業化論述（理論），確實可以更方便、普遍地傳遞與交流，但也同時有它的危險。某一些地區、地方、特定時刻之人文知識可能因此淪為永久被度量的材料而非有普遍價值的道理（理論）。墨美姬教授當然沒有將這兩種思維言說簡單的對立起來，她反而提出了另一種她認為的文化研究之思維模態與問題

意識之產生方法，可以解除這種來自知識思維與操作過度遵守專業與建置規範的瓶頸。

她提出的方法，就我的理解是讓問題來自複雜多元無以統合的社會態勢而非學院建置，或是學院建置中已經僵化之知識論述，然後在知識論述體系中精準提出、製作、思考、試圖回答問題意識。如此一來，逆反了慣常的學院人文思考操作模態，不再以在地特例（有時甚至是成串的名詞列舉）佐證理論、僅作文章之素材或結尾，而是讓道理（理論）不可迴避的顯現在其生產過程、情境與脈絡當中。

還有一種回應文類，就著演講者所提的操作方法驗證其文章與理論是否相符合。但是，我不是電影研究出身，也沒有看過墨美姬教授這次討論的幾部電影，只得就她講演中的枝節（她對於文類、文化研究與批判理論，與學院建置之霸權操作之說法）提出聯想。

這些聯想與國際營隊裡上星期幾個場次出現的不對話、看似怨懟有關。我想要說的是，那份怨懟是，也不是重點。國際學院場域，不論是在歐美或是在台灣，在一個層次必然不自主的重現學術的全球權力布局，這也造就了在地回應者或聽眾可能的、某種程度的、效果上的「怨懟」，但其實也是一種恰如其分的回應文類。在地學者遇上歐美（「國際知名」也就是具備國際品牌與文字發行量的）學者後，前者的聽似怨懟，隱含了對於某一些課題的長期思考甚至偏執，但也意味著這些問題或許還沒有能夠精準的言說或還沒有寫成文章清楚表達。這些問題還沒有找到文類，而既定的文類又說不著邊，於是只能回以：你說得有道理，但又沒有說中（我們這裡的處境、問題意識）。這不是理論的問題，也不是誰的對錯問題，而更可以從墨美姬教授所分析的人文社會學科建置化、僵化之文類使用來重新思考國際對話場合如何能夠跳脫單一文類的發言與聽講、回應模態。

　　墨美姬教授第二天的講演，讓我聯想到我想說的第二點。她提到香港動作片在一九八○至九○年代，充斥著一些都會底層小人物，尤其是一些以往不可能成為主角的人物類型（如黑社會分子、妓女、賭徒、小偷等）。其實，台灣一九八○至九○年代中期的社會運動與文化論述當中也開始浮現各種邊緣主體，如女同性戀、性工作者、援交少女、跨性別等，而這些主體的浮現，極度挑戰了女性主義之行動與思維文類，也相對暴露女性主義文類，不論學院內外，它的局限與利害。墨美姬教授認為這個時期的香港動作片讓（香港）歷史的（新）課題得以提出，好像這些影片（較學院知識生產）更精準地「知道」特定之權力階級，以及其連帶的性政治、性別政治、族群政治之歷史條件，以及（大）「歷史」作為一種壓迫之迷思。香港電影與台灣社會底層之邊緣小人物差不多同時期浮出歷史地表，這些主體與邊緣、長期不被重視與研究之文類（動作片、科幻、色情小說與論述等）的關聯，其中歷史與經濟之偶然與必然，值得進一步思考。

《陷阱》裡的殖民風景[*]

蔡明發 著
陳衍秀 譯

　　我對墨美姬的仰慕始於她早年參與撰稿的一本論傅柯（Michel Foucault）的小書，由斐羅出版社（Feral Publishers）出版。當時我正巧也在課堂上討論傅柯。還記得八〇年代期間初次到雪梨，曾經專程前往雪梨大學拜訪她，可惜未能如願。直到晚近在台北參加「軌跡」學術研討會（Trajectories conference），終於和她見了面。之後，由於參與《跨亞洲文化研究期刊》（*Inter-Asia Cultural Studies Journal*）的編輯工作，和其他大型研究計畫的關係，我們之間來往密切，在亞洲許多地方度過愉快的時光。現在，我要針對她的演說提出一些評論。

　　我相當同意墨美姬提出的概念：她以動作─探險片（action-adventure cinema）為例指出，進行全球文化商品的生產和接收分析時，必須關注不同地域、傳播管道和消費實踐的多元性。多樣化的研究面向不僅可以避免將分析結果化約成製作單位意圖的投射，更可以揭示不同面向之間在認知上的歧異和盲點。我想這個概念適用

---

[*]　原文篇名為 "Comment on Meaghan Morris Presentations on Action-Adventure Cinema"

於各種文化商品的分析。但隨後我將提出兩點個人觀察，使墨美姬對澳洲電影《陷阱》（*Traps*, 1998）的解讀更為複雜。

　　首先，我要談的是電影中澳洲白人女子在樹林裡小便，卻被三個當地年輕小夥子撞見的場景。我很驚訝墨美姬說那塊林地是「五〇年代早期印度支那的森林」。當時正值這塊東南亞半島進行反殖民抗爭最為激烈的時期。墨美姬指出了一個困境：一個中產階級的澳洲白人女子，發現自己在不對的時間，在不該在的地方。

　　我對這個片段有一些不同的看法：

　　首先，我立刻認出那片「森林」（forest）絕非字面上所暗示的蠻荒之域，而是一大片被細心栽培出來的人工橡膠林。從剛剛的電影片段裡可以看到，為了方便採收而種得井然有序的橡膠樹，以及採收過後樹幹上的切面。另外，蹲在樹林裡的白人女子伸手觸摸黏稠白色樹液的畫面，也進一步證實了我的說法。

　　這是我小時候很熟悉的場景。當時殖民政權下的新加坡仍是落後地區，市區狹小，僅有的一點農地上種了椰子和橡膠。每次我們開車去鄉下務農的親戚家玩，路上一定會經過這些工整的橡膠樹林。我們常常在裡面追來追去，撿拾掉在地上的種子玩。

　　我認為，橡膠林既非「蠻荒森林」（forest wild）也不只是「澳洲荒野」（Australian bush），而是在歐洲殖民政權塑造的東南亞風景。橡膠並非當地原生作物，而是由英國植物學家從南美洲引進其馬來亞殖民屬地。直到二次大戰後被塑膠取代之前，橡膠一直是英屬馬來亞、法屬印度支那，以及荷屬印尼等殖民經濟產業中的主要商品。在國際市場的橡膠價格暴跌，逐漸被其他出口導向的現金作物如油棕櫚樹（oil-palms）所取代之前，大片人工橡膠林占據了東南亞的農地。

　　因此，在影片中我看到的是留下了歐洲殖民印記的風景。東南亞作為殖民母國的工廠或都市消費的原料供應地，它的農地景觀在

全球資本主義體系的運作之下持續改變。即使後來橡膠市場沒落了，東南亞的林地也未能回到它熱帶雨林的原始面貌，因為一旦某種經濟作物失去市場優勢，另一種同為出口導向的單一作物栽培隨即取而代之。

在這樣的殖民風景裡，電影裡的白人夫婦和東南亞人的文化差距凸顯了殖民者與被殖民者的社會位階。影片中的司機不曾、也不能理解白人社會裡所謂的「文雅教養」（civilized subtlety）──那迂迴而彬彬有禮的措詞：「路邊小憩」（roadside refreshment）的意義，所以白人女子只得放棄她一貫的淑女風範，直截了當的把「toilet」這個字大聲拼給他聽。而她所得到的回應：「everywhere toilet」不僅暗示了在地人誤用殖民者的語言，還意味著他們根本「尚未開化」（savagery）──「有夠野蠻」（how uncivilized）！片子裡撞見白人女子小便的那三個小夥子，從手上的工具可知他們是從事橡膠業的工人，這群人至今仍是工人階層中最受剝削的一群。在馬來西亞，這些工作在殖民時期由印度傭工擔任，晚近則多半被非法移民包辦。這些年輕人本來應該去上學，然而，教育卻始終是殖民政策下的盲點。雖然殖民主義本身往往意味著「教化的工程」（civilizing project），但這裡凸顯了「教化的使命」仍有其局限。

我們可以從電影的整體脈絡去理解那三個小夥子的位置，但也可以把他們從影片中獨立出來看：作為被殖民者，他們對白人夫婦的全然無知，標示了兩個社會之間的差距。那對夫婦出現在橡膠林的特殊意涵，及其隨後引發的諸多問題都肇因於他們的「白人性」（Whiteness）：他們是遊客嗎？如果是的話，為什麼要選擇在當地進行武裝抗爭期間旅行？男人是那塊林地的管理人嗎（他們一向都是白人）？女人是他的妻子嗎？他們究竟在林子裡做什麼？

三個小夥子撞見白人女子在曠野上小便是很不尋常的。這個插曲往往容易導向關於窺視癖、對白人身體的慾望等具有犯罪意味的

解讀，似乎不太可能只是偶發或歡愉的經驗。然而，這種分析模式必然面臨刻意把那些小夥子「罪犯化」（criminalization）的危險。而且坦白說，我個人也不確定該如何解讀他們的笑。那三個小夥子迸出笑聲的片刻，是否意味著「弱勢的反擊」（weapon of the weak）？另一方面，影片中白人女子的反唇相譏：「你們一定爽到了吧。」（"I am sure it made your day."），似乎認定了小夥子們藉此獲取性的慰藉。

墨美姬和我對影片的關注、認知，甚至是角色認同的差異，部分肇因於我們在五〇年代各自不同的生命經驗，以及澳洲和東南亞兩地歷史位置的差異。對她來說，《陷阱》的電影片段說的是一個「澳洲女人」的故事，對我而言則攸關殖民情境。作為一個東南亞的觀眾，我或許不能分辨那對白人夫婦到底是澳洲人、法國人、英國人還是荷蘭人。或許我根本不在乎他們之間的差別。我關心的仍然是他們的「白人性」。從這樣的脈絡來看，《陷阱》的導演是華裔澳洲女性，這是另一個值得深度分析的面向。

在我個人關於流行文化（popular culture）的研究中，類型的複雜性是商品如何跨越國家、種族和性別疆界的關鍵。住在像今天新加坡這樣的地方，「跨越」（crossing）常見於日常生活的交換之中，本土生產或進口的流行文化商品被不同族群消費。面對多元文化的地域背景、不同的接收和思考模式，比較自己和別人的看法是日常生活的一部分。如果輕率的將個人觀點強加於別人身上，文化上的「踰矩」（cultural transgression）極易引發嚴重的後果。舉例來說，華裔人士對飲食或衣著的觀念，可能冒犯到身為馬來族或回教徒的新加坡人。然而無可避免的，多數族群與少數族群之間的關係往往仍有盲點存在：例如，華裔人士清楚的意識到白人對於被殖民者的歧視，卻往往忽略了他們自己對在地人的歧視。

第二部分的回應是關於香港在全球動作—探險片的生產、分配

和消費網絡中的位置。有人說，動作—探險片讓他聯想到的不是港片，而是哈里遜・福特（Harrison Ford）和安潔莉娜・裘莉（Angelina Jolie）。這裡指出了一個重要的議題：即許多華裔評論者，將各亞洲地域內的流行文化過分地化約為所謂的「美國」商品。在這樣的曲解之下，我們很快學會運用美國文化「入侵」（invasion）、「帝國主義」（imperialism）、「霸權」（hegemony）等一系列修辭來責難亞洲流行文化的「美國化」（Americanization）。這類修辭開闢了談論亞洲文化「再亞洲化」（re-Asianize）之必要的論述空間。但是，以新加坡為例，雖然消費行為往往被理論修辭化約為所謂的「美國化」，實際上大眾每天收看的電影、電視、時尚、美食等訊息，卻來自於一個由本土製造和各地進口商品構築的龐大複合體系。

　　基於本營隊對視覺文化的關注，我在此指出了一個意識形態上的謬誤，亦即亞洲文化空間被「美國化」的普遍誤解。這樣的意識形態混淆了商品的「高能見度」（high visibility）與在地的接受度和普及性（popularity of reception and impact）。以亞洲來說，雖說我們到處都看得到麥當勞，但我相信在任何一個亞洲國家，每天消耗的米飯和麵食絕對比各種漢堡加起來要多。當然，「高能見度」影響了日常生活的觀看和大眾意識，絕對是個值得分析的議題，但在此同時，我們也必須正視某些趁機以捍衛本土為名，企圖將文化保守主義（cultural conservatism）正當化的行徑。一旦文化保守主義結合了虛幻的「美國化」論調，我們看到的便僅僅是某些號稱是「亞洲文化評論者」的學術怠惰。我認為在動作—探險片的全球市場分析研究中，把焦點放在香港，樹立了一個重要的學術典範。這個分析典範的建立，除了把歷年港產電影積累的可觀素材納入研究，同時反映了當前學術界亟欲討論亞洲作為全球流行文化輸出者的位置，並且重新檢視其發展史。此外，這也是面對前述學術怠惰的尖銳回應。在此向墨美姬，和她在香港嶺南大學進行相關學術研究的

同事們謹致謝忱。

　　在這種特殊的文化情境之下，我個人的研究興趣在於發展「流行文化中國」（pop culture china）這個概念：在中國、台灣、香港和新加坡等以華裔人口為主的亞洲地區，針對同時以多種中國方言流通於市面上的文化商品進行標示與分析的工作，其中包含了整個流行文化體系中藝人發展的趨勢、資金週轉、生產者，以及消費者等相關研究。我有意以「流行文化中國」這個概念來對抗修正主義者的「儒家文化的大中國」（Confusion cultural China），和／或海外中國資本家所鼓吹的「經濟的大中國」（economic Greater China）。

　　然而，最後我還是要承認，本次演說中墨美姬把焦點放在電影中的歷史呈現，並企圖將之概念化（conceptualize）的做法讓我有些不安。因此我很高興她明白指出「敘事不見得意味著虛構」（a narrative is not necessarily fiction）。這是一項重要的聲明。當前的社會現象和事件往往被過分的「文本化」（texualized）了：我們總是在揭露作者的立場，方便我們採取自己偏好的詮釋，卻輕忽了論述和發現的重要性。但是歷史研究禁不起這樣粗暴的對待。今天，細緻而辛苦的資料搜集往往因為過於枯燥乏味被輕易放棄，針對歷史批評（historiography）、歷史如何被書寫，以及作品的政治學（politics of each writing）的相關討論卻逐漸形成一個龐大的學術工業。

　　此外，把墨美姬在演說中引述喬治・盧卡奇（Georg Lukács）的話，視為她曾提及某個表親在看以越戰為背景的動作片時，把中情局（CIA）誤認為共黨機構的例子的回應，對我來說特別有意義。因為電影往往虛構了歷史。近來最糟的例子就是好萊塢電影《珍珠港》（Pearl Harbour, 2001）了，還好它很快就受到各地觀眾的抵制。正如墨美姬曾指出，閱聽人並不總是會質疑他們所看到的。假設有一天大眾只能藉由電影或電視去理解在地歷史，情況將是多

麼不堪！我認為這些例子和觀察凸顯了一個方法論上的課題：我們必須將閱聽人的日常接收狀況，視為分析和詮釋的「素材」（raw material），而不該任由標榜著「每個人有不同的品味和興趣」（different strokes for different folks）的「地方自由主義」（"vernacular" liberalism）觀點來合理化任何武斷的說法。我們必須能夠辨別研究分析和對於「真理政權」（regime of truth）的慾望，畢竟某些人的偏見相當危險，會傷害到別人。動作─探險片在墨美姬這樣一個讀者的分析之下顯得相當有趣，但換個人來看，譬如說她的表親好了，想必又會出現其他不同的詮釋吧。

無意識動力與主客之間

銀河[1]

卡佳‧絲爾薇曼（Kaja Silverman）著

劉紀蕙譯

　　透過觀看，我們說出了慾望的語言。我們屬於欲力驅動的語言行為（libidinal speech）通常多由影像構成，而非文字。但是，就時間上與情感上而言，觀看比語言發生的更早。不僅因為我們說話之前，就已經開始看見事物，更是因為某種特定而迫切的視覺經驗，使得我們轉向語言，尋求表達。正是因為我們渴求將已經看到的，以及希望看見的，帶入意識的層次，文字才因而產生；若非如此，這些經驗都將永遠停留於我們的知識之外。

　　這種視覺模式對於我們習慣採用的理體中心思維造成的挑戰，不應該被簡化而企圖僅僅以影像取代文字，因為，視覺模式所做的發言，與文字所做的發言，是完全不同的。語言的能指基本上是封

---

1 譯註：〈銀河〉（"The Milky Way"）為卡佳‧絲爾薇曼（Kaja Silverman）的《世界觀看者》（*World Spectators*）中的一個章節（101-25）。全書共有〈為了觀看而觀看〉（"Seeing for the Sake of Seeing"），〈吃食書本〉（"Eating the Book"），〈聆聽語言〉（"Listening to Language"），〈生產影像的機器〉（"Apparatus for the Production of an Image"），〈銀河〉（"The Milky Way"），以及〈事物的語言〉（"The Language of Things"）六個章節。

閉的：語言不會在情感轉移、文字能指，或是世界的層面持續轉移
展開。然而，知覺的能指則是開放的，可以在情感、知覺能指，以
及世界層面繼續移動。此種差異，使得事物的出現基本上是屬於視
覺的活動，而非文字的活動。

一、朝向知覺能指理論的導論

　　佛洛依德（Sigmund Freud）於1914年的〈無意識〉（"The
Unconscious"）一文的「附錄C」是一篇他早期談論失語症的文章。
這篇文字中，佛洛依德提供了區分知覺能指（perceptual signifier）
與語言能指（linguistic signifier）的關鍵性概念區分：「事物表象」
（the thing-presentation）與「文字表象」（the word-presentation）[2]。
事物表象之再現符號使此物本身得以呈現：偽裝為現實的再現符

---

2 譯註：除非特別提出討論，本文所使用的精神分析概念多半採用沈志中與王文基
　　翻譯，陳傳興監譯，行人出版社所出版的《精神分析辭彙》（Laplanche & Pontalis,
　　Vocabularier de la Psychanalyse）中的翻譯。Vorstellung在英文版翻譯中先被翻譯為
　　idea，後被翻譯為presentation（word presentation, thing presentation），中文可以翻譯為
　　「代表」，「意念」，行人出版社的《精神分析辭彙》翻譯成「表象」，著重於其類
　　似於語言學「能指」的功能，因此，word presentation, thing presentation便被翻譯為
　　「文字表象」與「事物表象」。這個意念代表（vorstellung），如同原文所包含的意
　　思，包括代表，意念，介紹自己，講出來等等。佛洛依德在〈無意識〉（"the
　　unconscious"）一文中指出「本能驅力無法被意識探知，只有代表本能的『意念』
　　（idea, vostellung）才能夠進入意識層面。甚至在無意識中，本能驅力都只能以『意
　　念』代表」（177）。根據佛洛依德，此本能驅力是心理與生理邊界的概念，源自生
　　理刺激的心理表徵，只能以意念表達，而不能被意識到。而此意念的表達Ideational
　　representative便是原初的壓抑。我們發現佛洛依德在展開驅力的移置與投注之理論
　　時，往往導向無意識系統的替換工作，這就是象徵化層次的意念代表之轉換。父
　　親與母親，對佛洛依德來說，並不局限於生理身分的父親與母親，而著重於心理
　　層次的代表（psychic representative），執行父親功能或是母親功能。

號。這具有典型的鏡子反射效果。佛洛依德讓我們理解到，雖然事物表象可以由音響、觸覺、運動感官，以及視覺元素構成，而且彼此之間完全可以相互傳達，但是主要仍舊是由視覺元素所界定（213-14）[3]。

正如同我在前面的章節中所論證的，雖然無意識記憶可以透過物體而呈現自身，這種能力多半停留在隱而未動的狀態。只要此記憶無法吸引意識的注意力，就會只能夠以「潛在影像」存在。若要成為意識，成為事物表象，此記憶必須採取知覺的形式。如此，就佛洛依德而言，此事物表象便不是無意識記憶本身。事物表象可以直接顯現自身，或是以替身的方式偽裝出現。事物表象也可以幻覺的形式出現，就如同在我們的夢中一般，或是以外界刺激的方式出現，正如同我們的日常生活一般。

雖然佛洛依德許多年之後才繼續展開此事物表象之範疇的理論，他和布洛伊爾（Joseph Breuer）早年的《歇斯底里研究》（*Studies on Hysteria*）已經就視覺特質與其外延的概念界定提供了相當有實用價值的論點。佛洛依德與布洛伊爾開章明義便指出了「歇斯底里主要是受到回憶的困擾」（他們的重點）（7）。他們似乎由此而界定歇斯底里患者所在乎的更在於精神現實（psychic reality），而不是外在世界。但是，此書結尾處，佛洛依德卻表示：歇斯底里患者「通常都是『視覺』類型」（280）。此書中穿插的個案史則標示了這兩種分歧觀點彼此互涉的場域。

第一個個案史是安娜O的故事，安娜的歇斯底里症狀在她照料其病危父親的時候發作，後來便由布洛伊爾治療。這個例子對於我們來說特別重要。安娜深受其回憶所苦，但是這些回憶是以視覺感

---

[3] 此短文與《夢的解析》（*The Interpretation of Dreams*）論及「文字表象」與「事物表象」時，有一些用法上的不一致。

官的形式出現的。她有時會經驗到「不在場」的狀態，無法看到眼前的事物，卻看到幻覺中的死亡頭顱與骷髏，以及其他雜七雜八的東西[4]。其他時候，她的記憶則會與此幻覺重疊，而無法由眼前所看到的事物替代。她的右手臂或是一個彎曲的樹枝會變成一條蛇（38-39），或是棕黃色的衣服變成藍色的（33-34）。還有其他的時候，她的房間與屋內的所有物品都不是當時的形象，而恰恰是以一年前的樣貌出現。布洛伊爾只需要拿出一只橘子放在她眼前，就可以使她再度陷入過去的時刻（33）。安娜似乎在這種手勢中發現了將她記憶中的影像外顯的邀請——使其成為事物表象。

文字表象則由語言的能指與所指構成。前者是在佛洛依德解釋「聲音—影像」、「視覺字母—影像」、「運動語言—影像」與「運動書寫—影像」之混和物時所說明的概念，其中聲音—影像居主導地位。後者則是「事物表象」的一種遙遠衍生物（Freud, "The Unconscious" Appendix C 213-14）。我說「遙遠」是因為「事物表象」與語言能指之間的交互接合會相當徹底地削減其知覺屬性，也會連帶地削減其情感意義。剩下來的，便是被簡約為模糊而一般性的概念了。

在〈無意識〉一文的「附錄C」中，佛洛依德主張文字表象是「封閉的」。事物表象則不只是「非封閉的」，更絕對不可能被關閉起來（213-14）。事實上，佛洛依德繼續強調，事物表象是「開放的」。對我來說，此區分對於理解文字表象與事物表象之差異是絕對重要的，或者——換用一種我的讀者較為熟悉的說法——這是在語言表義與知覺表義之間的差異。

---

4 有關布洛伊爾對於安娜的「不在場」的說明，可參考 *Studies* (24-40)。

二、文字表象

　　如果我們轉向索緒爾（Ferdinand de Saussure）的《普通語言學教程》（*Course in General Linguistics*），一本與〈無意識〉大約同時期的著作，我們可以找到大量的證據來支持佛洛依德有關「文字表象」封閉性的主張。索緒爾在這本書中強調：「語言實體只有在其界線被劃清時，才可能被正確的定義，也就是說，此語言實體需要在語音鏈上從所有環繞的其他元素中分離」（103）。這個「劃清界線」的概念也在索緒爾說明語言符號的其他段落中出現。抽象的「語言系統」，langue，從真實中脫離；其中所有元素的意義並不藉由此秩序之外的參照值所界定，而是透過此秩序內的元素之間的相互差異而獲得（120）。能指當然也是被其所指而固定；雖然詩語言可以在此二者之間觸發各種變化，這些符號的能指與所指之間不具有溝通性者則更能夠說明語言的運作（68-69）。最後，雖然我們具體說出的言詞可以使我們的抽象語言系統發生變化，「話語」（parole）其實和語言系統一樣，都是遵守個別字詞具有區別意義的原則。當我們說得「好」的時候，我們是將音節區分得十分清楚：我們把所說的每一個字都與前一個字區隔，也與後面接著要發出的字區隔（104）。

　　然而，我們仍需要藉由我前面章節所說明的慾望模式以便理解此劃清界線的原則真正的涵義何在。正如前文所論及的，企求知覺上的同一性（perceptual identity）是自嬰兒時期到死亡的精神生活之主要驅力。此驅力便是所有無論是視覺的或是語言的表義形式背後的「動力操縱者」（agency）。佛洛依德在《夢的解析》中便告訴我們：人們自幼年起便試圖透過幻覺而達到知覺上的同一性。由於幻覺是個無法延續的活動，因此我們很快的便轉向外在的世界，以便使知覺上的迫切經驗可以得到滿足。當我們所尋求的知覺刺激無法獲得，或者只能夠部分的契合我們的期待，我們便被激發而轉向

「思考」：我們動員記憶，不是為了此記憶本身，而是作為一種達到目的之途徑（566-67, 602）。

　　佛洛依德將思考的活動與前意識聯結在一起：此精神活動的場所介於無意識與意識之間，而且正是發生於意識之先。無論是單一的記憶或是一組如星雲群般的記憶，前意識必須擁有可以達到無意識記憶而不被局限的通道，以便能夠開始思考。思考必須在不引發激烈的快感或是痛苦的狀況下啟動記憶。此外，思考也必須在不同的記憶中追溯相連接的意念（*Interpretation* 602-603, 617; "Unconscious" 201-203）。若此無意識記憶保留其原始面貌，則此兩者都不可能達成，正是因為這些記憶部分會誘發思考，而部分則剛好會排拒此記憶。此外，不同的潛在影像之間的關係也缺少吸引注意力的感官特質。

　　思考方式的困難還不僅只於此。雖然思想是個前意識的活動，除非我們意識到我們正在進行思考，不然我們無法感知到此思考活動。部分原因是因為意識狀態防衛著佛洛依德所說通往「運動神經反應」的大門，部分原因則是因為只有當我們覺察到特定問題的解決辦法時，我們才處於實際解決此問題的位置。但是，意識狀態同時也是前意識思想朝向的方向，因為「思考」的意思就是覺察到我們的思考過程本身（*Interpretation* 574）。意識狀態是個感官的器官（615），也就是說，意識狀態只能夠接收屬於知覺的刺激。正如同不同記憶中的關係，我們的思想過程在其原始形態中是沒有感官特質的。

　　前意識透過語言將無意識記憶聯結（binding）起來，以解決所有的問題[5]。聯結幾乎就是如實地打一個結：將事物表象附著於語

---

[5] 有關佛洛依德對於「聯結」（binding）的原始討論，可以參考 *Project* (380-81)；*Beyond* (7-64)。佛洛依德也在第二篇文章中討論我們的記憶之語言組織的聯結（12-17）。

言能指。如果我們將此活動視為我們的無意識記憶持續必須依循的過程，或者，如我現在將要處理的方式，視為在前意識場域中永遠會發生的再次刻寫的過程（*Interpretation* 610-11）：無論在哪一種情況，其結果皆是相同的。語言能指附著於我們的無意識記憶的同時，會統整而征服此二種狀況。這使得我們得以隨意地回想這些記憶；提供聯想軸與系統軸的組織；容許我們覺察到我們自己的思想過程。

事物表象聯結到語言能指，乍看之下，似乎意味著某種封閉。但是，相反的，此過程卻恰好開啟了一整個範疇的新的關係：事物表象與語言能指的關係；一個文字表象與其他文字表象之間的關係；意識與前意識思想過程；前意識與無意識記憶之間的聯結途徑。然而，只有將其他可能性封閉的時候——抑制（repress）任何欲力（libido）驅動之溝通（libidinal communication）的發生——所有這些關係才有可能展開。

前意識聯結無意識，不僅是透過語言能指，也透過抑制二者之間任何實質的能量運動：封鎖此通道，以免移置（displacement）的發生（"Project" 323-68; *Interpretation* 599; "Unconscious" 188）。佛洛依德在《夢的解析》一書中說明，前意識只容許事物表象之間極小量的欲力驅動之轉移，而此轉移是思想的必要條件（599）。其結果是，一個字成為了被孤立的密室，貯存自己的能量。由於這個聯結語言能指的過程持續重複，前意識最終便不僅成為許多文字表象的收藏處，同時也成為能量停滯的封閉系統。

這個系統有幾種優點。在阻撓記憶將其過多的欲力投資轉移到其他地方的同時，前意識也保留了思想所需要的能量。前意識防止一個文字表象僅僅取代另外一個文字表象，而仍舊維持其中的差異。此外，在阻撓大量釋放衝動的同時，前意識也可以或多或少維持記憶場域中等量的欲力投資[6]。因此，某一些記憶也得以被區

隔，不至於排除其他記憶而完全壟斷意識。

　　然而，理性思想層次的有利處反而是情感層次的損失。精神意義總是在不同的投資中獲得其屬性——欲力被某一些記憶所浸潤飽和，卻完全不理會其他的記憶。這是愛的無法超越的條件；在欲力的領域之內是沒有民主的。前意識記憶所有場域內的等量投資因此而無法使這些記憶對我們都同等重要；此種作用會刪除索緒爾所說的「實證條件」（120）。將一個文字表象與另一個文字表象之間的關聯封鎖，便是使我們停止了我們關切喜愛的能力。

　　最後，文字表象也將朝向外在世界的大門關閉起來。正如同佛洛依德試圖使我們瞭解的，意識通往外在世界的唯一通道是透過無意識7；我們只有在他處完成知覺抵達意識的某種過程之後，才會得知我們自身之內的問題。若沒有語言，我們將無法得知在無意識階段就蒸發失散的知覺，因此，我們必須轉向文字，藉以理解內在現實，以及外在現實。但是，不幸的是，使近期之內或是稍早的知覺刺激得以在需要時便進入意識，前意識不得不剝除這些記憶的感官特質。其後果便使得我們監控精神領域的能力增強，但是我們通往肢體領域的通道則大為減低。

　　上述最後一點值得深思，因為此觀念挑戰了我們對於語言與知覺之關係的慣常想法。佛洛依德在〈無意識〉一文中暗示：被抑制的事物表象是被語言能指所拒絕的（202）。他似乎因此而賦予文字召喚或是放逐無意識記憶的力量。事實上，當前意識提供了語言的

---

6 有關等量投資的概念，可以參見拉普朗虛（Jean Laplanche）的《精神分析中的生與死》（*Life and Death in Psychoanalysis*）（62-65）。佛洛依德後來將此等量投資運用在有關自我的概念。

7 在《夢的解析》中佛洛依德解釋知覺事件時所製作的圖表中顯示，知覺刺激只有在經過無意識與前意識之後，才會抵達意識狀態，同時已經在各種精神意義下發生了變化（537-41）。

聯結時，它更有效地挫敗了無意識再現的運作，因為，如果它不提供語言聯結時，無意識記憶保有了知覺潛在特質；但是，一旦有了語言，此特質便失去了。文字表象可以說是透過了否定（Verneinung）而得以再現事物的表象[8]。

佛洛依德說過，否定「在一個較高層次來說，是抑制的替代」（"Unconscious" 186）。在否定中，「被抑制之影像的內容或是意念只有被否定時才可能通往意識。否定是認知抑制的一種方式；甚至是一種抑制的解除，雖然這當然並不是對於被抑制物的接受」（"Negation" 236）。佛洛依德提供了一個強迫型神經症語言行為中表現的否定的例子，這個病人對他的分析師說：「我有一個新的強迫型觀念……它發生了，可能有這個或是那個的意思。但是，不，不可能，它不可能發生在我身上」（235-36）。

在這個例子中，佛洛依德的病人對於透過語言結構引發的思想使用了語言上的否定。這種對於知覺能指的精神防衛所揭示的意義並不是立即可見的。然而，在《歇斯底里研究》中，佛洛依德則重複返回到事物表象與文字表象之間關聯的討論。有一次，他特別強調語言能指不僅可以使創傷經驗聯想到特定記憶而中性化的能力，還可以剝除這些記憶的知覺屬性。在此書結尾處，佛洛依德告訴我們：當事物表象被「翻譯」為文字時，它便消失了。它不僅是暫時消失，而是永遠地消失了，顯然也已經失去了以夢的形式返回的能力。「當記憶以圖像的形式返回時，我們的工作一般來說便比其以思想的方式返回要容易得多。」此處，佛洛依德展露其一貫對於視覺性的敏銳觀察，以及他對於其意義的強烈興趣。

---

8 此處有關語言之否定知覺能指的討論，是受到了拉岡（Jacques Lacan）論點的啟發。見 *Seminars VII* (64-65)。

　　當一個圖像自病人的記憶中浮現時，這些圖像都是片段而模糊的。然而，這個病人將此記憶轉化為文字時，他同時也擺脫了它。……有時雖然病人已經描述了這個圖像，這圖像仍然會頑固的停留在病人的內在眼睛之前；對我來說，他仍舊有一些關於此圖像的重要事情尚未說出。一旦全部都說出來了，這個圖像便會消失了，就像是鬼魂一般。（"Negation" 280-81）

三、事物表象

　　就所有面向而言，文字表象是封閉的，而事物表象是開放的。首先，除了簡單的幻覺例子以外，事物表象都是欲力轉移的產物，或是知覺刺激與記憶之間，或是在兩個或是更多的記憶之間。當我們感知之時，我們不僅只是將知覺刺激或是替代的記憶置放於原初的記憶位置之處，我們同時至少也將我們的欲力投注（libidinal cathexis）[9] 從後者轉移到前者。只有在欲力轉移的基礎之上，這種移置才會發生。事物表象本身朝向類似的溝通開放，牽連著後續的感官刺激；幾乎對任何一種知覺而言，如同佛洛依德所言，我們都可以「假設在同樣的聯想鏈上有更多的印象」，可以藉由此基礎作為後續移置的印象（"Unconscious" Appendix C 213-14）。甚至當一個知覺事件表面上已經結束了，它仍舊會在我們所見之事物中出

---

9 譯註：cathexis的意思是精神能量附著於一個或是一群表象、對象，或是身體的一部分；anticathexis則是將附著於對象或是表象的精神能量撤離。行人出版社的《精神分析辭彙》依照尚‧拉普朗虛和尚—柏騰‧彭大歷斯的法文譯法，將cathexis譯為「投資」，anticathexis譯為「逆投資」。雖然cathexis是根據佛洛依德的經濟交換論而展開的精神能量流動的轉向，我仍然覺得「投資」過於著重於資金的面向，而精神能量的流動貫注於對象之動力與方向性，才是此概念的重點。因此，我使用中文譯法中已經通用的「投注」。

現。

　　《夢的解析》與〈無意識〉的作者經常指無意識記憶偏好移置的現象為「流動性」（mobility）。藉由這個「流動性」的說法，他將重心不擺在記憶本身，而是擺在其間精神能量的流通。佛洛依德在〈無意識〉中寫道：「投注的強度在無意識中要更為流動。透過移置的過程，一個意念會將其所有被分配到的投注完全交付出來；透過凝縮的過程，此意念則會挪用幾種不同意念的全部投注」（186）。然而，正如他在早期的著作《科學心理學大綱》（*Project for a Scientific Psychology*）一書中所言，如果一個無意識記憶可以將能量轉移到其他的記憶，這是因為其間相連的通道是開啟的（298-302）。

　　事物表象同樣也是朝向世界開放的。佛洛依德強調，雖然前意識只有透過無意識才得以通往心靈之外的世界，此通道不僅是間接的，而且還是經過否定的運作而妥協得來的；無意識卻是可以「藉由生活中感受到的印象而碰觸到的」（"Unconscious" 190）。的確如此，「通常所有從知覺到無意識的通道都保持開放」（194）。無意識朝向世界開放，因為無意識所製造的知覺或是事物表象是透過記憶而完成的，而且只有在內在與外在的經驗交會時，這些知覺才會產生。這些交會處，他們會稱呼為「記憶痕跡」。

　　事物表象能夠對其視為開啟情感的人發生作用。佛洛依德在〈無意識〉一文中將其定義為「第一個真實的對象投注」（201），因此他認為這不僅是我們如何首度開始朝向他人探索，也是為何我們會持續如此。除了再現我們與其他人物溝通的原始情感方式之外，事物表象也可以將我們關注的能力帶到新的方向。每一次我們允許無意識記憶採取不一樣的形貌出現，我們就拓展了對我們而言重要意義事物的範疇。

　　佛洛依德主張，無意識欲力之流動經過了記憶的場域，而創造

了一個 Bahnung，「開闢之路徑」。這個詞彙，史崔齊（James Strachey）翻譯為「促進」（facilitation），這是很不貼切的譯法，因為此種譯法意味著「開拓或是推進一條道路」。如此，這個詞彙便暗示著某些已經進行的過程，但是還沒有完成：一個已經在「進展中」的過程。佛洛依德在《科學心理學大綱》（*The Psychopathology of Everyday Life*）一書中首次使用這個詞彙，當時使用此詞彙是用來討論區分無意識記憶與「神經元」之間抗阻的磨損減弱（*Aus* 309-11; *Project* 300-302）。在後來的文章中，佛洛依德視「闢路」為較不機械化的概念：在《夢的解析》與《日常生活的心理病理學》（*The Psychopathology of Everyday Life*）中，聯繫不同記憶的環節不是神經病學的，而是聯想式的。但是，無論是字面上的意義，或是暗喻式的意義，「闢路」或是選擇的通道都是由慾望的路徑所構成[10]。它不只決定了欲力流動的方向——每一次都會重訪無意識記憶，以及流動的順序——也決定了就情感而言我們可能朝向何處而行。

然而，這種決定論的建構不應該過於狹隘。「闢路」是在時間中被書寫的，而不是在石頭上書寫的。我們的知覺語言使得我們持續不斷地重新開路，而透過這些路徑我們的慾望注定要前進，直到死亡之日為止。每一個透過聯想環節而被納入「闢路」的新的知覺刺激，都有延展擴張的潛力，有時甚至是朝向一個不同的方向。更有甚者，雖然隨之而生的事物表象之意義是隨著其前行者之參考意義而被決定，它也有改變過去經驗意義的能力。

原因是，正如佛洛依德在《歇斯底里研究》中一個重要的段落

10 譯註：尚·拉普朗虛和尚─柏騰·彭大歷斯在《精神分析辭彙》中說明：佛洛依德在提出精神裝置運作的神經學模型時，使用了此詞彙。意思是當刺激在神經元之間流通時必須克服一定的抗阻，而當刺激的通過導致此阻力持續減弱，則稱之為闢路（185）。

所言，「開闢之路徑」或是無意識慾望的通道並不隨著直線進行；相反的，它迂迴曲折地返回到早先的時刻；側面岔開，開啟正路之外的小徑；甚至產生圓形交叉路口，導向無數新的連鎖道路。佛洛依德將此移置的路徑先是比喻為一條經過「從表面（記憶）到最底層然後又迴轉的最繞圈子的道路」；後來又比喻為西洋棋中騎士所走的鋸齒形路線；最後又比喻為「一個網狀系統的線條，而且都匯聚於一處」（289-90）[11]。

每一個主體「開闢路徑」的痕跡有時會像是情感的銀河，橫越過去時光的星空。在此天空中的星雲群中，某一些星星比其他星星更為閃耀，從灰暗而不重要的記憶背景中突出而十分醒目。這些星星也會散發出不尋常的廣闊光暈。他們因而照亮了通往新的欲力領土的道路。他們也照亮了更多的舊星星，有時甚至將原本是黑夜的荒漠改變為充滿奇花異草的花園。

我討論事物表象的方式，好像它是個可以清楚區分關節連接的單位，如同文字表象一般。但是，我們應該清楚這完全不是那麼一回事。由於事物表象只能夠透過它所改變的而得知其意義，因此它無法不從「闢路」隔離出來而不失去其作為能指的身分。它其實是一個不斷變化中的連續體的一部分。在《歇斯底里研究》中，佛洛依德描述製造「闢路」的記憶為「空間中延展的巨大體積」（291）。他也說明我們對於這些記憶的印象多半是區別清楚的單元，其原因是：只有這團巨大體積被切割，它才有可能被意識到。意識就有如寓言中的針孔之眼，「闢路」的駱駝無法穿越。只有當

---

11 雖然佛洛依德自己並沒有將這個通道描繪為 Bahnung，他的說明暗示了他認為此選擇的路徑就是安娜 O 在發病其間，她的精神能量所流向的道路。很有趣的是，他對於談話治療的解釋就是重新整理安娜 O 的記憶，將其放置於整齊的檔案夾中（288-89）。

它被分解為個別的單位，而且依附於語言能指，無意識記憶的星雲群才有可能終於通過此窄路。佛洛依德說：

> 談論意識的「峽谷」是有正當性的。一次只有一個單獨的記憶可以進入自我意識之中。被某個記憶所完全盤據的病人，無法看清楚其背後的推動力量，也忘記了那一些是已經被推動的。如果掌握這個單一的致病原因的記憶有困難的話，那麼，此峽谷便可以說是已經被隔斷了。除非病人可以拾起這個突破重圍來到他面前的記憶，並且帶進他的自我範圍之內，不然，一切都不會發生，所有的治療工作也都將靜止。這整個致病原因的物質是在空間中延展的一塊巨大體積，透過狹窄的裂縫而被拉近，並且在被切割的狀態下來到了意識之中，以碎片或是條狀的方式出現。（291）

四、慾望的啟動

　　沒有任何人在出生之時便可以如我前文所談論的方式而擁有知覺的開放。就像是任何語言一般，我們的慾望語言是必須被誘導的。佛洛依德的驅力理論可以提供我們片面的概念化模式，以便說明我們如何開始使用這個以視覺為主導的語言。佛洛依德在〈本能及其變化〉（"Instincts and Their Vicissitudes"）一文中指出：驅力是個邊界上的存在實體，居於「心理與身體之間的邊界」（122）。它一方面是由意念代表（ideational representative）所組成[12]，另一方

---

12 行人出版社的《精神分析辭彙》將ideational representative翻譯為「意念代表」，但是，此譯法在行文中容易引起困擾。因此，我還是使用「意念代表」，取其既是「意念」又是「代表」的含意。

面則是「起源於器官之內而朝向心靈，根據身體的關聯而向心靈發出工作訊號的刺激」（122）。意念代表是個事物表象，但同時也從其自身疏離。這個特別的事物表象不再僅只是可以採用知覺形式的記憶，而更是超越再現的代表。

驅力的意念代表可以被抑制，驅力的刺激卻不行[13]。甚至當它的意念代表被拒絕進入意識，它仍舊持續激動著要尋求知覺的代表。這種激動便是產生我們所謂的「精神能量」，「欲力」，或是「興奮」。這種激動也會引起一連串無止盡的欲力移置的發生而轉換為替代的意念代表。驅力透過記憶與知覺刺激尋找替代性的滿足，而可能會成功地到達意識。然而，如果它們與被抑制的意念代表的關聯變得太明顯，那麼它們也極為可能會被抑制。

在〈抑制〉（"Repression"）一文中，佛洛依德區分他所稱呼的「原初抑制」與其餘所有後續的抑制，也就是他所描述的「二度抑制」（148）。當一個意念代表經歷了二度抑制時，它同時被推離前意識，也被拉往無意識。二度抑制與原初抑制的區別就在於此處。原初抑制只牽涉了這些運作的最初階段。佛洛依德對於原初抑制的解釋是：驅力的意念代表被拒絕進入前意識，但是卻沒有來自無意識的相對應的吸引，原因是無意識尚未形成。只有圍繞著最早期的意念代表，無意識才開始形成。

在原初抑制發生之前，特定的意念代表與其身體動力之間的關係顯然是暫時性的。但是，當此意念代表首度被抑制，它與身體動力之間的關聯卻開始被永久固定下來（148）。佛洛依德稱此種被建立的關係為「固著」（fixation）。在精神分析中，固著通常被視為負

---

[13] 佛洛依德在〈抑制〉一文中指出，驅力的能量依附於特定記憶的而受到抑制影響的情形有三種：轉變為焦慮，透過另外一種情感之偽裝而展現自身，或是被抑制（153）。但是，無論是此三種模式的哪一種，此驅力的本質是要藉由偽裝而返回。

面的概念。例如在〈本能及其變化〉一文中，佛洛依德說固著「透過其強烈對抗分離而終止了驅力的流動性」（123）。然而，似乎一個驅力與某個特定的意念代表之間的固定附著其實是一種解放，而不是阻礙。移置並沒有因而被排除，反而是被促成了。

佛洛依德說，被原初抑制的關係具有如同磁鐵一般的功能，會將其他的物質吸引進入無意識之中。如此，在原初抑制與其他記憶之間的欲力轉移成為可能，而且會導致一個事物表象之替身最終得以出現。佛洛依德在〈抑制〉中說，這個意念代表吸引「所有它可以建立關係的事物」（148）。他接著又說：我們「太容易就忘記了抑制並不會阻礙本能代表在無意識中繼續存在，或是更進一步組織自己，推出衍生物，建立關係」（149）。

固著並不僅只是抑制的結果；它是抑制得以發生的機制。這是因為透過建立前意識固著，而使得心靈帶出了無意識固著。此處，「固著」意味著不只是欲力動力被捕獲，而且也是在心靈地層中被捕獲。移置也不是固著所引發的神祕效果，而是固著真正的同義詞。在〈無意識〉一文中，我們學習到原初抑制項從驅力之有意識的意念代表的位置被排除，而被第二項所替代。替代的意念代表便藉由一系列的移置而被確保停留在保護的位置之上。

佛洛依德以一個奇特的暗喻解釋欲力轉移而執行的防衛性功能：第二「意念代表」藉由一道「防護牆」[14]防止第一「意念代表」再次進入前意識。這個防護牆的搭建是靠著一圈相關聯記憶的併合——透過佛洛依德討論原初抑制時所說的尋找同樣類型關聯的模式。每一次原初的「意念代表」試圖回復其位置時，這個相關聯記憶所環繞的圓圈都需要再度擴張。此處，佛洛依德所指的是拓樸學

---

14 史崔齊在〈無意識〉的翻譯中寫道：「防禦壁壘」（183）。但是，德文原文則是 schutzende Wall。參見 Freud. "Unbewuste" (142)。

所談論的心靈地層以反投注（anticathexis）[15] 的移置方式捕捉住
「意念代表」。

五、「那無以名狀之物」（Das Ding）

　　從佛洛依德對於抑制的解釋中，我們如同看到鏡中反影一般，
在前意識的層次發現了無意識層次所發生的過程：兩者皆發生了欲
力固著與移置的矛盾混合。然而，佛洛依德只有在二度抑制的例子
中才將移置視為欲力固著的執行者，也只有在二度抑制的情況中，
佛洛依德才以拓樸學的方式討論固著——心靈地層以一種防衛的位
置捕捉住「意念代表」。

　　但是，就我看來，原初抑制對於後續取代它的替代項扮演著類
似的功能。它也服從拓樸學的固著，也就是說，藉由占據空間，它
排除並且持續排除某些事物，以免這些事物會取代它的位置。然
而，這種原初抑制所扮演的防衛性角色比其前意識的對等項所扮演
的防衛功能要更為有決定性。空間中被捕捉的第一個無意識表象所
防衛的，並不是簡單的一個被禁止的知覺，而是慾望的目的。原因
是，當它維持在它所插入的位置的同時，原初抑制已經阻隔了任何
可以進入心靈的「存有」（being），「在場」（presence）或是「那無
以名狀之物」（das Ding）。最後，正如同在前意識被移置的交換
項，原初抑制項也在其保護區中透過一連串的移置被穩固地安放，
這不僅只是包圍它，而更是舉起或是提高它的位置。

　　我們不得不假設無意識反投注與前意識反投注的存在，因為主
體性的故事並不是如同佛洛依德在後設心理學的那幾篇論文中那樣

---

[15] 雖然佛洛依德將反投注表現為抑制的正常部分，他對此現象卻是透過恐懼症的例
　　子來說明（184）。我不太能夠解釋為何會有此種負面的描述。

展開的[16]，有個身體動力的精神表象（psychic representation）。相反的，主體性是在視覺主導的驅力尋求「知覺同一性」時才展開的。在最初之時，沒有所謂的「意念代表」，也沒有身體本身的驅力，而只有精神所朝向的事物表象之知覺實現。在此環節處，事物表象或多或少也同時與其他事物表象可以互相交換。然而，在某個特定點上，朝向知覺同一性的驅力由於試圖恢復事物表象而會與抑制的驅力發生衝突，因而導致固著的發生。

將被禁止的事物表象放逐到無意識的過程，正如佛洛依德所說，是透過前意識的反投注。然而，反投注不僅只是抗拒特定事物表象試圖實現其知覺經驗的防衛性操作，它也是使得兩個事物表象彼此分離的操縱機制。當一個事物表象取代另一個事物表象的位置，而作為其前意識之代表時，它便停止成為只是一個含有潛力的知覺記憶；它同時成為它所取代者的能指。這個替代的事物表象也將其所抑制之物成為其所指[17]。因此，沒有任何知覺活動可以與其自身等同。每一個知覺刺激或是記憶的功能都必然會是前者的能指。

一個事物表象作為能指，另外一個作為其所指：此處，第二度的排除便已經發生——這次則不只是從前意識排除，而是從整體的心靈排除。「存有」蒸發，遺留下一個空白（void）或是匱乏（lack）。現在，原初抑制的事物表象終於成為佛洛依德所說的，一個「意念代表」。然而，就精神層次而言，它所代表的不是身體內在的驅力，而是「當下」（here and now）。

拉岡在《第七次講座》（Seminar VII）中主張，主體進入了語言，不是靠著語言學上兩個對立的聲音而產生，而是當事物表象將

---

16 後設心理學論文（metapsychological papers）包括：〈本能及其變化〉、〈抑制〉，與〈無意識〉。

17 我此處的討論是參照拉岡在 Seminar VII 中對於抑制的解釋（43-70）。

另外一個事物表象推入無意識的那一刻時發生[18]。這是個拉岡理論本身十分有決定性的修正，而且我也完全同意此觀點。事物表象先發生，然後文字表象及其所指才隨後而來。主體透過事物表象表演出其第一次欲力語言行為，而不是文字表象。主體生命最早期的階段，原初抑制的事物表象便開始執行另外一個事物表象之所指的功能，同時也成為「存有」的替身——進入語言而失去之物的象徵化，是最初與最重要的替代項。原初抑制的事物表象因而十分弔詭地便成為其所排除之物的具象呈現。

六、無意識反投注

佛洛依德在〈無意識〉與〈超越快樂原則〉（"Beyond the Pleasure Principle"）兩篇文章中都將反投注（anticathexis）連接到興

---

[18] 拉岡描述主體如何進入語言時，通常視語言能指優於知覺能指。例如在〈精神分析中言談與語言的功能與場域〉（"Function and Field of Speech and Language in Psychoanalysis" 103-104），以及〈精神分析的四個基本概念〉（"Four Fundamental Concepts of Psycho-Analysis" 239）這兩篇文章中，拉岡使用佛洛依德在〈超越快樂原則〉中所說的fort/da 的故事來說明第一次說話的情形。透過兩個文法上對立的典型音素，各自代表「走了」與「這裡」，嬰兒主體進入了一個封閉的表義秩序，此秩序使其從「在場」或是「當下」疏離。在〈陽具的符號意義〉（"The Signification of the Phallus" 281-91）中，拉岡提出了一個稍微不同的說法。此處，拉岡的重心擺在失落的象徵化，而不在其製造。我們因此學到透過陰莖的影像，我們獲得了理解我們所失去之物的暗喻手法。然而，視覺的小故事仍舊維持其從屬於在其之前發生的語言遊戲。

但是，在《第七次講座》中，拉岡不再將語言能指的位置如此提高。他指出，文字表象總是與事物表象聯結，兩者之間沒有任何堅固的區分（45）。進入語言唯一不可或缺的前提是一個表義項取代另外一個表義項的位置。此外，比起語言能指而言，拉岡多半時候賦予知覺能指更為原初而重要的核心精神角色（比方說，可參見頁65與138）。拉岡告訴我們，文字本身無法使我們進入表義的內部。我們反倒是透過視覺為主的知覺表象才開始講話（65）。

奮的增強（"Beyond" 30; "Unconscious" 183, 193）。然而，他在此兩
篇文字中所展開的有關反投注與興奮之聯繫的討論卻相當不同。在
〈超越快樂原則〉中，反投注構成一種精力充沛的「危機管理」。透
過反投注，心靈設法減低外來刺激導致的興奮，使其回到不變的水
平狀態。反投注是將會引發興奮的刺激以語言的方式聯結在一起，
並且將心靈內已經產生的興奮平均地散布到被劃出範圍的記憶場域
（30-35）。雖然此處「散布」是「移置」的另外一種講法，這種造
成穩定狀態的移置，就推論而言，並不是佛洛依德將欲力投資聯想
在一起的大移置，而是對思想而言必要的小移置。在〈無意識〉一
文中，就另一方面而言，佛洛依德卻主張反投注導致興奮的增強。
他表示，「替代念頭的整個聯想環境」是被「特殊的強度所投注」
（183）。他因此而指出，反投注產生而導致的移置必然牽連著實質
的欲力轉移。這些並不是簡單的論證上的不一致。佛洛依德在〈超
越快樂原則〉一文中所討論的是前意識反投注。然而，在〈無意識〉
一文中，他不經意地卻描述出「那無以名狀之物」被排除於心靈之
外的那一種反投注。

　　在強調了前意識反投注與無意識反投注之間的相似處之後，我
現在要開始堅持其間的差異，這可能會顯得很奇怪。不過，雖然前
意識反投注與無意識反投注兩者都會執行防衛性的功能，而且都是
藉由建立與其他記憶之關係而達成此防衛功能，無意識反投注所遵
守的卻是不同的能量邏輯。前意識反投注試圖藉由聯結事物表象到
文字表象，以及執行語言所組織的思想特別會發生的微型移置，以
便減低因外來刺激而引發之興奮。然而，無意識反投注則會在自身
創造精神興奮。「存有」的「褪色」（fading）[19] 會導致心靈的不滿
足，以及驅力能量的固定來源。因此，只要無意識反投注在發生當

---

19 這是取自於拉岡在〈精神分析的四個基本概念〉的暗喻（208）。

中，就是前意識也無法達到真正的恆定狀態；心靈必然會不斷地重新「充電」。對於興奮，無意識反投注的反應方式不會是試圖製造「聯結」，而是如我在前面的章節所討論的，將量轉換為質。移置提供了此轉換的代理者。

由於我們通常將移置視為將欲力投注從一物移除，以便將其投資於他物，我們並不容易看出其中質量複雜變化的狀況；相反的，從一物移置似乎是遺棄了它。然而，我認為將欲力從一個交換項轉移到另外一個交換項時，同時也可以提供將第一項的位置提升的方式：如同拉岡所說的，「提高」它到「那無以名狀之物」的「尊貴位置」（dignity）[20]。當我們移置而將某物提升或是賦予其尊貴位置時，我們並沒有自此物È換而遠離它，而是「環繞」它——我們將它聯結到一群相關的記憶，因而擴大其意義的場域。

在《第七次講座》，拉岡描述此類移置的操作模式。他也將其歸因於興奮的過剩。拉岡解釋：「當精神能量平常的界線被超越時，它被驅散而分布於心靈的組織中；其量被轉化而變為複雜。就像是在神經原（或是記憶）組織中被照亮區域的擴展，根據聯想法則之促成而遙遠處被照亮的區域比比皆是，或是根據快樂原則，照亮規範意念聯想的表象（Vorstellungen）星雲，也就是無意識意念」（58-59）[21]。

但是，到底是什麼因素造成升高的興奮而導致某一些記憶比其他的記憶有更重要的位置？佛洛依德在〈超越快樂原則〉中有一段十分精采的觀察：他指出，這是因為差異的持續匯流而導致活生生的組織一旦出生便不會死去。這股差異的匯流可以維繫生命，因為

---

20 有關「那無以名狀之物」（das Ding）的尊貴性，請參見 *Seminar VII* (112)。

21 Vorstellung是「再現」的德文字。Vorstellungs-repräsentanz是佛洛依德稱呼「意念代表」（ideational representative）的詞彙。

它可以製造精神的興奮。只有當此興奮已經減低為零，死亡才會降臨（"Beyond" 55-56）。佛洛依德因而在差異與興奮之間建立了一個緊密的關聯。

我要利用〈超越快樂原則〉的這段文字作為一個同樣是推論主張的靈感：「環繞」某物而不是遠離某物的移置，製造出被「開闢路徑」的銀河中可被稱呼為「巨星」者，這不僅是我們在其中再次看見我們最渴望想要見到之物的時候發生，並且也是在區分此物與其所代表之物的差別中發生。此時刻中我們的興奮特別高張，因為我們被兩種不同的方向所刺激：從心靈本身的刺激，以及來自外在世界的刺激。雖然對於一個對象之差別的理解可以採取無數形貌，此差別總是從此對象之視覺特質中開始。

七、無法再現的再現物

或許是因為語言能指的封閉本質，使得拉岡將導致「存有」的「褪色」的角色歸諸於語言能指，而不是知覺能指。語言能指最多只是個無法再現的再現物（nonrepresentative representation），它與所指和所指向物的關係是完全武斷的[22]。知覺能指則一向是可再現的；當知覺能指替代另外一個能指時，或是與其重疊，其中基礎一般說來都是基於相似性或是連續性。因此，要理解為何視覺能指導致「存有」的「褪色」似乎是很困難的。

然而，不同於知覺表義的所有後續活動，匱乏之所以被安置於心靈之中並不是因為形式的臨近性而被促發的。相反的，原初的「意念代表」所提供的是一個完全不被激發的代表物。這部分是因

---

22 拉岡在〈精神分析的四個基本概念〉中強調「存有」的第一次再現之不可再現的身分（217-18）。

為「存有」是不具有特質的。它不是愛的對象，而是慾望的不可能的非對象（nonobject）。只有藉由回顧追想式的象徵化過程，它才有可能被賦予一個輪廓與面孔[23]。但是，這部分也是因為原初抑制本身創造出了第一個「意念代表」擔任替代角色的唯一準繩；只有透過被「禁止」或「排除」，它才可以成為「存有」的代表。由於並沒有內在之屬性可以預備此角色的扮演，第一個「意念代表」，至少假設性的來說，是可以被其他的「意念代表」所取代[24]。一個「意念代表」與後續發生的另一個「意念代表」之間被激發的關係，會根據其所源自於的武斷關聯而展開。

「存有」的第一個「意念代表」是一個創傷性的非意義（traumatic nonmeaning）之場域[25]。「創傷性」這個詞彙此處準確地攜帶著佛洛依德在〈超越快樂原則〉中所賦予的意義：「促成一個激烈興奮的狀態」。原初抑制的部分會促發一個精神興奮的危險高度，因為它是差異的擬人化。它引進心靈中的區分與延遲，而在此之前心靈只瞭解「當下」。原初抑制之事物表象也是第一個「意念代表」。因此，並沒有在此之前更早發生而可以指涉之物，或是藉此而使其成為熟悉與具有意義之物。它只能維持一個意義難解而

---

[23] 這是拉岡在〈陽具的符號意義〉一文中說明原初抑制與二度抑制之關係不具有說服力的主要原因。他試圖將「存有」與「陽具」之表義關係建立於後者的屬性（287）。當然，拉岡充分瞭解這是很難維持的命題，因此他列舉「存有」及「陽具」之間的相似性之前，舉出了文字「可以被說出來」部分作為序論。然而，正如同簡・蓋洛普（Jane Gallop）在《閱讀拉岡》（*Reading Lacan*）中所指出，這些文字表面上否定了陽具與「存有」之間的再現關係，但實際上卻容許他為此關係做辯護（154-56）。

[24] 我說「假設性的」是因為很明顯的必然會有文化力量之作用決定哪一些意念代表會被選取。

[25] 拉岡在〈精神分析的四個基本概念〉中也堅持取代「存有」的第一個交換項的非意義（211）。

外來的介入物。同時，這個陌生物可以對其所進入之心靈的主體產生強而有力的情感撞擊；雖然其介入無意識會引發「存有」的「褪色」，它同時卻提供了已經失落之物的替代物。顯然其中含有足以維繫一生的興奮度。

　　但是，這並不是說我們絕不會再度遭遇與第一個「意念代表」所代表的對象同樣刺激的對象。原初抑制之對象的功能並不像「柏拉圖之理性」；它不是所有較為低劣之複製物所源自的原型。相反的，它完全依賴後來者以決定其意義。每一個主體的第一個「意念代表」若孤立於後來取代它之物，必然會是完全無意義的，就像是佛洛依德的孫子所發出的「fort」的音一般[26]。

八、母性暗喻

　　我曾經在前面不同的段落所討論的抑制，可能會使此知覺記憶被安置為「那無以名狀之物」（das Ding）的第一再現物的過程顯得有一些自動化──好像抑制會自己「表演」自身一般。當然，事實上，原初抑制是一個家庭中發生的事件。通常在我們的文化中是透過伊底帕斯情結而產生的。此外，雖然母親與父親他們的行為也是無意識地回應某種親屬結構的原則，一般說來，是他們自己首度誘發幼兒此種情結中的特別慾望，然後又禁止此慾望。

　　任何一個拉岡的讀者，無論是讀過他的〈精神分析治療種種可能之初探〉（"On a Question Preliminary to Any Possible Treatment of Psychosis"）或是《第三次講座》（*Seminar III*），都知道對拉岡而言，「抑制」與「正常的」或是「異性戀的」伊底帕斯情結幾乎就

---

26 佛洛依德在〈超越快樂原則〉中講了這個fort/da的故事，而拉岡每次要解釋主體進入語言的時候，必然會引用此故事（14-17）。

是同義詞（"Question" 179-225; *Seminar III*）。抑制也帶來拉岡所稱呼的「父親暗喻」。母親對父親的慾望所導致的，便是「陽具」（phallus）被銘刻於抑制的橫槓之下，而成為「存有」的優勢再現。然而，拉岡在*Seminar VII*中時常強調主體藉以暗喻「那無以名狀之物」的第一項之母性本質[27]。此外，在他談論《哈姆雷特》（*Hamlet*）的演講中，拉岡也證實了要超越此失落的原初能指而達到陽具是很困難的（"Desire" 11-52）。對我而言，其原因在於後者並不能夠享有拉岡所賦予的優勢意義。

我在前面的章節中早已討論過，親屬結構最終必然僅是由亂倫禁忌所構成，此外無他。這個可以扮演各種不同形貌的禁忌具有賦予能力的功能，而且，在我們的文化中，此禁忌在原初照料者的身上最為有力地呈現。由於在我們的文化中，母親傳統上仍舊扮演此照料者的角色，因此對於母親的充滿了欲力的記憶之知覺形象的被否認，使得主體得以進入此親屬關係——透過可以被稱呼為「母性暗喻」的過程。

縱使主體已經承認了此能指，母親仍舊必須維持她的原初位置。她不能夠從此優勢位置被移除，因為她其實是主體通往完全而充分的滿足之回頭路的障礙；因為她是堵住堤防缺口的那一根手指頭。若非如此，心靈便會被所有在場經驗所氾濫；因為若沒有她，就不會有能指，也不會有能指的熱情。然而，一旦母性暗喻發生了，母親便代表一個與「那無以名狀之物」一樣不可能的慾望對象。只有當她被意識排除，她才有可能既執行所有其他能指所指涉的所指，也擔任「存有」的原初表象。因此，她無法在不失去她自己優勢位置的同時在知覺上被復甦。母親只有在我們持續透過移置

---

27 拉岡對於母親與「那無以名狀之物」（das Ding）之間的關係提供了一個特別清楚的說明（67）。

而遠離她時，才會扮演她核心的功能。最後，這些移置本身決定了
「母親」的意義。因此，雖然所有社會與意識形態的侵入會回過頭
來在她身上設立限制，我們原初的愛的對象可能是我們所可能最接
近的純粹而無限制的關係。透過愛母親，我們才能夠愛社會。

九、顯示／說出 showing saying

　　至此應該很明顯，事物表象與文字表象不會永遠停留於他們所
「屬於」之處。前意識幫忙決定哪一個事物表象應該最先被推到抑
制橫槓之下，並因此而成為永恆不變的慾望之原初能指。語言也扮
演著一個很重要的後續角色，協助決定哪一些精神元素要加入成為
「那無以名狀之物」的二度抑制。許多無意識的元素，就其以語言組
織，以及「不自相矛盾」的性格而言，是系統性地屬於前意識的
（Freud, "Unconscious" 190）。正如拉岡所言，「人類世界中的事物
是由文字所結構之宇宙中的事物……語言，象徵化過程，主宰並掌
控全部」（*Seminar VII* 45）。

　　但是如果知覺能指可以朝著文字能指的方向傾斜，文字能指便
也可以朝著知覺能指的方向變化。佛洛依德在〈無意識〉一文中告
訴我們，前意識的絕大部分維持著「無意識衍生物的性格」
（191）。這意味著不僅只有某一些前意識元素與被抑制之物保留密
切的溝通，其他的部分也會自理性撤離，或是拒絕服從理性。

　　文字表象因此並不是永遠都封閉的。有時候他們並不是完全依
照著文法的句法結構與變化原則被組織，而是依照著事物表象的欲
力原則而被組織的。在這些時候，它們不再執行否定無意識過程的
代理功能，而成為無意識慾望的攜帶者。文字場域停止被
Gleichbesetzung[28] 或是「等量投資」的原則所管理。取而代之的，
欲力自由地從一個相似或是相連的交換項移置到另一個，直到一個

豐富而充滿情感的聯想網絡被創造出來為止。

　　無意識慾望持續提醒前意識思想，以便使無意識記憶可以獲得聲音，更可以透過視覺形式表達。文字在這些吸引中發現了極大的誘惑力。如同我們所見，佛洛依德在《夢的解析》中已經討論到潛在的「無意識中的視覺記憶」對於前意識思想所具有的吸引力（596）。他在〈夢的後設心理學〉（"A Metapsychological Supplement to the Theory of Dreams"）中也提及視覺記憶對於「訴諸於文字的思想」所產生的吸引力（231）。文字似乎永遠無法完全超越他們的知覺原生處[29]。

　　在我們的夢中，我們的文字思想一般來說都相當徹底地屈從於潛在的視覺記憶之吸引力，以至於它們也會採用視覺的形式。在這些時刻中，過去與現在天衣無縫地接合：一個舊的情感尋找到了一個新的居所，但是毫不透露任何它曾經寓居於他處的跡象。佛洛依德與他妹妹幼年時撕破彩色書的記憶與他學醫時期所購買的插圖論文，以及他後來在一個商店櫥窗看到的展示書的記憶重疊，以代表《夢的解析》的出版[30]。一個女人口腔蛀齒的景象同時代表稍早時在一個女人口中所看到的令人不悅的牙齒，以及一個期待看到的十分不同的女性開口的景象[31]。

　　然而，在我們的日常生活中，卻少有如此完全合併的兩個版本的夢，或是一個記憶與一個知覺刺激的合併。甚至當我們不再以否

---

[28] 就目前我所可以確定的而言，這是拉岡的用字，而不是佛洛依德的。參見 *Seminar VII* (49)。

[29] 對我來說，普魯斯特（Marcel Proust）便是最具有視覺語言的作家。可參見米克‧巴爾（Mieke Bal）對於普魯斯特寫作特色的精采討論。

[30] 此處我指的是佛洛依德在《夢的解析》中提及他所做的植物園小冊子的夢（169-76, 282-83），我在第4章已經討論過了這個夢，以及愛瑪（Irma）打針的夢。

[31] 有關佛洛依德分析愛瑪打針的夢，可參見《夢的解析》（106-18）。

定的模式使用語言，而開始使用語言來代表我們已經看見或是渴望看見的事物，我們的文字仍舊無法不維持在一個距離之外，在無意識慾望尋求整合的不同交換項之間。我們不再堅持兩個異質事物之間的對等，或甚至將一整個記憶的聯想網絡濃縮為一個單一項，而是製造暗喻與換喻，在表象與被再現之物中間欲力持續往復來回的修辭。

在這些時刻，我們不再以表演的模式觀看，而是顯露我們的觀看。多半時候並沒有觀眾來接收我們所展示的。但是，當我們將我們顯露的言說朝向象徵他者時，或是其他的人，他們不僅只看到我們所看的，也會看到我們如何看。如此，他們提供我們夢境所絕對無法給予的：我們也可以觀看我們的觀看之透視點。顯露式的言說因此終於可以揭露我們特別的知覺熱情之特殊性，正如同它可以揭露此世界一般。

主客之間

林建國

一、電影研究在研究什麼？

　　周蕾（Rey Chow）、墨美姬（Meaghan Morris）和卡佳・絲爾薇曼（Kaja Silverman）是三位活躍英語世界的理論健將，在女性主義和文化研究領域各有舉足輕重的影響力。以這般資歷投身電影研究，深深衝擊學門的生態。電影研究近年這點變化，似乎不為外人所察。常常它只被當作「看看電影、寫寫文章」一類的簡易操作，一些電影學者甚至因此拒絕理論和方法，以為堅守經驗實證的路線便可因應[1]。問題是越是實證，電影研究越難下手，因為電影的發生牽涉工業、技術、資本、政治、文化積累，運作牽涉人、歷史條件、各個藝術旁支，不經理論化約，電影研究只剩瞎子摸象一途。這是自我設限，不利格局和前景的開拓。

---

[1] 如大衛・博威爾（David Bordwell）與諾爾・卡羅爾（Noël Carroll）合編的論文集《後理論：重構電影研究》（*Post-theory: Reconstructing Film Studies*, 1996）便是這類主張的代表。詳《拉岡與當代電影》（*Lacan and Contemporary Film*, 2004）一書兩位編者托德・麥高文（Todd McGowan）和雪拉・坎科爾（Sheila Kunkle）的批判（xii）。

　　理論的摸索於是成為電影研究必備的功課。只是電影研究又有所自覺，知道其他人文學科的經驗不能照搬，因為電影這種跨領域和跨媒介的特殊現象其他學科幾乎未見。電影研究只有另闢蹊徑，另尋合適的論述模式。新的論述一經確立，新的研究客體通常跟著成立，結果有二：「電影」作為這種研究客體排除了先驗的色彩，成為一個建構的概念，論述的產物，認識的結果；既然「認識」才是主導力量，電影研究便不再受制於日常、零碎和先驗的「電影」意義，從而擺脫經驗實證論的糾纏。這情形馬克思主義最為清楚。馬克思（Karl Marx）並不經驗實證地觀察和分析貨架上的葡萄，而是透過「商品」的概念（作為馬克思學說所建構的客體），把握葡萄背後所交織人被剝削的痕跡[2]。基於同樣道理，女性主義和一般婦女研究採行的「女性」概念通常可有區分：前者「女性」來自建構，可以協助形塑女性主義者作為一個研究者的主體；後者傾向撿取日常意義的現成，研究主體通常不做涉入、無從涉入，理由是受制於現成意義所認知的「女性」，主體理論沒有操作的空間[3]。跟女性主義／婦女研究的對比類似，後殖民理論和地域研究分別採行的「國家」概念也有落差。同樣是叫「歷史」，傅柯（Michel Foucault）用法就和尋常意義不同，因為他的概念已經重新打造，透過對現成概念的顛覆，「歷史」一轉而成他獨屬的研究對象。由此可以推

2　大衛‧哈維（David Harvey）：「超級市場貨架上的葡萄不會說話，我們看不到上面有剝削的指紋」，除非是透過馬克思學說（Harvey 232；大衛‧哈維56；引自陳其南 195）。亦詳陳其南同頁對哈維這段話的詮釋。

3　意即女性主義和婦女研究如果須做區分，主體概念則是個有力的參照。然而這並不意味，婦女研究不能持有女性主義觀點，或者女性主義不應從事婦女研究。本文只是指出婦女研究一個可由女性主義協助克服的局限，而在局限解決之前，兩者有關主體認識的細微落差其實可以分辨。須留意是，如何定義女性主體，不必是女性主義的專利；其他學門一樣可能將女性主體建立成一個有用的研究客體。

斷，每一位理論家，一如每個有效學科，都以建構專屬的客體或思考對象為志職[4]。在路易・阿圖塞（Louis Althusser）眼中，精神分析便依這個法則確立（17-22），而他自己就有「認識論斷裂」作為他專屬的研究客體（Balibar 157-58）。我們又何嘗不能說，電影研究的客體就是相同的斷裂，斷裂發生在「電影」這個概念之中。電影研究今天如何看待「電影」，如同傅柯曾經如何對待他的「歷史」。

這種斷裂的充分條件只能來自理論。電影研究發展至上世紀末建立了學門的地位，和電影理論發展的成熟不無關係。電影研究今天對於發源歐陸各家理論（符號學、精神分析、馬克思主義），以及各個哲學宗派，無論理解融合，在在比早年所見縝密，這點只要做點文獻回顧便可印證。例如蘿拉・莫薇（Laura Mulvey）七〇年代中期發表的名篇〈視覺快感和敘事電影〉（"Visual Pleasure and Narrative Cinema", 1975），今天看來便是知識準備不足之作，理論的功能為何她並未思考清楚。誠如本書所收周蕾〈幻影學門〉（"A Phantom Discipline"）所示，莫薇顯然為傅柯詬病的「壓抑假說論」所誤[5]，視電影銀幕為這種壓抑機轉。周蕾沒有說出的是，莫薇也是如此看待理論（如精神分析）；進入不了理論的狀況，幾個精神分析的概念便被她混淆[6]。九〇年代帕蘊・雅當絲（Parveen

---

[4] 意即有的學科空有領域（field），沒有客體，便和積極確立客體為何的學科有所落差，詳賈克・拉岡（Jacques Lacan）的評述（1964: 15/10）（本文以下所引佛洛依德 [Sigmund Freud] 和拉岡著作將各提供兩個頁碼，前者指德文或法文原作，斜線後為英譯。中譯概出筆者手筆）。

[5] 傅柯對「壓抑假說論」（the repressive hypothesis）的定義可詳他的《性史：導論》（*The History of Sexuality: An Introduction*）（3-13）。

[6] 批評莫薇精神分析概念相關混淆的學者至少有兩位以上，有的人直接點名（Samuels 111），有的不點名（Copjec, "The Orthopsychic Subject" 17）。莫薇理論其他不足之處亦詳Bryson (6-12)。

Adams）便很低調地做了同情閱讀，針對當年莫薇要解決而未能解
決的問題重新做出解決[7]。雅當絲嫻熟的理論操作，呈現的是女性
主義電影理論在二十年間巨大的躍進[8]，表示學門如今累積了足夠
的理論準備，可以處置過去未能妥善處理的問題（如莫薇當年提
問：作為觀影者的主體是什麼意思？），進而開拓過去不曾出現的
課題，如電影研究者的主體（相對於觀影主體）應該如何妥善建立
（周蕾的〈幻影學門〉），電影如何成為國家神話生產與再生產的條
件（墨美姬的〈白色驚恐（或《瘋狂麥斯》）及壯麗美學〉["White
Panic, or Mad Max and the Sublime"]），以及觀影經驗又可能具備哪
些本體論（ontology）的面向（絲爾薇曼的〈銀河〉["The Milky
Way"]）。這些提問所以可能，出在電影理論發展的成熟所致；提問
使得「電影」的定義一再翻新，促成「電影」的概念產生斷裂。

　　本書所收三位作者的論述，雖然不能涵蓋電影研究所有面向，
卻極富指標意義，指出電影研究此刻正進行著哪些斷裂。在本書可
從兩個未曾問過卻又互有辯證的問題觀察。第一個問題牽涉理論的
地位，它質疑理論是否已有智能過度開發之虞，開始在電影和文本
的研究裡喧賓奪主。周蕾〈理論的抗拒〉["The Resistance of Theory;
or, the Worth of Agony", 2003] 便在表達這個立場，墨美姬〈文化研
究，批判理論以及類型的問題——動作電影中的歷史〉（"History in

---

7 雅當絲〈爸爸，您沒看見我在拍電影嗎？〉（"Father, Can't You See I'm Filming?"）一
文雖然沒提莫薇名字，可是只要熟悉電影理論就知道雅當絲撰文目的在為莫薇開解，
釐清何以觀影快感（pleasure）不宜跟窺伺狂樂（jouissance）互作混淆（Adams 91）。

8 賈克琳・蘿絲（Jacqueline Rose）可能是當年唯一一位已經完成這項「躍進」的理
論家。早在七〇年代她對精神分析的掌握便比眾多學者及時、內行而又貼切，如
〈想像界〉（"The Imaginary", 1975）及〈妄想症與電影系統〉（"Paranoia and the Film
System", 1976）諸文皆是。只是今天談起女性主義電影理論，大家普遍只提莫薇，
不知蘿絲的貢獻。

Action-Adventure, Cultural Studies, Critical Theory, and the Question of Genre")更直截了當，直言她對純理論的討論沒有興趣，因為理論常有陷入自言自語的危機。兩人立場，跟絲爾薇曼〈銀河〉從電影理論走進哲學冥思的操作產生強烈對比。我之認為這種對理論的質疑為過去所無，因為須以成熟的電影理論在場作為提問條件。周蕾和墨美姬兩人跟絲爾薇曼同樣對後結構理論掌握嫻熟，彼此致力於電影理論的翻新有段時日，如今突對電影理論發難，未嘗不能當作一個「理論」事件看待。若所求者為某種斷裂，則她們對理論的批判，便必須和經驗實證論者對理論的鄙視有所區隔。

第二個問題：電影研究被理論徹底穿透之後，怎麼面對一些歷來被理論忽視的面向和現象？亦即理論可否反過來被電影研究穿透，讓電影研究者跨越理論的極限和局限？這些可能被理論忽視和覆蓋的面向，在周蕾是「日常生活」（詳〈多愁善感的回歸──張藝謀與王家衛近期電影中的「日常生活」手法〉["Sentimental Returns: On the Uses of the Everyday in the Recent Films of Zhang Yimou and Wong Kar-wai"]），在墨美姬則是類型電影（如動作影片）的社會關係，而這層關係又非學院和影像文本之間關係的複製，因不被後者所察，故不被後者取代。換個說法，周蕾和墨美姬面對理論所以感覺疏離，除了因為理論發源於歐陸北美，生發和運作有其獨屬的歷史時空之外，也因為兩人發現自己正好處在某種獨特的「日常生活」和社會關係之中。周蕾的例子是中國電影的文化語境，在墨美姬則是白澳又西方又邊陲的縫隙。這些文化場景因為不在既有理論的計算之中，也就意外成為她們主體的內容，使她們可以從容地從主體經驗出發，質疑理論的限制，挑戰它既有的主導態勢。

於是當理論被懷疑，等於電影研究者的社會關係一同受到質疑：何以從事研究時，她們「日常生活」的面向不見了？當她們的社會關係被理論緊緊覆蓋，難道沒有看出某種「斷裂」的必要？周

蕾和墨美姬早有察覺，然而實際該如何處置，恐怕又如馬克思在
〈路易‧波拿巴的霧月十八〉（"The Eighteenth Brumaire of Louis
Bonaparte"）所示，不能憑空行事，不是將理論隨性處決就可辦
到。反而現有情境（電影研究）的牽制需要正視，包括其論述工具
（電影理論）所帶來的牽制[9]。這時情境要能改變，工具便得進行革
命，這是歷史推進的不二法門：在電影研究，等於指出要讓「斷裂」
發生，論述的生產工具必須一併改造[10]。於是「社會關係」的自
覺，表面看來非關理論，實際上還是一個理論問題，因為出自論述
工具的自覺——是個主體不具備精準的工具回應歷史情境而發生的
問題，出在主體不察覺自己的「社會關係」為何而引發的危機意
識。這時欲知主體的「社會關係」，有關主體的認識便得先行「斷
裂」。周蕾和墨美姬（連同絲爾薇曼）隱然看出，電影研究未來興
衰起落，很大部分取決於這個主體問題把握的成敗。論述重心現在
從客體移到主體，印證了學門蛻變的痕跡，多少理論準備就為著這
一刻到來。有意思的是，既有理論反而成為障礙，有如一塊要被搬

---

9 馬克思：「人們自己創造自己的歷史，但是他們並不是隨心所欲地創造，並不是
在他們自己選定的條件下創造，而是在直接碰到的、既定的、從過去繼承下來的
條件下創造。一切已死的先輩們的傳統，像夢魘一樣糾纏著活人的頭腦」（〈路
易‧波拿巴的霧月十八〉，1: 585）。

10 這是非常古典的辯證思維，典出馬克思和恩格斯（Friedrich Engels）的《德意志意
識形態》（The German Ideology, 1845）：「歷史不外是各個世代的依次交替。每一
代都利用以前各代遺留下來的材料、資金和生產力；由於這個緣故，每一代一方
面在完全改變了的環境下繼續從事所繼承的活動，另一方面又通過完全改變了的
活動來變更舊的環境」（1: 88）。其實熟悉電影理論便知，班雅明名篇〈機械複製
時代的藝術作品〉（"The Work of Art in the Age of Mechanical Reproduction", 1936）便
是按著這種史觀寫作，辯證地看待藝術生產工具跟既有政經環境之間的矛盾與磨
合。尤詳班雅明篇首所引保羅‧瓦萊里（Paul Valéry）所論藝術觀念流變的段落，
目的便是點出班氏全篇所倚重之辯證史觀（Benjamin 251）。

開的石頭。

二、電影作為「不可譯性」的抗拒

　　周蕾〈幻影學門〉正是透過電影理論一個世紀以來研究客體的流變，指出今天電影研究由主體所造成的一些流弊，尤其是學門內部所充斥的各種政治訴求，各個以膚色、性別、性向劃分的團體（主體位置），爭相要求自己的身分被電影（研究客體）忠實再現。可是早年蘇維埃和法蘭西的批評家們所觀注的並非這麼回事。他們大半從事電影創作，下筆不忘思考電影語言的特質如何永續開發。連同瓦爾特・班雅明（Walter Benjamin）和錫格弗理特・克拉考爾（Siegfried Kracauer）在內的德國理論家，無論所談課題為何（如政治批判），從不忽視電影本身的媒材特性。一九五〇年代法國安德烈・巴贊（André Bazin）的批評典範結束之後，電影理論的走向開始唯理唯心。雖說女性主義趁機接收一些犀利的理論工具（符號學、精神分析），危機卻也相繼浮現。轉捩點在莫薇宏文〈視覺快感和敘事電影〉。周蕾並未否定此篇的歷史地位，問題是全篇從「壓抑假說」出發，視影像為壓抑機制，把電影看作敵人，以及不可信賴的對象。結果大量的論述因為壓抑假說的緣故自我複製，人人只談認同政治，有志一同地仇視電影的媒材特質。女性主義進退失據之處，在於攻擊視覺拜物的同時（攻擊古典好萊塢電影如何把女性變成拜物對象），又對所謂正確的女性形象（或特定族群的公共形象）做拜物式閱讀。如此這般，周蕾認為電影研究只有淪為幻影學門。所以她建議電影研究，無論出發點是女性主義還是其他類似的政治認同，必須回到影像和媒材；這媒材有自己的機制和經濟法則，在全球資本主義的運作之下，其種種可能性（大眾化、商品化）並不受人們的意志支配，這才是電影研究該要留意之處。簡而

言之，周蕾是刻意回到電影研究早年的研究客體（電影語言的特性），回頭質疑當今電影研究者的主體認識出了什麼問題。主體認識出岔，深深威脅電影研究對其客體的建構和把握。

〈理論的抗拒〉採用相同策略，處理的卻是不同「媒材」：後結構理論所使用和認知的語言。雖說題目效法保羅‧德曼（Paul de Man）〈對理論的抗拒〉（"The Resistance to Theory", 1982），周蕾卻有不同關注，審視目前兩種彼此抗衡的理論立場：一種來自眾多「反理論道德家」，他們以為後結構諸子天馬行空、不能書文，是群不折不扣的人民公敵[11]；另一種源自「後結構主義批評思維」，最大特色是對語言字面意義的不信任，激烈地反對工具性語言，是為周蕾所稱「（後結構）理論（對工具性語言）的抗拒」。周蕾則藉羅蘭‧巴特（Roland Barthes）的神話學研究提出第三種態度，認為以上兩種都是神話：反理論者以為，人被語言中介之前的狀態可以返回，這是神話；後結構理論刻意以艱深、晦澀的語言展示一個反抗姿態，以為詩一般的語言就不會被神話整併，這仍然是神話。周蕾此處雖然未提傅柯的「壓抑假說論」，對她而言「（後結構）理論（對工具性語言）的抗拒」就是這種假設，後果之一就是類似的反抗論述大量繁衍，使得後結構所信守的神話持續擴散。在全球資本主義的交換體系之下，這種神話成為另一種價值；後結構主義語言的不透明性運作有如能指（signifiers），適合被這種體系炒作。誰如能指般擁有交換價值，誰就收刮這個體系的邊際效益。

周蕾一直到文章最後才論及研究主體，認為不少學者是這種交換體系的共犯，有意無意間協助散播後結構所信守的神話。和〈幻影學門〉的假設一樣，在文學理論的場域，只要研究主體的判斷力

---

11 近例可舉黛菲妮‧帕泰（Daphne Patai）和威爾‧H‧科萊爾（Will H. Corral）合編的論著《理論的帝國：異議集論》（*Theory's Empire: An Anthology of Dissent*, 2005）。

不足，「壓抑假說論」就四處橫行，進而拖垮學門。如果我們能夠同意問題出在主體，尤其出在知識準備不足的學者身上，則學門內部出現周蕾所羅列的一些狀況，就不盡然可以歸咎到客體（無論客體指的是電影還是理論）。首先後結構主義是否晦澀難解，恐怕要看是對誰，跟詩的情況一樣必須因人而異，有時讀來困難，可能又和知識條件的不足有關，這時主體的問題就成為歷史問題[12]。其次，如果詩可被神話僭用、偷取、轉嫁，把詩對工具語言的抗拒（如有的話）變成神話，那只說明神話是什麼，並未解釋詩是什麼，否則詩存在的理由（如同後結構理論的理由），將被誤會只有「壓抑假說論」。第三，巴特概念中的神話看似法力無邊、無遠弗屆，並不意味他就同意「自古以來世界只有神話，別無他物」。這是個沒有用處的命題，因為它假設神話沒有極限；沒有極限便無從討論神話運作的條件[13]。反之若要討論這些條件，便得假設有些事物並非神話，功能也非製造神話，詩和後結構理論正是例子。所以當巴特認為未被神話穿透的語言空間存在時、一個神話的極限是可能時，他並非製造神話（雖然不排除這個零神話的空間可被神話占據，但那是後話）。揆諸後結構諸子，沒有一位相信神話不能克服（阿圖塞對付的神話是意識形態，拉岡對付的是笛卡兒（René Descartes）主體），他們占據的理論位置正是神話的邊界，一個可以觀測神話運作的位置[14]。基於神話的運作古怪刁鑽，後結構諸子的觀測紀錄讀

---

[12] 例如，余英時就引賀麟的話說，王國維當年閱讀康德（Immanuel Kant）第一批判，屢攻不克，「不是因為他缺乏哲學的器識，『而是由于中國當時的思想界尚未成熟到可以接受康德的學說』（余英時 57）。

[13] 這點至少可以追溯到康德。例如，他在第一批判裡便處處為他的理性概念設限（如 Kant A786/B814），否則理性也會淪為沒用的概念，成為無法操作的客體。

[14] 從理論系譜的角度而言，二戰以後法國理論家慣用的「神話」概念，其實普遍受到克勞岱・李維史陀（Claude Lévi-Strauss）神話學研究的啟發，尤其他所謂神話背

來難免晦澀。他們的理論被後人當作神話閱讀和使用，自己也是受害者，出在後人人謀不臧，以致神話有機可趁。這種情形下非難後結構理論，恐怕在為神話幫腔；在學門內部的效應，變成主體出問題，罪名由客體頂替，使得神話運作的邏輯持續逍遙法外。

然而這並不意味我們和理論之間就不必保持批判距離。周蕾正是利用這個距離，在〈多愁善感的回歸〉裡討論張藝謀與王家衛電影所呈現的「日常生活」。「日常生活」繁瑣無緒，理論的抽象思維難以企及，在電影裡討論，便得回歸巴索里尼（P. P. Pasolini）所說電影作為一種「粗野」語言（"brute" speech）。周蕾此處的寫作策略近似〈幻影學門〉，透過電影媒材的「物質性」和「不可譯性」尋求論述的可能。文中她特別著重兩種「不可譯性」的交互作用：一邊是「日常生活」，一邊是作為「粗野」語言的電影；她不只討論「日常生活」如何在電影中再現，還格外留意影視器材（the cinematic apparatus）的介入如何在再現過程中留下運作的軌跡。在張藝謀和王家衛身上，這個交互作用的效果完全兩樣：前者「日常性」散發著寓言式的集體氣息，後者則透出主觀情緒所籠罩的哀愁，兩者共通之處都在懷舊。對於周蕾，此處具現的也是兩種中國性。問題是當它們同時具現為影像之後，就開始不由自主，快速地在全球經濟體系裡交換、流動。中國電影中「日常生活」的「不可譯性」，似乎埋伏了這種無可迴避的結局。該怎麼看待，迎拒之

後「野性的思維」（la pensée sauvage; the savage mind）。詹明信（Fredric Jameson）論道，正因李氏認為所有「文化成品」（cultural artifacts）都有「野性的思維」貫穿，都是某種用以解決「政治與社會真實矛盾」的「象徵解決方案」（「真實」、「象徵」均為拉岡語彙），則所有當代「文化成品」也就兼具神話的功能，成為詹氏所稱之「政治寓言」（political allegory）（Jameson, *Political* 80）。由此觀之，從李維史陀到詹明信一代的理論努力其實一脈相承，都在致力於一個對於神話功能的「克服」（Aufhebung）。

間，周蕾留下模稜的伏筆。

有意思是，從〈幻影學門〉、〈理論的抗拒〉到〈多愁善感的回歸〉，如張小虹發現，文章結局高度類似，同樣停在（或卡在）全球資本流動的事實，深知流動之害，卻也震懾於它的效率和效應。因為流動無可抗拒，除非不願面對，它多少形成理論和思考的障礙。似乎這種資本流動的事實（我們所無法迴避的「日常生活」），也有其「不可譯性」。周蕾《原初的激情》（*Primitive Passions*, 1995）書末本來還認為，這種全球資本流動的現象或許就是中國電影的機會（198-202/288-93）[15]，此處三篇論述開始顯得不再那麼確定。《原初的激情》援引巴特所借用的馬克思、恩格斯觀點，認為意識形態常無縱深，表層（surfaces）自身往往便是自足的意識形態（*PP* 163-64/239-40, 236n60/257n60），如法西斯主義光滑的形象、影像就是（Chow, "Fascist Longings" 23）。周蕾這個意識形態定義，或與斯拉維・紀傑克（Slavoj Žižek）更有淵源，尤其他的《意識形態的崇高客體》（*The Sublime Object of Ideology*, 1989）一書的命題（*PP* 76/122-23, 223n30/130n30），然而又因為周蕾只求把握作為「表層」的意識形態，而非「壯麗」一類兼具縱深的「基進他者」（the radical other），她所謂的「不可譯性」仍舊保有能指的媒材特性，一方面以「抗拒」之姿抵抗系統言說，一方面又為自己（作為能指）埋下可被交換的伏筆，由此形成三篇論文一個懸而未決的結局。

或許周蕾所倚重之德曼論文〈對理論的抗拒〉，可以提供一絲開解線索。同樣在開發文本的「抗拒」命題，把作為理論的系統言說視為要被「抗拒」的對象，德曼倒是細緻區分了前後兩個「抗拒」的階段。第一階段和周蕾的出發點相似，是站在後結構主義文學理論的立場，批評北美學院普遍可見對於文學理論的「抗拒」（de

---

15 以下此書將以縮寫 *PP* 代表，英文原書與中文譯本的頁碼則以斜線分隔。

Man　5）。只是德曼認為這種非理性「抗拒」也是對文學閱讀的抗
拒；又因為傳統上「邏輯學」和「文法學」（俱屬系統言說），同樣
抗拒過系統言說性格薄弱、但閱讀實踐強烈的「修辭學」，是以德
曼認為「修辭」在面對「邏輯」和「文法」時所維持的乃是一個否
定（negative）關係，彼此有所扦格（de Man 17）。對於德曼，今天
這份「修辭學」的志業已由後結構主義文學理論繼承，一併還繼承
其閱讀實踐：誰去「抗拒」這群理論，誰便「抗拒」文學及其閱
讀。如果這種現代版「修辭學」有意建立的是個閱讀模型，則第二
階段的「抗拒」便接踵發生：理由是文學作品在根本上並不提供吾
人認識「語言性整體」（linguistic entities）的條件，這就是「抗拒」，
立即便終結了相關模型的建立（de Man 19）。換言之，文學理論是
種（自我）解構的操作，是個「終結所有模型」的「理論模型與辯
證模型」，即它「是理論同時又不是理論，是個有關理論不可能成
立的廣義理論」（de Man 17）。唯一可以成立的是閱讀、作為閱讀
對象的文學，以及在此閱讀實踐之下發生的（被置入引號的）「理
論」及其抗拒。意即文學如果可以定義，它就是「理論」兼「對理
論的抗拒」，是個「對理論的抗拒」的「理論」[16]。

　　這種「抗拒」因為蘊含閱讀這種辯證實踐，遂有其生產性格。
這時文本的「不可譯性」便不再是靜態的、不具生產能力的「表
層」。意即周蕾所提「日常生活」和「粗野」語言，作為「不可譯
性」，只有放在德曼的「閱讀」範疇才能真正呈現它們「抗拒」的
意義，才能轉為生產機能，變成一套（非系統化的）「理論」（以及
對理論的「抗拒」），具備德曼所稱修辭的面向。〈多愁善感的回歸〉

---

[16] 喬納森‧卡勒（Jonathan Culler）晚近所撰〈理論之中的文學性〉（"The Literary in
　　Theory", 2000）雖然未提德曼，卻有相同論證，這種巧合在在印證了德曼當年的灼
　　見。

把「不可譯性」當作這種「理論」開發，是個電影理論很具前瞻觀點的操作。這時倒是無須假設交換價值就是「不可譯性」的必然結局，因為那是「壓抑假說」，假設了文本和影像的發生只是帶著被市場交換的目的，並假設商品化機制的適用範圍沒有極限。問題在於這兩個假設就算成立，跟前面討論神話的情形類似，它們只交代了商品是什麼，並未說明何謂「不可譯性」。再說，商品的發生講究歷史條件，「不可譯性」要成為商品供人販賣，以及「閱讀」要跟著異化為「消費」，必須有著更為嚴苛的條件在場（Kopytoff 70），否則我們又得假設市場毫無門檻，市場的概念不必設限，又使市場成為無從操作的概念。其實周蕾提到市場，真正價值在於敦促吾人思考這系列的問題：「不可譯性」可被交換的條件為何？怎樣的時機之下它會異化？異化前後「不可譯性」又有哪些尚不為人知的社會關係？如此一問等於承認，「不可譯性」作為能指的媒材特性，並不足以成為「不可譯性」淪為消費對象的唯一條件；這個條件不存在於「不可譯性」自身，而在它的社會關係。電影有些什麼社會關係，正是以下墨美姬的論述得以大力開展的理由。

三、電影作為「無法再現」的辯證

如果周蕾「日常生活」的「不可譯性」指涉了她的電影中國，在墨美姬則是她出生和成長的澳大利亞。〈白色驚恐（或《瘋狂麥斯》）及壯麗美學〉處理的是個隸屬澳洲經驗的「不可譯性」。更重要是，這經驗左右了她論述策略的取捨，使國家（澳洲）成為電影研究主體（墨美姬）的論述原鄉，使個別電影作品（《瘋狂麥斯》[*Mad Max*]）作為某種「原初文本」（ur-text），成為她的理論起源。本書所收她另外兩篇動作片的討論都從〈白色驚恐〉繁衍而出，雖然未必牽涉澳洲，電影和國家的關係如何糾結，完全可以追溯到她

（作為研究主體）和她論述原鄉（客體）的關係。

　　這層關係如果只用最簡單的辭彙描述，就是「白色驚恐」（white panic）。這種驚恐表現在電影之中（如《瘋狂麥斯》）便是「壯麗美學」（the sublime）。墨美姬於是認為，有關國家的誕生，澳洲學界政界的觀察恐怕遠遠不及他們的電影導演。只有電影知道，這種驚恐在歷史上起源於「白人移民神話」，是白人被遺棄在澳洲這座大島上「內在的『空無』無限蔓延」的結果。雖然墨美姬未提，整個澳洲的存在就是對魯賓遜（Robinson）的嘲諷；澳洲作為一部電影，毋寧是《魯賓遜漂流記》（*Robinson Crusoe*）的戲謔版。在《瘋狂麥斯》，這種立國精神透過主體的經驗把握，驚恐在外界寧靜的背後對她操縱，在她徹底孤絕之餘以異物之姿入侵。一靜一動之間，主體於是就地瓦解。

　　這個論見與拉岡的主張若合符節。紀傑克《意識形態的崇高客體》一書即藉拉岡分裂主體的命題，處理了這種驚恐現象：一方面主體隱約察覺某種壯麗客體在起作用，向她警示她身分的祕密；一方面作為主體她又覺自立自足，不知自己身分其實遭受他者（壯麗客體）的操縱。既然不知，她身為澳洲人的定義便有所闕漏；闕漏要能回填，便得召喚這個凶險的客體。如此兩難使得主體分裂：她既不能瓦解（真瓦解了，身分與主體同歸於盡），又不能不瓦解（為實現她澳洲身分，被「白色驚恐」吞噬是其條件）。問題終於在她走進電影院，墜入《瘋狂麥斯》的惡夢之後引爆。所以墨美姬說，《瘋狂麥斯》讓她「嚇得逃離電影院」，因為銀幕上每一幕似乎都被她經歷過，是她自己揮之不去的一部分，是她主體內部無法拆卸下來的爆炸裝置。

　　墨美姬並未使用拉岡語彙，卻對他分裂主體的辯證概念掌握精準[17]，顯見這種身分與（分裂）主體對立的情形有其普遍性，只要條件齊備、推理方法正確，同樣可見國家和電影文本在這種主體結

構裡交戰磨合。條件指《瘋狂麥斯》這類電影的湧現（墨美姬舉了不只一個例子），方法是不談「再現」，尤其不談某部影片如何「再現」某種身分（正是周蕾〈幻影學門〉所要批判），而思考何謂「無法再現」（unrepresentable），以及作為客體，「無法再現」又如何操控著主體的身分，使她籠罩在不知自己是誰的驚恐之中。對於「無法再現」（有別於周蕾的「不可譯性」），墨美姬一如紀傑克等人（她未提紀傑克）以「壯麗」一詞命名（如果可以命名）（Žižek　206）[18]。在電影研究的效應，則從此談論國家的身分認同，再也不能忽視這種無法再現的「壯麗」客體如何運作。更確切說，神話意味濃烈的「國家寓言」，功能本在抵禦這種客體的入侵，現在已經失去作用，揭示國家的身分認同原來是某種「野性思維」操作的結果[19]。正因主體（包括電影導演）受制於相同操控，他們所作論述（電影作品）自然便是相關操控的效應。若說身分認同一類有關國家的問題必須

---

17 例如在「內／外：恐懼敘事」一節，她寫道：「任何一種對歷史素材的修訂都會產生一些殘餘，我們通常把它看成異物或不相容的東西，但它也可以是一種『回返』之物，不同版本的故事都把它排拒在外，益發顯示這些故事版本的相似性。」如果將「歷史素材的修訂」改為「主體的建構」，則所謂「殘餘」便是拉岡體系中時刻「回返」的「小對體」（object a），尤詳拉岡〈精神分析的四個基本概念〉（"The Four Fundamental Concepts of Psycho-analysis", 1964）闡述「無意識」和「重複」兩個概念的相關篇章。另外，在「『樹林的恐怖』，或母性的危險」一節，墨美姬提及童年時第一次感受到「樹林的恐怖」，原來「只是羊或袋鼠從樹後偷窺我們」。這點觀察，可參較拉岡同書借著沙特（Jean-Paul Sartre）的例子討論藏身樹叢背後的「凝視」篇章（Lacan, 1964: 79-80/84）。墨美姬論點可以和拉岡做平行閱讀，理由是她非常堅持主體的出現須和他者發生辯證關係——而且通常是和一個令人「驚恐」的他者。

18 亦詳拉岡本人藉由康德所做提示（Lacan, 1964: 98/106）。

19 詹明信所提「國家寓言」（national allegory）的命題（Jameson, "Third-World" 69），典出他藉李維史陀神話學研究中「野性的思維」所發展出來的「政治寓言」（political allegory）一說（Jameson, *Political* 80），詳註14。

落實到主體的層面解決，等於也須落實到電影的層面。國家、身分、主體、電影、歷史、無法再現：至此墨美姬完成它們的概念串接，展示它們如何糾結，缺了一個環節其他概念的討論就不能完整。或許這是極其有用的線索，指出周蕾〈幻影學門〉文末所示研究主體的危機可以如何解決。

墨美姬雖然不斷表態說理論不是她的興趣，可是在實際解決問題的過程中，她其實發展了一套細緻的理論。〈文化研究，批判理論以及類型的問題〉把重心放在「動作電影中的歷史」這個環節，所牽涉理論的文脈更是錯綜複雜，需做的理論抉擇更形關鍵。她的做法是避開這類文脈的糾纏（甚至她還揶揄理論在處理「在地細節」時的無能），轉將注意力放在動作電影的「社會關係」。這是墨美姬從盧卡奇（Georg Lukács）繼承過來的馬克思主義，使電影文本透過這層關係和歷史掛勾。她同時倚重的另一個概念是「類型」（genre），並翻照古典修辭學的定義，把類型視為「一種說話的方式」。類型有說話對象，由此衍生說話關係。傳統電影研究多半忽視這層關係，以致學院對電影的認知與閱聽大眾（所謂的路人甲乙）產生距離，不知電影的社會關係為何物（留意前述德曼論文〈對理論的抗拒〉，亦藉修辭學對閱讀的執著，指出重要的是主體與文本的關係而非文本自身，從而推出一個抵抗系統言說的策略，墨美姬顯然在遙相呼應）。於是她不從類型電影所謂的內在本質著手，而從「動作片（如何）達致公眾效益的修辭策略」操作，視動作片為「一種說話的方式」。這是社會關係的討論，於是不能迴避動作片如何被生產、流通，以及被接受的諸般問題[20]。類型電影凡此種種馬

20 把「社會關係」考慮在內的類型電影研究其實常見，如歌舞片（musical）研究便是（Altman 301）。墨美姬特殊之處在於她雄厚的理論基礎，尤其是她對盧卡奇的掌握。

克思主義的面向，如今被墨美姬視為動作片的「內在本質」處理。
換個說法，當年盧氏在他名篇〈敘述還是描述？〉（"Narrate or
Describe?"）一文區分兩種小說寫作的方式，一是「敘述」（如巴爾
札克 [Honoré de Balzac] 和托爾斯泰 [Leo Tolstoy]），能夠掌握社會關
係的全貌，另一種「描述」則不能（如福婁拜 [Gustave Flaubert] 和
左拉 [Émile Zola]），墨美姬如今服膺的正是「敘述」策略，無論從
創作到閱讀種種的「社會關係」，都被她當作電影的「本質」問題
處置。

　　第三篇論文〈動作片中的跨國想像——香港和全球流行文化的
製造〉（"Transnational Imagination in Action Cinema: Hong Kong and
the Making of a Global Popular Culture"）實為第二篇續稿，為著完成
這道「敘述」佐以大量例子。重心既在香港電影的生產和流通，墨
美姬趁勢提出她的「歷史命題」（historical proposition）：「在當今
流行於全球各地的動作片中，香港扮演著一個構成的（formative）
而非邊緣的角色。」意即好萊塢再也不能壟斷動作片的定義，反而
非討論香港不可，要解決的問題成為應該怎樣解釋「西方脈絡對香
港動作電影之類型借鑑」（the generic uptake of Hong Kong action
cinema in Western contexts），其中 uptake（借鑑、吸收、取用）是她
的關鍵用詞。這牽涉另一個更大的問題：跨國電影現象要如何當作
一個歷史現象被討論？墨美姬的辦法是站在香港電影工業的角度看
待全球電影生產，並佐以鍥而不捨、系譜學式的爬梳歸檔，終於整
理出動作電影的兩種大小模式，或曰主流、次流模式。他們也指出
兩種階級的電影生產方式和接受方式，階級並從嚴按著馬克思的政
治經濟學定義。墨美姬說得斬釘截鐵：「動作片意識到階級」的存
在，並說「在動作片中階級占有很重要的地位」（Class *matters* in
action films）。動作片在電影生產上的階級區分，可從該文附表看出
梗概。至於動作片的效應，墨美姬認為大模式者較像「動作喜劇」

（action-comedy），小模式的英雄人物則普遍「缺乏幽默感」。墨美姬雖然未提，這現象在電影史上卻早有先例。三〇年代好萊塢便把電影分為A、B兩級，前者從製片到放映依照大聯盟待遇，後者屬於後段班的小成本製作，人物、主題多呈黑暗、森冷、絕望，不少震撼後世的黑色電影（film noir）皆出身此級製作[21]。只是墨美姬此處談法擴及跨國電影生產的脈絡，並從階級角度去把握這種生產方式的歷史意義，比傳統對好萊塢工業A、B片的討論更具全球視野。

　　綜覽墨美姬三篇論述，有如三個同心圓：〈白色驚恐〉是起點，是個發源於一個國境內的電影論述，讓主體、認同、歷史透過電影論述在同個國境內掛勾。次篇〈文化研究，批判理論以及類型的問題〉藉著首篇對動作片的討論，追問動作片作為類型電影的歷史意義，而社會關係是定義這意義的關鍵概念，討論並且沒有局限在單一國境。第三篇〈動作片中的跨國想像〉做出跨國嘗試，藉著香港電影對好萊塢的反攻，扭轉當今以美國學界主導的電影研究對動作片的既有看法。其中階級的分野製造了兩種氣質完全相反的動作片，跨國研究成為全球化下的跨階級研究。是否這也隱然暗示，電影研究也有兩種？電影研究學者如果看不見這種已是他們「日常生活」的跨國階級，又何德何能討論歷史？這個主體的問題雖未被挑明，卻可從墨美姬文意裡推出一二。

四、電影作為「世界觀看者」的幻影

　　三位學者之中，絲爾薇曼的〈銀河〉最是專注處理主體的問題，然而又因為集中評析視覺符號體系的本體論地位，僅在精神分

---

21 可詳阿爾特・里昂斯（Arthur Lyons）的專書《死得很賤：論失落的黑色電影B級片》（*Death on the Cheap: The Lost B Movies of Film Noir*, 2000）。

析（拉岡）和哲學（海德格 [Martin Heidegger]）之間往返，一時又跟日常生活與大眾文化的歷史面向相距最遠。雖此，〈銀河〉與周蕾、墨美姬本書各篇不盡無關，彼此交集就在觀影主體。如果理解三人出身同個女性主義電影理論，相同典範又對主體課題至為關注，則她們如何看待彼此的主體理論，便賦予〈銀河〉歷史的意義。

　　〈銀河〉選自絲爾薇曼《世界觀看者》（*World Spectators*, 2000）書中一章[22]。在她所有著作中，這是最為奇特的一部：全書沒有特別討論一部電影作品，立論方向要做電影理論的歸類並有困難。大致上，此書嘗試立足電影理論所認識的精神分析，爬梳西方哲學有史以來，從柏拉圖（Plato）到梅洛─龐蒂（Maurice Merleau-Ponty）種種有關視覺功能的思考。〈銀河〉一章題目，指心靈（psyche）之中所鋪設著的網狀聯想路徑，她說：「每一個主體『開關路徑』（Bahnung)的痕跡有時會像是情感的銀河，橫越過去時光的星空。」比喻美則美矣，卻未成功點題。其實絲爾薇曼有意針對佛洛依德不同時期幾個符號概念，如「文字表象」（word-presentation）、「事物表象」（thing-presentation）和「意念代表」（Vorstellungsrepräsentanz, ideational representative），提出自己一個「知覺能指的理論」（a theory of the perceptual signifier）。理論在於指出，主體的起源並不如拉岡等人所稱，出在「語言能指」（linguistic signifiers）的運作（包括佛洛依德所說無意識的出現，起因於作為這種能指的「意念代表」成為「原初抑制」[primal repression] 的對象），而是出在絲爾薇曼所認知的「知覺能指」之運作（詳「無法再現的再現物」一節）。對她而言，此處有關主體起源的理論修正，一來可使拉岡視「陽具」

---

22 以下僅以 *WS* 縮寫標示。自本書所引文字，除非出自〈銀河〉一章，皆為筆者中譯。

（phallus）和主體的「存有」（being）等同的看法退位、變得毫無意義（「陽具」作為主要能指 [master signifier] 和父性暗喻 [paternal metaphor]），二來可藉著「知覺能指」的命題，指出所被「知覺」者是母親的形象，正是這個形象（作為母性暗喻[maternal metaphor]）成為「原初抑制」的對象，促成主體的發生。意即母親才是主體發生最為初始的條件，藏身語言符號體系的父親功能只排第二。

　　這個看法絲爾薇曼並非首次提出，早在她 1992 年的論文〈拉岡陽具論〉（"The Lacanian Phallus"）她有更為條理清晰的說明（113），讀者不妨比較閱讀。由此觀之，〈銀河〉讀來無論多麼千迴百轉，不外透過對拉岡的批判，建立一個以母親功能為條件的女性主義主體理論。理論建立過程中她還嘗試證明，陽具論的解釋效力不足拉岡心裡有數。當然如此和他分道揚鑣，意味絲爾薇曼的主體理論開始往哲學的傳統傾斜。例如，在她心目中，這個以「視覺能指」為生發條件並由視覺經驗最先構成的主體，是個海德格所認識的「世界觀看者」，個性習性一概沿襲笛卡兒（WS 93），不再是個拉岡主體。當她同時還致力促成「一個非伊底帕斯甚或是反伊底帕斯的精神分析」（WS 40），與拉岡分手已無可避免，雖然她堅決認為，他的理論埋設了她以上論點的因子，備妥了拉岡跟自己決裂的條件。

　　從拉岡學派角度審視，絲爾薇曼的論見恐怕問題重重，然而此非重點。重點在於她對拉岡理論的檢閱有所疏漏，反而折損她的批判效力。這些疏漏有必要檢驗一遍，從而牽涉幾個未必和拉岡有關的問題：絲爾薇曼對拉岡理論是否確實掌握（拉岡正確與否暫不考慮）？更確切說，她在評斷拉岡的論點時（如陽具論），是否也掌握了他所有相關事證（暫亦不問論點本身能否成立）？更重要是，必要的學理準備是否在場，諸如瞭解哲學和精神分析彼此分際（Shepherdson　119, 150n15），以供回答前述兩個問題？這些問題不

在於為拉岡辯護，而在於確定開庭審訊之前，拉岡被公允審判的條件已經齊備。

先從第三個問題開始，因為它最根本，牽一髮而動全身。絲爾薇曼確實留意哲學和精神分析有所不同，可是處理彼此分際的辦法卻令人錯愕。她如此寫道：

> 是誰或者會是什麼「授權」我用（本書）這種方式，將兩類不同語彙相混？答案當然是沒有誰，沒有任何事物。（……）我的論述跟慾望本身一樣沒有緣由（groundless）。（……）其他人必能掌握理解我所不能掌握的：這些許多他人的視野，正是我視野所要致力隔絕的。（WS 27）

相形之下，精神分析的處置便不敢如此造次。佛洛依德當年就很謹慎劃出一道界限，認為精神分析並無法產生什麼世界觀（Weltanschauung），同時也沒必要；拉岡說得更斬釘截鐵：「精神分析既非世界觀，也不是能夠解開宇宙人生奧祕的哲學」，兩人都分別提出論證（Freud, 1933a: 197/181; Lacan, 1964: 73/77）。至於哲學界看法，可舉兩個例子。保羅‧里克爾（Paul Ricoeur）在他專書《佛洛依德與哲學》（*Freud and Philosophy*, 1970）開卷便謹慎交代：「本書不是心理學著作，而是哲學論著」（xii），學科分際儼然恪守[23]。賈克‧德希達（Jacques Derrida）在他早年一篇論文〈佛洛依德和書寫場景〉（"Freud and the Scene of Writing", 1966），同樣開宗明義，說明解構論所本之哲學領域，跟精神分析必須確實區分（196），雖然這個區分未在德氏其他著作中落實。姑且不論這幾位

---

23 雖然如此，拉岡還是對里克爾大為不滿，並在公開場合指名道姓批評了他一頓（1964: 140-41/153-54）。

先生的說法是否可信，絲爾薇曼的「自由心證法」絕不會更好。更麻煩是，「自由心證法」並無助我們判斷他們是否正確，他們謹慎是否必要。「自由心證法」的回答必定是不知道，因為它本來就不在乎。我們錯愕，不是沒有理由。

第二個問題：在評斷、修正，甚至否定拉岡某一論點之前，絲爾薇曼是否確實掌握拉岡所有論點和事證？哪些證據是否被她遺漏？茲舉陽具論和「意念代表」兩個概念申論；先談陽具論。在〈銀河〉一章，絲爾薇曼相關討論，特別有關「存有等於陽具」一說，主要集中在拉岡兩個著作：一是 1958 年〈陽具的符號意義〉（"The Signification of the Phallus", 1958），一是 1964 年發表的第十一次講座〈精神分析的四個基本概念〉（詳〈銀河〉「無法再現的再現物」一節註腳）。問題是，兩部著作並未真正交代「存有等於陽具」這命題的由來；要追溯由來，必須落實到臨床證據（Hughes and Malone 11）。精神分析史上，閹割焦慮和陰莖嫉羨一類的「陽具中心」現象很早就在臨床發現，雖然分析師們還有解釋上的歧義（Leader 133）[24]。及至 1958 年，拉岡才在〈陽具的符號意義〉開場兩頁以內，以少見的大師手筆，簡要區分已解決和未解決的問題：已經解決的是閹割情結何以成為重要樞紐，形塑三大類疾病的結構（神經症、倒錯、精神病），同時構成兩性之間的性別認同；尚未充分釐清的是陽具在女性主體形成過程中的關鍵地位（Lacan, 1958b: 685-86/271-72）[25]。其實這些都是佛洛依德生前發現，拉岡在此重

---

[24] 「陽具中心」（phallocentric）一詞甚至已於二次大戰前在精神分析界流通（如 Jones 134），後來亦被拉岡本人沿用（如 1959: 554/188）。當年各分析師的討論大半收入羅素‧格里格（Russell Grigg）等人所編《女性性徵》（*Female Sexuality*, 1999）一書。

[25] 〈陽具的符號意義〉其實沒有處理這個問題，反而必須參看拉岡同年所寫〈女性性徵研討會議的指導談話〉（"Propos directifs pour un Congrès sur la sexualité féminine"）（1958a），英譯前言指出（1958a: 86）本文其實就是〈陽具的符號意義〉的姊妹篇。

述是要指出，佛氏未竟工作可從一個屢被忽視的關鍵概念接續：
「陽具母親」（phallic mother）。理由是「母親的閹割」（mother's castration）遭到主體發現（即「陽具母親」的失落），常是臨床上主體的病癥形成的主導力道；是以精神分析所認知的閹割意義，必須透過母親的閹割方能彰顯（Lacan 1958b: 686/272）。佛氏晚年論及女性性徵時，雖然提到「陽具母親」對女兒主體的形成何以至為重要，尚未推論如此之遠（1933a: 135/126, 139/130），最多只推及戀物癖（疾病）和同性戀（非疾病）在兒子主體發生的原由（1927e: 311-15/152-55）。〈陽具的符號意義〉企圖更大，有意將這層女性主體和陽具母親的關係，當作所有主體（透過陽具功能）和大寫他者之間所發生的辯證關係看待。

這個辯證更深的意涵便是拉岡知名的一句話：人的慾望（以及所欲之物）就是（或繼承自）大寫他者的慾望（或所欲之物）（1960: 814/300; 1964: 38/38）。〈陽具的符號意義〉說得更具體：「如果母親的慾望是陽具，小孩便想成為陽具，以期滿足她的慾望」（1958b: 693/278）。須要留意的是，能夠如此在主體和他者之間往返，只能是某種表意媒材，是為陽具的能指地位。文章未提的是，如此大膽論斷，其實有佛氏幾宗個案細密佐證，其中又數女同性戀一案最為重要（Freud, 1920a）。拉岡在他第四次講座《客體關係》（1956-1957）有過長篇討論，〈精神分析的四個基本概念〉略為一提，談及（而未解釋）這樁個案之中「存有等於陽具」的現象（1964: 38-39/38-39），然而不為絲爾薇曼留意。拉岡接著將個案所展示的存有命題，用以解釋《夢的解析》（*The Interpretation of Dreams*）「燻鮭魚晚餐」之夢女主角的「存有」（Freud 1900a: 152-56/146-51），闡明何以它也以「陽具」之身面對她大寫的他者（Lacan, 1961: 627/251）。「存有等於陽具」的命題從此定案，一概適用於所有主體[26]。拉岡並以相同理路，解決佛氏的朵拉（Dora）

個案（1905e）所呈現主體和認同的問題，從而將佛氏留下的殘局，諸如傳會（transference）出現的狀況，做出拉岡自己的解決（Lacan, 1952）。從此每每論及女同性戀一案，他常拿來跟朵拉相提並論（如 Lacan, 1956-1957: 111-47; 1964: 38-39/38-39; 1961: 639/262）[27]。

　　如此簡約轉述，並不足以呈現這幾樁個案厚重的內容，其間所交織的性與認同、愛，以及失落，涵概生命幾個重要歷程，都在拉岡綿密的理論重整之下，展現豐富的肌理。「存有等於陽具」的命題，意義因此不能只從字面推考；「陽具中心」現象既為臨床所見[28]，精神分析須有處置，附帶結果便是展現這些肌理，不在「鼓吹」什麼陽具中心論。絲爾薇曼本有機會循著這些個案傾力評價拉岡這個命題，可惜是她以為拉岡只為父權體制背書，從而採行望文生義的寫法。如此從輕發落，〈銀河〉變得沒有學理威脅，對話條件也就分崩離析。有意整頓拉岡，又沒先行整理他命題的來龍去脈，特別是「存有等於陽具」的臨床背景，這點已經自失立場。九〇年代拉岡學派門人所作的英語注疏大量出版（Hughes and Malone 2-3; Nobus 190），相關命題背景的重建並非難事，問題是絲爾薇曼所遺漏的文獻不只這些[29]。相形之下，拉岡〈陽具的符號意義〉篇

26　有關拉岡此處論證，已有簡明扼要的注疏（如Soler 257-61）。瑪雪兒‧瑪希妮（Marcelle Marini）也寫道：「讀者所常忽視的是拉岡對於［佛洛依德案例中］女同性戀的激賞，認為她是唯一女性，實現了作為主體所須經歷的真正歷程（雖說最終仍以失敗收場）」（81）。

27　就算不知拉岡，只要深入佛氏案例，就會發現這兩樁個案必須平行閱讀，如劉慧卿醫師為她朵拉個案中譯所作導讀時發現（63n93）。

28　如尚‧拉普朗虛（Jean Laplance）和尚—柏騰‧彭大歷斯（Jean-Bertrand Pontalis）便在《精神分析辭彙》（Vocabulaire de la Psychanalyse）寫道：「閹割情結經常在分析經驗中被發現」（82; Laplanche and Pontalis 57）。

29　就《世界觀看者》一書，論及字詞表象和陽具功能的部分，至少可以參較非拉岡學派的經典文獻，如拉普朗虛和彭大歷斯《精神分析辭彙》的相關條目，以及約

幅雖短，仍然作了精要的文獻回顧，甚至是意見他所不能苟同的文獻（1958b: 687-89/273-74），顯見和精神分析史的對話拉岡沒有放棄。閱讀絲爾薇曼，這種對話意願並不存在；脈絡四散甚至切斷了的情況下，她對〈陽具的符號意義〉的評析，遂與茱蒂‧巴特勒（Judith Butler）等人如出一轍，寫得抽象空洞，比拉岡更難懂（*Gender* 43-57; *Bodies* 57-91）。這種狀況拉岡早有洞察，事關問學技術，不是很難解決[30]。然而絲爾薇曼和巴特勒等人渾然不覺，才是問題所在。

　　如果可以借用周蕾語彙，則絲爾薇曼真正的問題是把精神分析變成她的「幻影學門」。按照周蕾的邏輯推衍，絲爾薇曼面對精神分析僅剩拜物投射。佛洛依德論拜物時提過一個重要現象：拜物主體對於一些明明存在的現象視而不見，顯然是主體出現了「分裂」（Spaltung）的狀況（1927e: 316/156）。這個德文辭彙在拉岡〈陽具的符號意義〉全篇極為借重，如今亦適用於絲爾薇曼，因為她同樣對拉岡的命題脈絡和臨床證據視而不見。沒有臨床經驗是一回事；不能理解臨床的意義又是一回事[31]。作為一門獨特的知識體系，精

翰‧佛列司特（John Forrester）相關著作（1978, 1980）。絲爾薇曼遺漏了這類重要文獻，要和她對話變得非常困難。

[30] 拉岡如此解釋佛洛依德和其他才智不足的學者不同之處：「像位優秀的考古學家，他（佛洛依德）將挖掘遺址原封不動保留——所以就算挖掘工作沒有完成，我們還是可以發現出土物品的意義。當芬尼謝（Fenichel）先生打那裡經過，他就像其他人一樣，沒有按照秩序，或者至少是完全武斷的秩序，將每件物品收起來，放他口袋和他的玻璃盒，以致什麼再也找不到」（1964: 165-66/182）。意即精神分析要被「終結」不是難事，最有效就是透過「自由心證法」。

[31] 佛洛依德當年撰寫丹尼爾‧保羅‧史瑞伯（Daniel Paul Schreber）法官的妄想症案例（1911c），憑的只是後者出版的回憶錄。由於史瑞伯不是佛氏病患，兩人不曾見面，所以沒有臨床接觸，佛氏只好退而求其次，卻無損他掌握史瑞伯病情「臨床的意義」。

神分析必須橫跨理論和難以形諸論述的臨床[32]，加上臨床所見又不盡然「政治正確」，不按人的意志變化[33]，要和精神分析對話也就形成極大的智力挑戰，卻不是把它變成「幻影學門」的理由。再說，精神分析對於其他學門的體悟和敬重（如文學、藝術、哲學、人類學，甚至政治經濟學），對話起來小心翼翼，遠遠超乎西方思想界對於精神分析的正視，以致思想界自食其果，虛耗多年[34]，絲爾薇曼實在不必前來湊合。當然必須證明虛耗已經發生，又形成本文另一種虛耗。

---

32 精神分析所有概念都是透過這種辯證方式誕生，因此一些看似尋常的精神分析用語便不能從字面拆解。例如「性」（sexuality）的概念，應該如何把握，拉普朗盧和彭大歷斯在《精神分析辭彙》有過一番界定：「在精神分析，人們所能提出的假設是一種性能量或欲力的存在。對此，臨床雖無法予以定義，但可以顯示其演化與轉變」（476; Laplanche and Pontalis 420）。意即「性」必須在瞭解「假設」和「臨床」兩個概念各自的內在限制之後，再透過彼此的辯證，才能被確實把握。

33 參較之前馬克思在〈路易·波拿巴的霧月十八〉所做忠告，詳註9。

34 德希達應該是最有名的例子。六〇年代他曾多次從哲學角度，嘗試收拾拉岡的陽具中心論（Culler, *On Deconstruction* 172）。到了九〇年代，甚至他還認為拉岡不過是個哲學家（Derrida, *Resistances* 47），是以拉岡的理論可被解構（*Resistances* 54）。至於拉岡本人則致力劃清他（作為精神分析醫師）和德希達（作為哲學家）之間的界線，直言兩人的差異在於德氏「不必面對受苦的人們」（哲學家無法從事臨床治療），令德希達很不悅，認為自己作為哲學家，當然也在面對受苦的芸芸眾生（*Resistances* 67）。此處論爭，恰恰說明精神分析不是哲學一支，不然無法理解彼此各說各話的理由。在拉岡，守著這道分際正是彼此對話的條件，如他論鏡像期名篇首段所示（1949: 93/3）。這也意味如果對話失敗，必是因為彼此分際遭到模糊。例如哲學家莎拉·柯芙嫚（Sarah Kofman）對陰莖嫉羨的「解構」攻擊，精神分析師莫妮克·大衛—梅娜特（Monique David-Ménard）便說，就臨床角度而言毫無解釋效力，無助解開臨床上遭遇的問題（David-Ménard 182），理由是前者「政治正確」的論述，對於臨床困難只做了哲學的解決，等於還是沒有解決。真正不做矮化地認識精神分析，充分吸收其貢獻的哲學家，可以阿圖塞為代表，詳他《精神分析論集》（*Writings on Psychoanalysis*）所收出土遺作。

解釋了何以精神分析的整個學理脈絡必須在場，則「存有等於陽具」這個命題可否只從「意念代表」（Vorstellungsrepräsentanz）的概念解決，其實就有了答案：這是絲爾薇曼的想像閱讀，沒有精神分析的根據[35]。如果只根據她的理由推導，她的閱讀仍舊不成立。理由是，若說「意念代表」是由視覺概念（如「母親形象」）主導，而非父系的語言能指（如「陽具」），又須牽涉另外兩個不同議題：一是精神分析如何理解視覺功能（尤其這個功能在主體發生一刻所扮演的角色），一是「意念代表」本身又含有多少視覺成分，留有多少空間可供視覺操作[36]。關於視覺功能，我們知道早在《性學三論》（"Three Essays on the Theory of Sexuality", 1962），佛洛依德便知道觀看欲力（der Trieb der Schaulust; the scopophillic instinct）的存在（Freud, 1905d: 66/166）[37]，然而他很謹慎將這欲力跟其他根源於動情帶（erotogenic zones）的欲力區分（如口唇欲力、肛門欲力）（1905d: 92-93/191-92）[38]，理由是只有後者才具備一層母親哺養照應的「依附」（anaclitic）關係（1905d: 82/182; Laplanche and Pontalis 30）。既然主體只在這層關係內發生，等於佛氏排除母親跟視覺功能之間可能出現的關聯；拉岡談他的鏡像階段理論時是如此，後來定義觀看欲力時更是如此[39]，沒有違背《性學三論》的發

---

[35] 更確切說，精神分析史上早有相關辯論（Leader 135），不可能導出絲爾薇曼的論斷。問題是，相關辯論似不為她所知，應該發生的對話也就沒有出現。

[36] 其實還有第三個議題：親子關係，有母親就好，何必父親來參一腳？母親與子女的辯證關係，又何需繞個大圈扯上父親的腳色，變成伊底帕斯的三角關係？佛洛依德女弟子海倫‧朵絮（Helene Deutsch）就曾如此一問，詳她本人從臨床角度所做的辯護和解釋（238-39）。

[37] 拉岡採用法譯為 "la pulsion scopique"，為英譯之 "scopic drive"（如1964: 21/17）。

[38] 這個區分拉岡有所留意（1964: 74/78），亦見拉普朗虛和彭大歷斯兩人在《精神分析辭彙》所做的解釋（396-97; Laplanche and Pontalis 74-75）。

[39]「在觀看層次，我們不再處於要求（demande; demand）層次，而是慾望（désir;

現。至此「意念代表」要成為絲爾薇曼意義下視覺層面的「知覺能指」，可能性微乎其微。雖說「意念代表」的真正意涵，精神分析界迄未解決（Fink 188n11），可是揆諸拉岡藉著分析何謂「無意識」和「重複」兩個「基本概念」時對「知覺能指」所下的定義（1964: 60-61/62-63）[40]，除非絲爾薇曼能夠推翻拉岡對這兩個基本概念的認識，「知覺能指」要按她的定義理解幾近無望。絲爾薇曼願意挑戰精神分析既有說法，勇氣可嘉，可是改變某個概念（如「知覺能指」）通常意味其他概念（如無意識）必須一道更動，工程非常浩大。除非真能掌握比拉岡等人更有說服力的事證，她在精神分析場域裡能夠操作的空間其實很是有限。

有無誤讀？這裡不指是人都難免發生的偶然疏忽與錯漏，更不指閱讀之後讀者有權提出的反對意見，而指閱讀的人為著保護自己的成見，執意賦予文本一個原來沒有的意思。茲舉《世界觀看者》書中一個關鍵例子說明。前面說過，源出海德格的「世界觀看者」基本上是個笛卡兒主體（WS 93），這個主體面對世界時展現了某種「屬我性質」（belong-to-me-ness），絲爾薇曼並說這個用語借自拉岡，強烈暗示他的理論支持這種笛卡兒意涵強烈的「世界觀看者」（Lacan, 1964: 77/81; Silverman, WS 166n42）。事實上，拉岡只在相關篇章裡痛批笛卡兒和海德格，痛斥視覺層面這種「屬我性質」是個無稽之談。拉岡如此鮮明的立場，貫穿〈精神分析的四個基本概念〉全書，要不察覺實在很難。提出和拉岡相反的意見是一回事，不察覺他堅持的正是相反的意見才值得留意。這情形跟絲爾薇曼認為，對於「存有等於陽具」一議，「拉岡充分暸解這是很難維持的

___

desire）層次，是大他者的慾望」（1964: 96/104）。
[40] 拉岡這裡借了fort/da遊戲定義「意念代表」，這點絲爾薇曼是清楚的（詳〈銀河〉「那無以名狀之物」一節註腳），可是卻無從確定她是否知道，如此定義也為著解釋這兩個「基本概念」。

命題」(詳「無法再現的再現物」一節註腳),其間系統性誤讀的
「手法」如出一轍。誤讀所以發生,在主體的問題上是因為笛卡兒
主體是絲爾薇曼的底線;拉岡通篇上下在談分裂主體,激烈反對笛
卡兒,她自然必須視若無睹。

　　這樣理解,終於協助我們解開〈銀河〉最後一段極其隱晦的一
句話。她說:「如此,他們提供我們夢境所絕對無法給予的:我們
也可以觀看我們的觀看之透視點(the perspective from which we, too,
can look at our look)」(WS 125)。這句話典出〈精神分析的四個基本
概念〉中拉岡對莊周夢蝶典故的討論(1964: 72-73/76)。他說,莊
周在夢中看見自己的觀看(le regard, the gaze),而蝴蝶就是這觀看
的化身;當莊周不能確定他是否蝴蝶,表示他是個分裂主體,所以
他才是聰明的莊周[41]。至於那隻蝴蝶,什麼都不知道,繼續呆呆作
夢,這便是拉岡眼中的笛卡兒主體。所謂世界觀看者就是這麼一隻
蝴蝶,活在牠可愛的夢境。世界也者,永遠跨不出牠小小的夢境。

五、主客之間

　　絲爾薇曼對笛卡兒主體如此執著,應該是有歷史因由。作為電

---

[41] 意即周之夢為蝴蝶,蝴蝶之夢為周,在拉岡眼中兩者並不對稱,詳紀傑克的解釋
(Žižek 46-47)。至於絲爾薇曼兩種觀看的區分(the gaze, the look),源自她《視界
的門檻》(The Threshold of the Visible World, 1996)一書推論,前者隸屬攝影機,來
自父權,後者屬於主體(134-35),深具反抗性格(154-61)。「我們也可以觀看我
們的觀看」,應指主體可以看見自己作為具有反抗性格的蝴蝶。這是拉岡所沒有的
看法,特別是所謂的反抗性格,以及主體應該成為蝴蝶的理由,因為牠只是小對
體(object a),不具備主體性格。按拉岡 le regard 一詞,主要借自沙特的《存在與
虛無》(Being and Nothingness),英譯一概譯作 the look,〈精神分析的四個基本概念〉
英譯本則譯為 the gaze,是為《視界的門檻》區分所據(164-67)。

影研究領域長期研究拉岡的學者，絲爾薇曼熟讀他〈精神分析的四個基本概念〉，卻對此書的反笛卡兒立場沒有感覺，事情已非精神分析可以解決。笛卡兒主體一如拉岡所言，是個「確定性的主體」（le sujet de la certitude; the subject of certainty），以建立主體的「確定性」為志職（1964: 31-41/29-41），以致主體的完整、優先、正確不容置疑。在美國本土，這種主體稱作「一己」（self），從學理論述到政治投注，莫不從這種主體概念出發[42]，全國上下莫不傾力凝固這種主體的信仰，終日受此信仰蠱惑；誰去動搖這個主體，誰便動搖國本。法國人阿勒克西・德・托克維爾（Alexis de Tocqueville）所著《民主在美國》（*Democracy in America*, 1835-1840），早在十九世紀初便發現這個現象；如今更有人用他來批判好萊塢電影工業如何複製各種美國文化偏執，其中一例就是「對個人自主能動性的信仰」（"A belief in personal autonomous agency"）（Olson 67）[43]。其實這種「能動性」不盡有害，只是服用過量之後，它令人麻木不仁，瞳孔放大。絲爾薇曼閱讀她鍾愛的拉岡，對於他批判她更為鍾愛的笛卡兒主體時如此不動，便是瞳孔放大的一個事證。周蕾〈幻影學門〉

---

[42] 拉岡本人對這個英文概念的反感散見多處，最知名的是他在鏡像階段論文中的揶揄（Lacan, 1949: 99/8）。這股怨氣承自佛洛依德。佛氏在世時，便對美國精神醫學界變造「人格特質」（personality）一類違反精神分析假設的概念相當感冒，認為這種概念「就後設心理學而言」（metapsychologically）沒有太大貢獻（Freud, 1907: 487）。關於這段話的評論詳布奇諾（Buccino, 268）。晚近美法兩地拉岡學派分析師茱蒂・費荷・桂薇芝（Judith Feher Gurewich）和米謝爾・多赫特（Michel Tort），曾經廣邀兩地同業進行美國「一己」和法國「主體」的對話，然而禮貌意見交換的背後卻是各說各話，詳二人所編《拉岡和美國精神分析的新浪潮：主體和一己》（*Lacan and the New Wave in American Psychoanalysis: The Subject and the Self*, 1998）。

[43] 笛卡兒主體如何實際促成美國立國精神，德・托克維爾本人又如何看待笛卡兒主體和美國精神的關係，以及拉岡的接踵批判，詳 Copjec（"The *Unvermögender* Other" 141-52）。

所批流弊，諸如大量政治訴求充斥電影學門，呈現的便是同一種對「個人自主能動性」的拜物。所以周蕾筆下這群人沒有看電影，因為他們只看見自己的肚臍；絲爾薇曼的例子之後，我們才有所頓悟，他們不看電影，原來他們只是一群呆呆做夢的蝴蝶。電影研究被搞成幻影學門，因為牠們無法面對銀幕，牠們只能面對夢境。

聰明的莊周此時又身在何處？他早已移民澳洲，並在那裡遭遇白色驚恐。從此他再也無法確定自己真正是誰，因為他從來就不是什麼「確定性的主體」。這不表示他從不做夢。他的夢境就是他的國境，只是國境內部惡夢一場一場發生，蝴蝶一隻一隻滅絕。墨美姬（連同周蕾）對電影研究的貢獻，是將學門內部的蝴蝶撲殺精光，不許任何品種的蝴蝶靠近。一個新的電影研究主體終於誕生，一個新的電影研究時代在她們的努力下降臨。過去電影研究成功摸索出它獨特的客體，現在歷經一番曲折摸索出更為獨特的主體，主客之間電影研究終於自在遊走。這個主體並非精神分析在枯坐冥想中捏造，她並有自己的歷史緣由和根據：首先這個主體是對德・托克維爾的美國一個學理對話和喊話，而在澳洲這主體是國家誕生的理由。電影研究真能掌握這個主體的邏輯，便掌握全球泰半地區電影生產的邏輯。

當然這個主體也是理論建構，徹頭徹尾被理論滲透。套句拉岡的陳腔濫調，這個主體的內容只是一團能指。然而理論的弔詭又在這裡：直取理論只能抓取一團空洞的能指，這種主體不會現身。為著不落言詮，電影研究學者必須走向和文本距離最遙遠的日常生活與大眾文化。本書所收三位作者，絲爾薇曼對理論最為涉入，結果毫無批判地鼓吹美國立國精神中「對個人自主能動性的信仰」；周蕾和墨美姬則細膩地和理論保持距離，不乏批判揶揄，從而走向「粗野」語言等種種「不可譯性」，並將這信仰置入括弧。後兩人的國境亦靠了此類「不可譯性」（甚至還有「不可再現」）填充內容；

會是怎樣的人們住在那裡，怎麼過活，電影又怎麼作為他們認識自己的條件，電影又怎麼在他們的「不可譯性」和「不可再現」之間遊走，怎麼遭受擠壓，怎麼出現，種種問題其實在問：主體怎麼發生，發生的條件又是什麼。這是電影研究迷人之處：客體變化多端，主體應接不暇，十足的電影經驗。電影研究困難（以及有趣）在於系列這些毫無關聯的對象——國境、日常生活、不可譯性、歷史、社會關係——其實都很有關聯。當電影研究能將這些相異元素串聯，表示學門具備某些異於常人的洞識，能夠穿透包括電影在內的尋常現象。這時如果電影研究本身不是理論，又還能是什麼？本書所收各篇，嚴格說來，都是理論文章；電影正是透過如此發生的理論被把握和被定義。一旦能夠把握，所被把握者絕不會是一團散漫的能指，其中並有主體的惡夢、蝴蝶的屍體，以及無窮無盡國境內外種種的不可譯性。

編輯後記

　　編輯作業已到尾聲。從視覺文化國際營到此刻的書本形式，其間經歷了漫長的過程。我要在此感謝當年支持視覺文化國際營的國科會與交通大學，協助邀請國際學者的周蕾教授，合作籌備此國際營的同仁周英雄教授、馮品佳教授、林建國教授與蔣淑貞教授，全力投入的交通大學外文系行政人員與研究生，以及不厭其煩地處理細節的執行編輯胡金倫與林郁曄。當年在視覺文化國際營的兩週內，會場中密集而熱鬧的學術討論以及會後的啤酒閒聊，對我來說，至今都仍舊是知性意味豐富而溫暖有趣的回憶。

參考書目

一、外文部分

Adams, Parveen. "Father, Can't You See I'm Filming?" in *The Emptiness of the Image: Psychoanalysis and Sexual Differences* (New York: Routledge, 1996), pp. 90-107.

Altman, Rick. "The Musical," in *The Oxford History of World Cinema*. Ed. Geoffrey Nowell-Smith (Oxford: Oxford University Press, 1996), pp. 294-303.

Althusser, Louis. *Writings on Psychoanalysis: Freud and Lacan*. Ed. Olivier Corpet and François Matheron. Trans. Jeffrey Mehlman (New York: Columbia University Press, 1996).

Anderson, Benedict. *The Spectre of Comparisons: Nationalism, Southeast Asia and the World* (London: Verso, 1998).

Andrew, Dudley. "The 'Three Ages' of Cinema Studies and the Age to Come," *PMLA* 115.3 (June 2000): 341-51.

Andrew, Dudley and Sally Shafto ed. *The Image in Dispute* (Austin: University of Texas Press, 1997).

Armstrong, Nancy. "Who's Afraid of the Cultural Turn?" *Differences* 12.1 (Spring 2001): 17-49.

Augé, Marc. *Non-Places: Introduction to An Anthropology of Supermodernity*. Trans. John Howe (London: Verso, 1992).

Bal, Mieke. *The Mottled Screen: Reading Proust Visually*. Trans. Anna-Louise Milne (Stanford, Calif.: Stanford University Press, 1997).

Balibar, Étienne. "Althusser's object," Trans. Margaret Cohen and Bruce Robbins. *Social Text* 39 (Summer 1994): 157-88.

Barrell, John. *The Infection of Thomas de Quincey: A Psychopathology of Imperialism* (New Haven and London: Yale University Press, 1991).

Barthes, Roland. "To Write: An Intransitive Verb?" in *The Structuralist Controversy: The Languages of Criticism and the Sciences of Man*. Ed. Richard Macksey and Eugenio Donato (Baltimore: Johns Hopkins University Press, 1970), pp. 134-56.

Barthes, Roland. *Mythologies*. Select. and trans. Annette Lavers (London: Paladin, 1973).

Baudry, Jean-Louis. "The Apparatus," in *Narrative, Apparatus, Ideology: A Film Theory Reader*. Ed. Philip Rosen (New York: Columbia University Press, 1986), pp. 299-319.

Baynton, Barbara (1902). "The Chosen Vessel," in *Portable Australian Authors: Barbara Baynton*. Ed. Sally Krimmer and Alan Lawson (St. Lucia: University of Queensland Press, 1980), pp. 81-88.

Bazin, André. *What Is Cinema? Essays Selected and Translated by Hugh Gray*. Vol. I (Berkeley: University of California Press, 1967).

——. "The Stalin Myth in Soviet Cinema," Intro. Dudley Andrew. Trans. Georgia Gurrieri. In *Movies and Methods*. Vol. 2. Ed. Bill Nichols (Berkeley: University of California Press, 1985), pp. 29-40.

Beale, Octavius C. *Racial Decay: A Compilation of Evidence from World Sources* (Sydney: Angus & Robertson, 1910).

Bean, C. E. W. *On the Wool Track* (Sydney and London: Angus & Robertson, 1945).

Benjamin, Walter. "On Some Motifs in Baudelaire," in *Illuminations*. Ed. and introd. Hannah Arendt. Trans. Harry Zohn (New York: Schocken, 1969), pp. 155-200.

——. "The Work of Art in the Age of Mechanical Reproduction," in *Illuminations*. Ed. and introd. Hannah Arendt. Trans. Harry Zohn (New York: Schocken, 1969), pp. 217-51.

——. "What Is Epic Theatre?" in *Illuminations*. Ed. and introd. Hannah Arendt. Trans. Harry Zohn (New York: Schocken, 1969), pp. 147-54.

——. *Understanding Brecht*. Trans. Anna Bostock. Intro. Stanley Mitchell (London: New Left, 1973).

——. *The Arcades Project*. Trans. Howard Eiland and Kevin McLaughlin (Cambridge, Mass.: Harvard University Press, 1999).

——. "The Work of Art in the Age of Its Technological Reproducibility," Trans. Harry Zohn and Edmund Jephcott. In *Selected Writings: 1938-1940*. Vol. 4. Ed. Howard Eiland and Michael W. Jennings. Trans. Edmund Jephcott et. al. (Cambridge, Mass.; London: Belknap of Harvard University Press, 2003), pp. 251-83.

Bhabha, Homi K. *The Location of Culture* (New York: Routledge, 1994).

—— ed. *Nation and Narration* (New York: Routledge, 1990).

Blainey, Geoffrey. *The Tyranny of Distance: How Distance Shaped Australia's History* (Melbourne: Sun Books, 1966).

Bloch, Ernst. *The Principle of Hope*. Vol. 1. Trans. Neville Plaice, Stephen Plaice and Paul Knight (Cambridge, Mass.: MIT, 1986).

Bloom, Harold. *The Anxiety of Influence: A Theory of Poetry* (Oxford: Oxford University Press, 1973).

Bordwell, David. *Planet Hong Kong: Popular Cinema and the Art of Entertainment* (Cambridge, Mass.: Harvard University Press, 2000).

—— and Noel Carroll ed. *Post-theory: Reconstructing Film Studies* (Madison: University of Wisconsin Press, 1996).

Brawley, Sean. *The White Peril: Foreign Relations and Asian Immigration to Australasia and North America 1919-78* (Sydney: University of New South Wales Press, 1995).

Broderick, Mick. "Heroic Apocalypse: Mad Max, Mythology, and the Millenium," in *Crisis Cinema: The Apocalyptic Idea in Postmodern Narrative Film*. Ed. Christopher Sharrett (Washington, D. C.: Maisonneuve Press, 1993), pp. 251-72.

Broinowski, Alison. *The Yellow Lady: Australian Impressions of Asia* (Melbourne: Oxford University Press, 1992).

Bryson, Norman. "Introduction: Art and Intersubjectivity," in *Looking In: The Art of Viewing*. By Mieke Bal (Amsterdam : G+B Arts International, 2001), pp. 1-39.

Buccino, Daniel L. "Homosexuality and Psychosis in the Clinic: Symptom or

Structure?" in *Homosexuality and Psychoanalysis*. Ed. Tim Dean and Christopher Lane (Chicago, Ill.: University of Chicago Press, 2001), pp. 265-87.

Burke, Edmund (1757/1759). *A Philosophical Enquiry into the Origin of Our Ideas of the Sublime and Beautiful.* Ed. J. T. Boulton (Notre Dame and London: University of Notre Dame Press, 1968).

Buscombe, Edward. "Auteur Criticism," in *Movies and Methods*. Ed. Bill Nichols (Berkeley: University of California Press, 1976), pp. 224-309.

——. "The Idea of Genre in American Cinema," in *Film Genre Reader II*. Ed. Barry Keith Grant (Austin: University of Texas Press, 1995), pp. 11-25.

Butler, Judith. *Gender Trouble: Feminism and the Subversion of Identity* (New York: Routledge, 1990).

——. *Bodies that Matter: On the Discursive Limit of "Sex"* (New York: Routledge, 1993).

Camhi, Leslie. "Setting His Tale of Love Found in a City Long Lost," *New York Times*, 2001 January 28, 11, 26.

Carroll, John ed. *Intruders in the Bush: The Australian Quest for Identity* (Melbourne: Oxford University Press, 1982).

Carter, David. "Crocs in Frocks: Landscape and Nation in the 1990s'," *Journal of Australian Studies* 49 (1996): 89-96.

Carter, Paul. *The Road to Botany Bay: An Essay in Spatial History* (London; Boston: Faber and Faber, 1987).

Certeau, Michel de. "Walking in the City," in *The Practice of Everyday Life*. Trans. Steven F. Rendall (Berkeley: University of California Press, 1984), pp. 91-110.

Chambers, Iain. *Popular Culture: The Metropolitan Experience* (London; New York: Methuen, 1986).

Chambers, Ross. "Fables of the Go-Between," in *Literature and Opposition*. Ed. Chris Worth, Pauline Nestor and Marko Pavlyshyn (Clayton, Australia: Centre for Comparative Literature and Cultural Studies, Monash University, 1994), pp. 1-28.

Chan, Natalia Sui Hung (陳少紅). "Rewriting History: Hong Kong Nostalgia Cinema and Its Social Practice," in *The Cinema of Hong Kong: History, Arts, Identity*. Ed. Poshek Fu and David Desser (Cambridge, U. K.; New York, N. Y.: Cambridge

University Press, 2000), pp. 252-72.

Charney, Leo. "In a Moment: Film and the Philosophy of Modernity," in *Cinema and the Invention of Modern Life*. Ed. Leo Charney and Vanessa R. Schwartz (Berkeley: University of California Press, 1995), pp. 279-94.

Chow, Rey (周蕾). *Woman and Chinese Modernity: The Politics of Reading between West and East* (Minneapolis : University of Minnesota Press, 1991).

——. "A Souvenir of Love," *Modern Chinese Literature* 7.2 (Fall 1993): 59-78.

——. *Writing Diaspora: Tactics of Intervention in Contemporary Cultural Studies* (Bloomington: Indiana University Press, 1993).

——. *Primitive Passions: Visuality, Sexuality, Ethnography, and Contemporary Chinese Cinema* (New York: Columbia University Press, 1995).

——. "A Souvenir of Love," in *Ethics After Idealism: Theory, Culture, Ethnicity, Reading* (Bloomington: Indiana University Press, 1998), pp. 133-48.

——. "The Fascist Longings in Our Midst," in *Ethics after Idealism: Theory, Culture, Ethnicity, Reading* (Bloomington: Indiana University Press, 1998), pp. 14-32.

——. "The Seductions of Homecoming: Place, Authenticity, and Chen Kaige's (陳凱歌) *Temptress Moon* (《風月》)," *Narrative* 6.1 (January 1998): 3-17.

——. "Nostalgia of the New Wave: Structure and Wong Kar-wai's *Happy Together*," *Camera Obscura* 42 (September 1999): 31-48.

——. "A Phantom Discipline," *PMLA* 116 (October 2001): 1386-395.

——. "Sentimental Returns: On the Uses of the Everyday in the Recent Films of Zhang Yimou and Wong Kar-wai," *New Literary History* 33.4 (Autumn 2002): 639-54.

——. "The Resistance of Theory; Or, the Worth of Agony," in *Just Being Difficult? Academic Writing in the Public Arena*. Ed. Jonathan Culler and Kevin Lamb (Stanford, Calif.: Stanford University Press, 2003), pp. 95-105.

Clark, Manning. *A History of Australia*. Vol. IV. *The Earth Abideth For Ever 1851-1888* (Melbourne: Melbourne University Press, 1978).

Clark, Manning. *Occasional Writings and Speeches* (Melbourne: Fontana/Collins, 1980).

Connery, Christopher. "Maoism: China's Globalism," paper for *Higher Education and the Humanities*, an International Symposium co-organised by *Boundary*.

Conway, Ronald. *We Great Australian Stupor* (South Melbourne: Sun Books, 1971).

Copjec, Joan. "The Orthopsychic Subject: Film Theory and the Reception of Lacan," in *Read My Desire: Lacan against the Historicists* (Cambridge, Mass.; London: MIT, 1994), pp. 15-38, 238-43.

——. "The Unvermögender Other: Hysteria and Democracy in America," in *Read My Desire: Lacan against the Historicists* (Cambridge, Mass.; London: MIT, 1994), pp. 141-61, 254-56.

Cranny-Francis, Anne. *Popular Culture* (Geelong: Deakin University Press, 1994).

Creed, Barbara. *The Monstrous-Feminine: Film, Feminism, Psychoanalysis* (New York: Routledge, 1993).

Culler, Jonathan. *On Deconstruction: Theory and Criticism after Structuralism* (Ithaca, N. Y.: Cornell University Press, 1982).

——. "The Literary in Theory," in *What's Left of Theory? New Work on the Politics of Literary Theory*. Ed. Judith Butler, John Guillory and Kendall Thomas (New York: Routledge, 2000), pp. 273-92.

Cunningham, Stuart. "Hollywood Genres, Australian Movies," in *An Australian Film Reader*. Ed. Albert Moran and Tom O' Regan (Sydney: Currency Press, 1983), pp. 235-41.

David-Ménard, Monique. *Hysteria from Freud to Lacan: Body and Language in Psychoanalysis*. Trans. Catherine Porter (Ithaca; London: Cornell University Press, 1989).

De Bolla, Peter. *The Discourse of the Sublime: Readings in History, Aesthetics, and the Subject* (Oxford: Basic Blackwell, 1989).

De Lauretis, Teresa. *Alice Doesn't: Feminism, Semiotics, Cinema* (Bloomington: Indiana University Press, 1984).

De Man, Paul. "Hegel on the Sublime," in *Displacement: Derrida and After*. Ed. Mark Krupnick (Bloomington: Indiana University Press, 1983), pp. 139-53.

——. "The Resistance to Theory," in *The Resistance to Theory* (Minneapolis: University of Minnesota Press, 1989), pp. 3-20.

De Tocqueville, Alexis. *Democracy in America (1835-1840)*. Ed. J. P. Mayer. Trans.

George Lawrence (New York: Perennial, 2000).

Deleuze, Gilles. *Cinema 1: The Movement-Image.* Trans. High Tomlinson and Barbara Habberjam (Minneapolis: University of Minnesota Press, 1986).

—— and Félix Guattari. *Kafka: Toward a Minor Literature.* Trans. Dana Polan (Minneapolis: University of Minnesota Press, 1986).

—— and ——. *A Thousand Plateaus: Capitalism and Schizophrenia.* Trans. Brian Massumi (Minneapolis: University of Minnesota Press, 1987).

Dermody, Susan and Elizabeth Jacka. *The Screening of Australia: Anatomy of a National Cinema.* Vol. 2 (Sydney: Currency Press, 1988).

Derrida, Jacques. "Freud and the Scene of Writing," in *Writing and Difference.* Trans. Alan Bass (Chicago, Ill.: University of Chicago Press, 1978), pp. 196-231.

——. "Structure, Sign and Play in the Discourse of the Human Sciences," in *Writing and Difference.* Trans. Alan Bass (Chicago, Ill.: University of Chicago Press, 1978), pp. 278-93.

——. *Resistances of Psychoanalysis.* Trans. Peggy Kamuf, Pascale-Anne Brault and Michael Naas (Stanford, Calif.: Stanford University Press, 1998).

Desser, David. "The Kung Fu Craze: Hong Kong Cinema's First American Reception," in *The Cinema of Hong Kong: History, Arts, Identity.* Ed. Poshek Fu and David Desser (Cambridge, U. K.; New York, N. Y.: Cambridge University Press, 2000), pp. 19-43.

Deutsch, Helene. "On Female Homosexuality," in *Psychoanalytic Quarterly* 1 (1932). Trans. Edith B. Jackson and Grigg et al. p. 484-510.

Diehl, Joanne Feit. *Women Poets and the American Sublime* (Bloomington: Indiana University Press, 1990).

Dixon, Robert. *The Course of Empire: Neo-Classical Culture in New South Wales 1788-1860* (Melbourne: Oxford University Press, 1986).

Doane, Mary Ann. *The Desire to Desire: The Woman's Film of the 1940s* (Bloomington: Indiana University Press, 1987).

Docker, John. *The Nervous Nineties: Australian Cultural Life in the 1890s* (Melbourne: Oxford University Press, 1991).

Duara, Prasenjit. "Left Criticism and the Political Impasse: Response to Arif Dirlik's 'How the Grinch Hijacked Radicalism: Further Thoughts on the Postcolonial'," *Postcolonial Studies* 4.1 (April 2001): 81-88.

During, Simon. "Postcolonialism and Globalization," *Meanjin* 51.2 (1992): 339-53.

Edelman, Lee. "At Risk in the Sublime: The Politics of Gender and Theory," in *Gender and Theory: Dialogues on Feminist Criticism*. Ed. Linda Kauffman (Oxford: Basic Blackwell, 1989), pp.213-24.

Edwards, Coral and Peter Read. *The Lost Children: Thirteen Australians taken from Their Aboriginal Families Tell of the Struggle to Find Their Natural Parents* (Sydney; New York and London: Doubleday, 1989).

Erlich, Linda C. and David Desser ed. *Cinematic Landscapes: Observations on the Visual Arts and Cinema of China and Japan* (Austin: University of Texas Press, 1994).

Evans, Jessica and Stuart Hall ed. *Visual Culture: The Reader* (London: Sage, 1999).

Falconer, Delia. "'We Don't Need To Know the Way Home': Selling Australian Space in the *Mad Max* Trilogy," *Southern Review* 27.1 (1994): 28-44.

Ferguson, Frances. *Solitude and the Sublime: Romanticism and the Aesthetics of Individuation* (New York: Routledge, 1992).

Finch, Lynette. *The Classing Gaze: Sexuality, Class and Surveillance* (Sydney: Allen & Unwin, 1993).

Fink, Bruce. *The Lacanian Subject: Between Language and Jouissance* (Princeton, N. J.: Princeton University Press, 1995).

Forrester, John (1978). "Philology and the Phallus," in *The Talking Cure: Essays in Psychoanalysis and Language*. Ed. Colin MacCabe (New York: St. Martin's, 1981), pp. 45-69.

Forrester, John. *Language and the Origins of Psychoanalysis* (New York: Columbia University Press, 1980).

Foucault, Michel. *The History of Sexuality*. Vol. 1. Trans. Robert Hurley (New York: Pantheon, 1978).

——. *The History of Sexuality: An Introduction*. Vol. 1. Trans. Robert Hurley (New York: Vintage, 1990).

Freadman, Anne. "Le Genre Humain (A Classification)," *Australian Journal of French Studies* 23.2 (1986): 309-74.

——. "The Vagabond Arts," in *In the Place of French: Essays in and Around French Studies in honour of Michael Spencer* (Mt Nebo: The University of Queensland & Boombana Publications, 1992), pp. 257-91.

——. "Uptake," in *The Rhetoric and Ideology of Genre*. Ed. Richard Coe, Lorelei Lingard and Tatiana Teslenko (Cresskill, N. J.: Hampton Press, 2001), pp. 39-56.

Freud, Sigmund (1915e). "Das Unbewußte," in *Gesammelte Werke*. Vol. 10. By Freud Sigmund (London: Imago, 1940-1952), pp. 264-303.

—— (1895). "A Project for a Scientific Psychology," in *The Standard Edition of the Complete Psychological Works of Sigmund Freud*. Vol. I. Trans. under gen. ed. James Strachey, in colaboration with Anna Freud, assisted by Alix Strachey and Alan Tyson (London: Hogarth and the Institute of Psycho-Analysis, 1953-74), pp. 283-397.

—— and Joseph Breuer (1895). *Studies on Hysteria*. In *The Standard Edition of the Complete Psychological Works of Sigmund Freud*. Vol. II. Trans. under gen. ed. James Strachey, in colaboration with Anna Freud, assisted by Alix Strachey and Alan Tyson (London: Hogarth and the Institute of Psycho-Analysis, 1953-74).

—— (1915). "The Unconscious," in *The Standard Edition of the Complete Psychological Works of Sigmund Freud*. Vol. XIV. Trans. under gen. ed. James Strachey, in colaboration with Anna Freud, assisted by Alix Strachey and Alan Tyson (London: Hogarth and the Institute of Psycho-Analysis, 1953-74), pp. 161-215.

—— (1915). "The Unconscious, Appendix C," in *The Standard Edition of the Complete Psychological Works of Sigmund Freud*. Vol. XIV. Trans. under gen. ed. James Strachey, in colaboration with Anna Freud, assisted by Alix Strachey and Alan Tyson (London: Hogarth and the Institute of Psycho-Analysis, 1953-74), pp. 213-14.

—— (1920). "Beyond the Pleasure Principle," in *The Standard Edition of the Complete Psychological Works of Sigmund Freud*. Vol. XVIII. Trans. under gen. ed. James Strachey, in colaboration with Anna Freud, assisted by Alix Strachey and Alan

Tyson (London: Hogarth and the Institute of Psycho-Analysis, 1953-74), pp. 7-64.

—— (1925). "Negation," in *The Standard Edition of the Complete Psychological Works of Sigmund Freud*. Vol. XIX. Trans. under gen. ed. James Strachey, in colaboration with Anna Freud, assisted by Alix Strachey and Alan Tyson (London: Hogarth and the Institute of Psycho-Analysis, 1953-74), pp. 235-39.

——. *Aus den Anfängen der Psychoanalyse: Briefe an Wilhelm Fliess, Abhandlungen und Notizen aus den Jahren 1887-1902* (London: Imago Pub. Co., 1950).

—— (1900a). *The Interpretation of Dreams*. In *The Standard Edition of the Complete Psychological Works of Sigmund Freud*. Vol. IV-V. Trans. under gen. ed. James Strachey, in collaboration with Anna Freud, assisted by Alix Strachey and Alan Tyson (London: Hogarth and the Institute of Psycho-Analysis, 1953-74). Trans. of *Die Traumdeutung*, in *Gesammelte Werke*. Vol. 2-3. By Freud Sigmund (London: Imago, 1940-1952).

—— (1905d). "Three Essays on the Theory of Sexuality," in *The Standard Edition of the Complete Psychological Works of Sigmund Freud*. Vol. VII. Trans. under gen. ed. James Strachey, in collaboration with Anna Freud, assisted by Alix Strachey and Alan Tyson (London: Hogarth and the Institute of Psycho-Analysis, 1953-74), pp. 130-43; Trans. of "Drei Abhandlungen zur Sexualtheorie," in *Gesammelte Werke*. Vol. 5. By Freud Sigmund (London: Imago, 1940-1952), pp. 29-145.

—— (1905). "Fragment of an Analysis of a Case of Hysteria," in *The Standard Edition of the Complete Psychological Works of Sigmund Freud*. Vol. VII. Trans. under gen. ed. James Strachey, in colaboration with Anna Freud, assisted by Alix Strachey and Alan Tyson (London: Hogarth and the Institute of Psycho-Analysis, 1953-74), pp. 7-122.

—— (1911). "Psycho-Analytic Notes on an Autobiographical Account of a Case of Paranoia (Dementia Paranoides)," in *The Standard Edition of the Complete Psychological Works of Sigmund Freud*. Vol. XII. Trans. under gen. ed. James Strachey, in colaboration with Anna Freud, assisted by Alix Strachey and Alan Tyson (London: Hogarth and the Institute of Psycho-Analysis, 1953-74), pp. 3-82.

—— (1914-1917). "A Metapsychological Supplement to the Theory of Dreams," in

The Standard Edition of the Complete Psychological Works of Sigmund Freud. Vol. XIV. Trans. under gen. ed. James Strachey, in colaboration with Anna Freud, assisted by Alix Strachey and Alan Tyson (London: Hogarth and the Institute of Psycho-Analysis, 1953-74), pp. 222-35.

—— (1920). "The Psychogenesis of a Case of Homosexuality in a Woman," in *The Standard Edition of the Complete Psychological Works of Sigmund Freud.* Vol. XVIII. Trans. under gen. ed. James Strachey, in colaboration with Anna Freud, assisted by Alix Strachey and Alan Tyson (London: Hogarth and the Institute of Psycho-Analysis, 1953-74), pp. 147-72.

—— (1927e). "Fetishism," in *The Standard Edition of the Complete Psychological Works of Sigmund Freud.* Vol. XXI. Trans. under gen. ed. James Strachey, in collaboration with Anna Freud, assisted by Alix Strachey and Alan Tyson (London: Hogarth and the Institute of Psycho-Analysis, 1953-74), pp. 152-57. Trans. of "Fetischismus," in *Gesammelte Werke.* Vol. 14. By Freud Sigmund (London: Imago, 1940-1952), pp. 311-17.

—— (1933a). *New Introductory Lectures on Psycho-analysis.* In *The Standard Edition of the Complete Psychological Works of Sigmund Freud.* Vol. XXII. Trans. under gen. ed. James Strachey, in collaboration with Anna Freud, assisted by Alix Strachey and Alan Tyson (London: Hogarth and the Institute of Psycho-Analysis, 1953-74), pp. 3-182; Trans. of *Neue Folge der Vorlesungen zur Einführung in die Psychoanalyse,* in *Gesammelte Werke.* Vol. 15. By Freud Sigmund (London: Imago, 1940-1952).

——. *Gesammelte Werke* (18 vols) (London: Imago, 1940-1952).

——. *The Standard Edition of the Complete Psychological Works of Sigmund Frued.* Vol. 1-24. Trans. from the German under the general editoryship of James Strachey, in collaboration with Anna Freud, assited by Alix Strachey and Alan Tyson) (London: Hogarth Press and the Institute of Psycho-Analysis, 1953-1974).

——. "Letter to Karl Abraham 21 Oct. 1907," in Ernest Jones. *Sigmund Freud: Life and Work.* Vol. 2 (London: Hogarth Press, 1956-1958), p. 487.

Frow, John. *Cultural Studies and Cultural Value* (Oxford: Oxford University Press, 1995).

Gaines, Jane M. "Dream/Factory," in *Reinventing Film Studies*. Ed. Christine Gledhill and Linda Williams (London: Arnold, 2000), pp. 100-13.

Gallop, Jane. *Reading Lacan* (Ithaca, N. Y.: Cornell University Press, 1985).

Gibson, Ross. *South of the West: Postcolonialism and the Narrative Construction of Australia* (Bloomington: Indiana University Press, 1992).

Gilbert-Rolfe, Jeremy. *Das Schöne und das Erhabene von Heute*. Trans from the English ("Beauty and the Contemporary Sublime") by Almuth Carstens (Berlin: Merve Verlag, 1996).

Gilroy, Paul. *The Black Atlantic: Modernity and Double Consciousness* (Cambridge, Mass.: Harvard University Press, 1993).

Gledhill, Christine and Linda Williams. "Introduction," in *Reinventing Film Studies*. Ed. Christine Gledhill and Linda Williams (London: Arnold, 2000), pp. 1-4.

Gregory, John Walter. *The Dead Heart of Australia. A Journey Around Lake Eyre in the Summer of 1901-1902, with Some Account of the Lake Eyre Basin and the Flowing Wells of Central Australia* (London: John Murray, 1906).

Grigg, Russell, Dominique Hecq and Craig Smith ed. *Female Sexuality: The Early Psychoanalytic Controversies* (New York: Other, 1999).

Gubar, Susan. "What Ails Feminist Criticism?" *Critical Inquiry* 24.4 (Summer 1998): 878-902.

Gunning, Tom. "'Animated Pictures': Tales of Cinema's Forgotten Future, after 100 Years of Films," in *Reinventing Film Studies*. Ed. Christine Gledhill and Linda Williams (London: Arnold, 2000), pp. 316-31.

Gurewich, Judith Feher and Michel Tort ed. *Lacan and the New Wave in American Psychoanalysis: The Subject and the Self* (New York: Other, 1999).

Haebich, Anna. *For Their Own Good: Aborigines and Government in the South West of Western Australia 1900-1940* (Nedlands: University of Western Australia Press, 1992, 2nd. edit.).

Hage, Ghassan Joseph. "Anglo-Celtics Today: Cosmo-Multiculturalism and the Phase of the Fading Phallus," *Communal/Plural* 4 (1994): 41-77.

Hardt, Michael and Antonio Negri. *Empire* (Cambridge, Mass.: Harvard University

Press, 2000).

Harvey, David. "The Social Construction of Space and Time," in *Justice, Nature and the Geography of Difference* (Malden, MA.; Oxford: Basic Blackwell, 1996), pp. 210-47.

Hay, James, Lawrence Grossberg and Ellen Wartella. *The Audience and Its Landscape* (Boulder, C. O.: Westview Press, 1996).

Heath, Stephen. "Narrative Space," *Screen* 17.3 (Autumn 1976): 68-112.

———. *Questions of Cinema* (Bloomington: Indiana University Press, 1981).

Heng, Geraldine and Janadas Devan. "State Fatherhood: The Politics of Nationalism, Sexuality and Race in Singapore," in *Nationalisms and Sexualities*. Ed. Andrew Parker, Mary Russo, Doris Sommer and Patricia Yaeger (New York: Routledge, 1992), pp. 343-64.

Hertz, Neil. *The End of the Line: Essays on Psychoanalysis and the Sublime* (New York: Columbia University Press, 1985).

Hickey, Dave. *The Invisible Dragon: Four Essays on Beauty* (Los Angeles: Art issues Press, 1993).

Hicks, Neville. *'This Sin and Scandal': Australia's Population Debate 1891-1911* (Canberra: ANU Press, 1978).

Hill, Ernestine (1937). *The Great Australian Loneliness* (Sydney: Angus & Robertson, 1963).

Hill, John and Pamela Church Gibson ed. *The Oxford Guide to Film Studies* (Oxford: Oxford University Press, 1998).

Holden, Stephen. "Two Lives in China, With Mao Lurking," *New York Time*, 2001 May 25, B14.

Holt, Stephen. *Manning Clark and Australian History 1915-1963* (St. Lucia: University of Queensland Press, 1982).

Hughes, Robert and Kareen Ror Malone. "Introduction," in *After Lacan: Clinical Practice and the Subject of the Unconscious*. By Willy Apollon, Danielle Bergeron and Lucie Cantin (Albany: State University of New York Press, 2002), pp. 1-34.

Humm, Maggie. *Feminism and Film* (Bloomington: Indiana University Press, 1997).

Jameson, Fredric. "Chapter Three: The Case for Georg Lukács," in *Marxism and Form: Twentieth-Century Dialectical Theories of Literature* (Princeton, N. J.: Princeton University Press, 1971), pp. 160-205.

——. *The Political Unconscious: Narrative as a Socially Symbolic Act* (Ithaca, N. Y.: Cornell University Press, 1981).

——. "Third-World Literature in the Era of Multinational Capitalism," *Social Text* 15 (Fall 1986): 65-88.

——. *Postmodernism, or, The Cultural Logic of Late Capitalism* (Durham: Duke University Press, 1991).

——. "Reification and Utopia," in *Signatures of the Visible* (New York: Routledge, 1992), pp. 9-34.

Jay, Martin. *Marxism and Totality: The Adventures of a Concept from Lukács to Habermas* (Berkeley: University of California Press, 1984).

——. *Downcast Eyes: The Denigration of Vision in Modern French Thought* (Berkeley: University of California Press, 1993).

Jones, Ernest (1927). "The Early Development of Female Sexuality," in *Female Sexuality: The Early Psychoanalytic Controversies*. Ed. Russell Grigg, Dominique Hecq and Craig Smith (New York: Other, 1999), pp. 133-45.

Kant, Immanuel (1763). *Observations on the Feeling of the Beautiful and Sublime*. Trans. John T. Goldthwait (Berkeley: University of California Press, 1960).

——. *Critique of Pure Reason*. Trans. Norman Kemp Smith (London: Macmillan, 1992).

Kehr, Dave. "In Theaters Now: The Asian Alternative," *New York Times*, 14 Jan. 2001, sec. 2: 1+.

Kleinhans, Chuck. "Class in Action," in *The Hidden Foundation: Cinema and the Question of Class*. Ed. David E. James and Rick Berg (Minneapolis: Minnesota University Press, 1996), pp. 240-63.

Kong, Foong Ling. "Postcards from a Yellow Lady," in *Asian and Pacific Inscriptions*. Ed. Suvendrini Perera (Melbourne: Meridian, 1995), pp. 83-97.

Kopytoff, Igor. "The Cultural Biography of Things: Commoditization as Process," in

The Social Life of Things: Commodities in Cultural Perspective. Ed. Arjun Appadurai (Cambridge, U. K.; New York, N. Y.; Melbourne: Cambridge University Press, 1986), pp. 64-91.

Kracauer, Siegfried. *Theory of Film: The Redemption of Physical Reality* (Oxford: Oxford University Press, 1960).

Lacan, Jacques. "Desire and the Interpretation of Desire in *Hamlet*," Trans. James Hulbert. *Yale French Studies* 55/56 (1977): 11-52.

——. "The Function and Field of Speech and Language in Psychoanalysis," in *Écrits: A Selection*. Trans. Alan Sheridan (New York: W. W. Norton, 1977), pp. 30-113.

——. *Four Fundamental Concepts of Psycho-Analysis*. Trans. Alan Sheridan (New York: W. W. Norton, 1978).

——. *The Seminar of Jacques Lacan, Book VII: The Ethics of Psychoanalysis, 1959-1960*. Ed. Jacques-Alain Miller. Trans. Dennis Porter (New York: W. W. Norton, 1992).

——. *The Seminar of Jacques Lacan, Book III: The Psychoses, 1955-56*. Ed. Jacques-Alain Miller. Trans. Russell Grigg (New York: W. W. Norton, 1993).

——. "The Mirror Stage as Formative of the Function of the I as Revealed in Psychoanalytic Experience," in *Écrits: A Selection*. Trans. Bruce Fink (New York: W. W. Norton, 2002), pp. 3-9; Trans. of "Le stade du miroir comme formateur de la function du Je telle qu'elle nous est révélée dans l'expérience psychanalytique," in *Écrits*. By Jacques Lacan (Paris: Seuil, 1966), pp. 93-100.

—— (1952). "Intervention on Transference," in *Feminine Sexuality*. By Jacques Lacan and The École Freudienne. Ed. Juliet Mitchell and Jacqueline Rose. Trans. Jacqueline Rose (New York: W. W. Norton, 1982), pp. 61-73; Trans. of "Intervention sur le transfert," in *Écrits*. By Jacques Lacan (Paris: Seuil, 1966), pp. 215-25.

—— (1956-1957). *Le Séminaire de Jacques Lacan, Livre IV: La relation d'objet, 1956-1957*. Texte établi par Jacques-Alain Miller (Paris: Seuil, 1994).

—— (1958). "Guiding Remarks for a Congress on Feminine Sexuality," in *Feminine Sexuality*. By Jacques Lacan and the École Freudienne. Ed. Juliet Mitchell and Jacqueline Rose. Trans. Jacqueline Rose (New York: W. W. Norton, 1982), pp. 86-

98; Trans. of "Propos directifs pour un Congrès sur la sexualité feminine," in *Écrits*. By Jacques Lacan (Paris: Seuil, 1966), pp. 725-36.

—— (1958). "The Signification of the Phallus," in *Écrits: A Selection*. Trans. Bruce Fink (New York: W. W. Norton, 2002), pp. 271-80; Trans. of "La signification du Phallus. Die Bedeutung des Phallus," in *Écrits*. By Jacques Lacan (Paris: Seuil, 1966), pp. 685-95.

—— (1959). "On a Question Preliminary to Any Possible Treatment of Psychosis," in *Écrits: A Selection*. Trans. Alan Sheridan (New York: W. W. Norton, 1977), pp. 179-225; in *Écrits: A Selection*. Trans. Bruce Fink (New York: W. W. Norton, 2002), pp. 169-214; Trans. of "D'une question préliminaire à tout traitement possible de la psychose," in *Écrits*. By Jacques Lacan (Paris: Seuil, 1966), pp. 531-83.

—— (1960). "The Subversion of Subject and the Dialectic of Desire in the Freudian Unconscious," in *Écrits: A Selection*. Trans. Bruce Fink (New York: W. W. Norton, 2002), pp. 281-312; Trans. of "Subversion du sujet et dialectique du désir dans l'inconscient freudien," in *Écrits*. By Jacques Lacan (Paris: Seuil, 1966), pp. 793-827.

—— (1961). "The Direction of the Treatment and the Principle of Its Power," in *Écrits: A Selection*. Trans. Bruce Fink (New York: W. W. Norton, 2002), pp. 215-70; Trans. of "La direction de la cure et les principes de son pouvoir," in *Écrits*. By Jacques Lacan (Paris: Seuil, 1966), pp. 585-45.

——. *The Seminar of Jacques Lacan, Book III: The Psychoses, 1955-56*. Ed. Jacques-Alain Miller. Trans. Russell Grigg (New York: W. W. Norton, 1993).

—— (1964). *The Seminar of Jacques Lacan, Book XI: The Four Fundamental Concepts of Psycho-Analysis*. Ed. Jacques-Alain Miller. Trans. Alan Sheridan (New York: W. W. Norton, 1998); Trans. of *Le séminaire de Jacques Lacan, Livre XI: Les quatre concepts fondamentaux de la psychanalyse*. Texte établi par Jacques-Alain Miller (Paris: Seuil, 1973).

Langton, Marcia. *'Well, I heard it on the radio and I saw it on the television...': An Essay for the Australian Film Commission on the Politics and Aesthetics of Filmmaking by and about Aboriginal People and Things* (North Sydney: Australian Film Commission, 1993).

Laplanche, Jean. *Life and Death in Psychoanalysis*. Trans. Jeffrrey Mehlan (Baltimore: Johns Hopkins University Press, 1976.

Lawrence, D. H. (1923). *Kangaroo* (Harmondsworth: Penguin, 1950).

Leader, Darian. "The Gender Question," in *Freud's Footnotes* (London: Faber, 2000), pp. 120-52.

Leung, Ping-kwan (梁秉鈞). "Urban Cinema and the Cultural Identity of Hong Kong," in *The Cinema of Hong Kong: History, Arts, Identity*. Ed. Poshek Fu and David Desser (Cambridge, U. K.; New York, N. Y.: Cambridge University Press, 2000), pp. 227-51.

Lichtheim, George. *The Concept of Ideology and Other Essays* (New York: Vintage Books, 1967).

Lukács, Georg (1923). *History and Class Consciousness*. Trans. Rondey Livingstone (London: Merlin Press, 1968).

——. "Narrate or Describe?" in *Writer and Critic*. Ed. and trans. Arthur D. Kahn (London: Merlin, 1970), pp. 110-48.

Lyons, Arthur. *Death on the Cheap: The Lost B Movies of Film Noir* (New York: Da Capo Press, 2000).

Lyotard, Jean François. *The Postmodern Condition: A Report on Knowledge*. Trans. Geoff Bennington and Brian Massumi (Minneapolis: University of Minnesota Press, 1984).

——. "The Sublime and the Avant-Garde," in *The Lyotard Reader*. Ed. Andrew Benjamin. Oxford: Basic Blackwell, 1989), pp. 196-211.

——. *Lessons on the Analytic of the Sublime*. Trans. Elizabeth Rottenberg (Stanford, Calif.: Stanford University Press, 1994).

MacCabe, Colin ed. *The Talking Cure: Essays in Psychoanalysis and Language* (New York: St. Martin's, 1981).

Mackie, Jamie. "Foreword," in *The Yellow Lady: Australian Impressions of Asia*. By Alison Broinowski (Melbourne: Oxford University Press, 1992), pp. v-vii.

Malouf, David. *Remembering Babylon* (London: Chatto & Windus, 1993).

Marini, Marcelle. *Jacques Lacan: The French Context*. Trans. Anne Tomiche (New Brunswick, N. J.: Rutgers University Press, 1992).

Markus, Andrew. *Fear and Hatred: Purifying Australia and California 1850-1901* (Sydney: Hale & Iremonger, 1979).

Martin, Adrian. "At the Edge of the Cut: The 'Hong Kong Style' in Contemporary World Cinema," in *Hong Kong Connections: Transnational Imagination in Action Cinema*. Ed. Meaghan Morris (Durham: Duke University Press, 2006), pp.175-88.

Marx, Karl. *Capital: A Critique of Political Economy*. Vol. I. Trans. Ben Fowkes (New York: Penguin, 1990).

McGowan, Todd and Sheila Kunkle. "Introduction: Lacanian Psychoanalysis and Film Theory," in *Lacan and Contemporary Film*. Ed. Todd McGowan and Sheila Kunkle (New York: Other, 2004), pp. xi-xxix.

Melville, Herman. *Moby Dick* (London and Glasgow: Collins, 1953).

Metz, Christian. *Language and Cinema*. Trans. Donna Jean Umiker-Sebeok (The Hague: Mouton, 1974).

——. *Film Language: A Semiotics of Cinema*. Trans. Michael Taylor (New York: Oxford University Press, 1974).

——. *The Imaginary Signifier: Psychoanalysis and the Cinema*. Trans. Celia Britton et. al. (Bloomington: Indiana University Press, 1982).

Mishra, Vijay. "'The Centre Cannot Hold': Bailey, Indian Culture and the Sublime," *South Asia* (New Series) 12. 1 (1989): 103-14.

Mishra, Vijay. *The Gothic Sublime* (Albany, N. Y.: SUNY Press, 1994).

Morris, Meaghan. "Tooth and Claw: Tales of Survival and *Crocodile Dundee*," in *The Pirate's Fiancée: Feminism, Reading, Postmodernism* (London; New York: Verso, 1988), pp. 241-69.

——. "Banality in Cultural Studies," in *Logics of Television*. Ed. Patricia Mellencamp (Bloomington: Indiana University Press, 1990), pp. 14-43.

——. "'On the Beach'," in *Cultural Studies*. Ed. Lawrence Grossberg, Cary Nelson and Paula Treichler (New York: Routledge, 1992), pp. 450-78.

——. "Fear and the Family Sedan," in *The Politics of Everyday Fear*. Ed. Brian Massumi (Minneapolis: University of Minnesota Press, 1993), pp. 285-305.

——. "White Panic, or Mad Max and the Sublime," in *Trajectories: Inter-Asia Cultural Studies*. Ed. Kuan-Hsing Chen (陳光興) (New York: Routledge, 1998), pp. 239-62.

——. "Globalisation and its Discontents," *Meridian* 17. 2 (2000): 17-29.

——. "'Please explain?': Ignorance, Poverty and the Past," *Inter-Asia Cultural Studies* 1. 2 (August 2000): 219-32.

——. "Globalisation and its Discontents," *Sekai* 686 (2001): 266-78 (Japanese).

——. "Learning from Bruce Lee: Pedagogy and Political Correctness in Martial Arts Cinema," in *Keyframes: Popular Film and Cultural Studies*. Ed. Matthew Tinckcom and Amy Villarejo (New York: Routledge: 2001), pp. 171-86.

——. "Cultural Studies, Critical Theory and the Question of Genre: History in Action Cinema," Unpublished essay, 2004.

——. "The Man from Hong Kong in Sydney, 1975," in *Imagining Australia: Literature and Culture in the New, New World*. Ed. Judith Ryan and Chris Wallace-Crabbe (Cambridge, Mass.: Harvard University Committee on Australian Studies, Distributed by Harvard University Press, 2004), pp. 235-66.

——. "Transnational Imagination in Action Cinema: Hong Kong and the Making of a Global Popular Culture," *Inter-Asia Cultural Studies* 5.2 (August 2004): 181-99.

——. "Participating from a Distance," in *Rogue Flows: Trans-Asian Cultural Traffic*. Ed. Koichi Iwabuchi, Mandy Thomas and Stephen Muecke (Hong Kong: Hong Kong University Press, 2004), pp. 249 -61.

Muecke, Stephen. *Textual Spaces: Aboriginality and Cultural Studies* (Kensington: New South Wales University Press, 1992).

Mulvey, Laura. "Changes: Thoughts on Myth, Narrative and Historical Experience," in *Visual and Other Pleasures* (Bloomington: Indiana University Press, 1989), pp. 159-76.

—— (1975). "Visual Pleasure and Narrative Cinema," in *Visual and Other Pleasures* (Bloomington: Indiana University Press, 1989), pp. 14-26.

Nichols, Bill. "Film Theory and the Revolt against Master Narratives," in *Reinventing Film Studies*. Ed. Christine Gledhill and Linda Williams (London: Arnold, 2000), pp. 34-52.

Nobus, Dany. "The Punning of Reason: On the Strange Case of Dr Jacques L...," *Angelaki: Journal of the Theoretical Humanities* 9.1 (April 2004): 189-201.

O' Regan, Tom. "The Enchantment with Cinema: Film in the 1980s," in *The Australian Screen*. Ed. Albert Moran and Tom O' Regan (Ringwood and Harmondsworth: Penguin Books, 1989), pp. 118-45.

Olson, Scott Robert. "The Culture Factory," in *Hollywood Planet: Global Media and the Competitive Advantage of Narrative Transparency* (Mahwah, N. J.; London: Lawrence Erlbaum, 1999), pp. 65-86.

Orwell, George. "Politics and the English Language," in *A Collection of Essays* (Garden City, N. Y.: Doubleday, 1954), pp. 166-77.

Otto, Peter. "Forgetting Colonialism (David Malouf, *Remembering Babylon*)," *Meanjin* 52.3 (1993): 545-58.

Pasolini, Pier Paolo. "Appendix: Quips on the Cinema," in *Heretical Empiricism*. Ed. Louise K. Barnett. Trans. Ben Lawton and Louise K. Barnett (Bloomington: Indiana University Press, 1988), pp. 231-32.

Patai, Daphne and Will H. Corral ed. *Theory's Empire: An Anthology of Dissent* (New York: Columbia University Press, 2005).

Penley, Constance. "Time Travel, Primal Scene, and the Critical Dystopia," *Camera Obscura* 15 (1986): 67-84.

Perera, Suvendrini. "Representation Wars: Malaysia, *Embassy*, and Australia's Corps Diplomatique," in *Australian Cultural Studies: A Reader*. Ed. John Frow and Meaghan Morris (Sydney and Chicago: Allen & Unwin and University of Illinois Press, 1993), pp. 15-29.

Petro, Patrice ed. *Fugitive Images: From Photography to Video* (Bloomington: Indiana University Press, 1995).

Ricoeur, Paul. *Freud and Philosophy: An Essay on Interpretation*. Trans. Denis Savage (New Haven: Yale University Press, 1970).

Pickering, Michael. *History, Experience and Cultural Studies* (New York: St. Martin's Press; Houndmils, Basingstoke: Macmillan Press, 1997).

Pope, Alexander (1728). "ΠΕΡΙ ΒΑθΟΥΣ or, The Art of Sinking in Poetry," in *Selected Prose of Alexander Pope*. Ed. Paul Hammond (Cambridge, U. K.; New York, N. Y.: Cambridge University Press, 1987), pp. 170-212.

Pringle, Rosemary. "Octavius Beale and the Ideology of the Birthrate: The Royal Commissions of 1904 and 1905," *Refractory Girl* 3 (Winter 1973): 19-27.

Rayns, Tony. "In the Mood for Edinburgh: Wong Kar-Wai Talks about His Most Difficult Film-Making Experience with Tony Rayns," *Sight and Sound* 10.8 (August 2000): 14-19.

Reynolds, Henry. *The Other Side of the Frontier: Aboriginal Resistance to the European Invasion of Australia* (Ringwood and Harmondsworth: Penguin Books, 1982).

Rose, Jacqueline (1975). "The Imaginary," in *The Talking Cure: Essays in Psychoanalysis and Language*. Ed. Colin MacCabe (New York: St. Martin's, 1981), pp. 132-61.

—— (1976). "Paranoia and the Film System," *Screen: The Journal of the Society for Education in Film and Television* 17.4 (Winter 1976-1977): 85-104.

Russell, Bertrand. *History of Western Philosophy* (London: Allen & Unwin, 1946).

Said, Edward W. *Orientalism* (New York: Random House, 1978).

Samuels, Robert. *Hitchcock Bi-Textuality: Lacan, Feminisms, and Queer Theory* (Albany: State University of New York Press, 1998).

Sartre, Jean-Paul. *Being and Nothingness: A Phenomenological Essay on Ontology*. Trans. Hazel E. Barnes (New York: Philosophical Library, 1956).

Saussure, Ferdinanad de. *Course in General Linguistics*. Ed. Charles Bally and Albert Sechehaye in collaboration with Albert Reidlinger. Trans. with an introduction and notes by Wade Baskin (New York: McGraw-Hill, 1966).

——. *Course in General Linguistics*. Intro. Jonathan Culler. Ed. Charles Bally and Albert Sechehaye in collaboration with Albert Reindlinger. Trans. Wade Baskin (Glasgow: Collins, 1974).

Sedgwick, Eve Kosofsky. *Epistemology of the Closet* (Berkeley: University of California Press, 1990).

Sek Kei (石琪). "Achievement and Crisis in the '80s'," *Bright Lights Film Journal* 13, http://www.brightlightsfilm.com/31/hk_achievement3.html.

Sen, Krishna. *Indonesian Cinema* (London; New Jersey: Zed Books, 1994).

Shepherdson, Charles. "Lacan and Philosophy," in *The Cambridge Companion to Lacan.* Ed. Jean-Michel Rabaté (Cambridge, U. K.; New York, N. Y.: Cambridge University Press, 2003), pp. 116-52.

Shohat, Ella and Robert Stam ed. *Unthinking Eurocentrism: Multiculturalism and the Media* (New York: Routledge, 1994).

Silverman, Kaja. *The Acoustic Mirror: The Female Voice in Psychoanalysis and Cinema* (Bloomington: Indiana University Press, 1988).

——. "The Lacanian Phallus," *Differences* 4.1 (Spring 1992): 84-115.

——. *The Threshold of the Visible World* (New York: Routledge, 1996).

——. "The Milky Way," in *World Spectators* (Stanford, Calif.: Stanford University Press, 2000), pp. 101-25.

Simpson, David. *Romanticism, Nationalism, and the Revolt Against Theory* (Chicago: University of Chicago Press, 1993).

Smith, Bernard. *European Vision and the South Pacific 1968-1850* (Oxford: Oxford University Press, 1960).

Sobchack, Vivian ed. *The Persistence of History: Cinema, Television, and the Modern Event* (New York: Routledge, 1996).

Soler, Colette. "Hysteria and Obsession," in *Reading Seminars I and II: Lacan's Return to Freud.* Ed. Richard Feldstein, Bruce Fink and Maire Jaanus (Albany: State University of New York Press, 1996), pp. 248-82.

Spivak, Gayatri Chakravorty. "Can the Subaltern Speak?" in *Marxism and the Interpretation of Culture.* Ed. Cary Nelson and Lawrence Grossberg (Urbana: University of Illinois Press, 1988), pp. 271-313.

Steedman, Carolyn. "Culture, Cultural Studies, and the Historians," in *Cultural Studies.* Ed. Lawrence Grossberg, Cary Nelson and Paula Treichler (New York: Routledge, 1992), pp. 613-22.

Stratton, Jon. "What Made *Mad Max* Popular?" *Art & Text* 9 (Autumn 1983): 37-56.

Summers, Anne. *Damned Whores and God's Police: The Colonisation of Women in Australia* (Harmondsworth and Ringwood: Penguin Books, 1975).

Teo, Stephen (李櫂桃). *Hong Kong Cinema: The Extra Dimensions* (London: British Film Institute, 1997).

Tesson, Charles. "L'Asie majeure," *Cahiers du cinéma* 553 (Jan 2001): 5.

Thompson, Christina. "Romance Australia: Love in Australian Literature of Exploration," *Australian Literary Studies* 13.2 (1987): 161-71.

Tinkcom, Matthew and Amy Villarejo ed. *Keyframes: Popular Film and Cultural Studies* (New York: Routledge, 2001).

Vidler, Anthony. "Notes on The Sublime: From Neoclassicism to Postmodernism," *Canon: The Princeton Architectural Journal* 3 (1990): 165-91.

Vidler, Anthony. *The Architectural Uncanny: Essays in the Modern Unhomely* (Cambridge, Mass.; London: MIT, 1992).

Walker, David. "White Peril," *Australian Book Review* (September 1995): 33.

Weiskel, Thomas. *The Romantic Sublime: Studies in the Structure and Psychology of Transcendence* (Baltimore: Johns Hopkins University Press, 1976).

Willemen, Paul. "The National," in *Looks and Frictions: Essays in Cultural Studies and Film Theory* (Bloomington: Indiana University Press; London: British Film Institute, 1994), pp. 206-19.

Williams, Linda. *Hard Core: Power, Pleasure, and the "Frenzy of the Visible"* (Berkeley: University of California Press, 1989).

Yaeger, Patricia. "Toward a Female Sublime," in *Gender and Theory: Dialogues on Feminist Criticism* (Oxford: Basic Blackwell, 1989), pp. 191-212.

Yau, Esther C. M. ed. *At Full Speed: Hong Kong Cinema in a Borderless World* (Minneapolis: University of Minnesota Press, 2001).

Yoshimoto, Mitsuhiro. *Kurosawa: Film Studies and Japanese Cinema* (Durham: Duke University Press, 2000).

Young, Robert J. C. *Postcolonialism: An Historical Introduction* (Oxford; Malden, Mass.: Basic Blackwell, 2001).

Žižek Slavoj. *The Sublime Object of Ideology* (London; New York: Verso, 1989).

三、中文部分

1.

《香港電影回顧專題：跨界的香港電影》（香港：康樂及文化事務署，2000）。

余英時，《中國近代思想史上的胡適》（台北：聯經，1984）。

陳其南，〈台灣地理空間想像的變貌與後現代人文地理學——一個初步探索〉
（上），《師大地理研究報告》第30期（1999年5月），頁175-219。

陶傑，〈大團圓的張藝謀〉，《明報》（北美版），2001年1月8日，B14。

劉以鬯，《對倒》（香港：獲益，2000）。

劉慧卿，〈導讀／朵拉的夢、歇斯底里和其他〉，收入佛洛依德（Sigmund
Freud）著，劉慧卿譯，《朵拉：歇斯底里案例分析的片斷》（*Fragment of
an Analysis of A Case of Hysteria*）（台北：心靈工坊文化，2004），頁19-68。

潘國良，〈《花樣年華》與《對倒》〉，《明報》（北美版），2000年10月28
日，22。

汪峰作詞、作曲，〈瓦解〉，收入「鮑家街四十三號」樂團，《鮑家街四十三
號》（台北：駿驊實業，2000，SKC-CR033）。

2.

大衛・哈維（Harvey, David）著，王志弘譯，〈時空之間——關於地理學想像
的省思〉（"Between Space and Time: Reflections on the Geographical
Imagination"），收入夏鑄九、王志弘編譯，《空間的文化形式與社會理論
讀本》（台北：明文，2002），頁47-79。

周蕾（Chow, Rey）著，孫紹誼譯，《原初的激情：視覺、性慾、民族志與當
代中國電影》（*Primitive Passions: Visuality, Sexuality, Ethnography, and
Contemporary Chinese Cinema*）（台北：遠流，2001）。

尚・拉普朗虛（Jean Laplance）、尚—柏騰・彭大歷斯（Jean-Bertrand Pontalis）
著，沈志中、王文基譯，《精神分析辭彙》（*Vocabulaire de la Psychanalyse*）
（台北：行人，2000）。

阿勒克西・德・托克維爾（Alexis de Tocquerville）著，秦修明、湯新楣、李宜
培譯，《民主在美國》（*Democracy in America*）（台北：貓頭鷹，2000）。

馬克思（Marx, Karl）著，〈路易・波拿巴的霧月十八〉（"The Eighteenth

Brumaire of Louis Bonaparte"），收入馬克思和恩格斯（Friedrich Engels）著，中共中央馬克思、恩格斯、列寧、史達林著作編譯局編譯，《馬克思恩格斯選集》第1冊（北京：人民，1995，第2版），頁579-689。

馬克思（Marx, Karl）和恩格斯（Friedrich Engels）著，《德意志意識形態》（"The German Ideology"）（節選），收入馬克思和恩格斯著，中共中央馬克思、恩格斯、列寧、史達林著作編譯局編譯，《馬克思恩格斯選集》第1冊（北京：人民，1995，第2版），頁62-135。

作者簡介 （依本書篇章順序排列）

劉紀蕙

輔仁大學英語系畢業，美國伊利諾大學比較文學博士。曾任輔仁大學英文系主任、比較文學研究所所長，國立交通大學社會與文化研究所所長，文化研究學會理事長。現職國立交通大學社會與文化研究所教授、新興文化研究中心主任。主要研究領域：文化研究、台灣文學、現代主義與現代性、精神分析與文化理論、跨藝術研究。著有《文學與藝術八論：互文‧對位‧文化詮釋》、《孤兒‧女神‧負面書寫：文化符號的徵狀式閱讀》、《文學與電影：影像‧真實‧文化批評》、《心的變異：現代性的精神形式》。

周蕾（Rey Chow）

出生於香港，香港大學影視研究與比較文學系學士、美國史丹佛大學現代思想與文學系碩、博士。曾任美國明尼蘇達大學現代文學系助理教授、加州大學英語與比較文學系副教授、教授，現任布朗大學Andrew W. Mellon人文學講座教授。專長領域：現代中國文學、當代女性主義理論、中國電影、後殖民理論、文化研究。主要著作：*Woman and Chinese Modernity: The Politics of Reading Between West and East, Writing Diaspora: Tactics of Intervention in Contemporary Cultural Studies, Primitive Passions: Visuality, Sexuality, Ethnography, and Contemporary*

Chinese Cinema, Ethics after Idealism: Theory, Culture, Ethnicity, Reading, The Protestant Ethnic and the Spirit of Capitalism。

林文淇

國立中央大學英美語文學系畢業，美國紐約州立大學石溪分校比較文學博士。現任國立中央大學英美語文學系教授。專長領域：電影研究、後現代主義、文化理論、文學理論、華語電影。編有《戲戀人生：侯孝賢電影研究》（與沈曉茵、李振亞合編）。

張小虹

國立台灣大學外國語文學系畢業，美國密西根大學英美文學博士。現任國立台灣大學外國語文學系教授。專長領域：女性主義理論與文學、性別與同志研究、文化研究、後殖民理論與文學。著有《後現代／女人》、《性別越界》、《自戀女人》、《慾望新地圖》、《性帝國主義》、《情慾微物論》、《怪胎家庭羅曼史》、《絕對衣性戀》、《在百貨公司遇見狼》、《感覺結構》、《膚淺》等。編有《性／別研究讀本》。

墨美姬（Meaghan Morris）

1950年出生於澳洲新南威爾斯，為澳洲重要之文化研究學者。雪梨科技大學博士畢業。曾任澳洲研究委員會（Australian Research Council）資深研究員。現任香港嶺南大學文化研究學系教授兼所長。專長領域：電影與媒體、歷史文化研究、性別研究、國族與全球化、澳洲與亞太流行文化。主要著作：*Too Soon Too Late : History in Popular Culture, Australian Cultural Studies: A Reader* 等。

丁乃非

美國加州大學柏克萊分校比較文學系畢業，比較文學碩士、博士。現任國立中央大學英美語文學系教授。專長領域：文化研究、性別研究，著有 *Obscene Things: The Sexual Politics in Jin Ping Mei*。

蔡明發

新加坡國立大學社會學及亞洲研究所教授。專長領域：文化社會學、政治社會學、都市規畫、族群認同等。著有 *Public housing and Political Legitimacy: Stakeholding in Singapore, Communitarian Ideology and Democracy in Singapore*，以及編著 *Consumption in Asia: Lifestyles and Identities, Singapore Studies II: Critical Surveys of the Humanities and Social Sciences*。

卡佳・絲爾薇曼（Kaja Silverman）

1970 年畢業於美國加州大學聖塔巴巴拉校區英文系，1972 年獲英美文學碩士學位，1977 年獲美國布朗大學博士學位。曾經先後在耶魯大學、Trinity College、Simon Fraser University、布朗大學、University of Rochester 任教。現任加州柏克萊大學修辭學與電影研究教授。她的理論取向偏近精神分析、現象學、後結構主義理論與女性主義理論。

林建國

國立台灣師範大學英語學系畢業，國立清華大學文學碩士，美國羅徹斯特大學比較文學博士。現任國立交通大學外國語文學系暨語言與文化研究所副教授。專長領域：當代文學理論、電影理論。

譯者簡介 （依本書篇章順序排列）

林建國

國立台灣師範大學英語學系畢業，國立清華大學文學碩士，美國羅徹斯特大學比較文學博士。現任國立交通大學外國語文學系暨語言與文化研究所副教授。

蔡秀枝

國立台灣大學外國文學研究所博士。現任國立台灣大學外國語文學系副教授。

賀淑瑋

輔仁大學比較文學研究所博士。現任國立清華大學外國語文學系兼任助理教授。

蔣淑貞

美國羅徹斯特大學比較文學博士。現任國立交通大學外國語文學系暨社會與文化研究所副教授。

林秀玲

美國芝加哥大學比較文學博士。現任國立台灣師範大學英語學系助

理教授。

楊芳枝

美國伊利諾州香檳分校語藝傳播博士。現任國立東華大學英美語文
學系助理教授。

陳怜縈

國立東華大學創作與英語文學研究所碩士。

陳衍秀

陳衍秀。國立交通大學語言與文化研究所碩士。現任書林出版公司
編輯。

劉紀蕙

輔仁大學英語系畢業，美國伊利諾大學比較文學博士。曾任輔仁大
學英文系主任、比較文學研究所所長，國立交通大學社會與文化研
究所所長，文化研究學會理事長。現職國立交通大學社會與文化研
究所教授、新興文化研究中心主任。

索引

國家圖書館出版品預行編目資料

文化的視覺系統 II：日常生活與大眾文化＝
Visual Culture and Critical Theory II: Everyday
Life and Popular Culture／劉紀蕙主編.－－初
版.－－臺北市：麥田出版：家庭傳媒城邦
分公司發行, 2006 [民95]
　　面；　公分.－－（麥田講堂；3）
參考書目：面
含索引
ISBN　978-986-173-091-2（平裝）

1. 文化 － 論文, 講詞等

541.207　　　　　　　　　　95009961

麥田出版

城邦文化事業股份有限公司
100台北市中正區信義路二段213號11樓
電話：（02）2351-7776　傳真：（02）2351-9179、2351-6320
發行／英屬蓋曼群島商家庭傳媒股份有限公司城邦分公司
104台北市中山區民生東路二段141號2樓
劃撥帳號：19863813　書虫股份有限公司

【麥田人文】

RH1022	德・才・色・權：論中國古代女性	劉詠聰／著	NT$360
RH1023	左翼台灣：殖民地文學運動史論	陳芳明／著	NT$260
RH1024	殖民地台灣：左翼政治運動史論	陳芳明／著	NT$260
RH1025	如何現代，怎樣文學？： 十九、二十世紀中文小說新論	王德威／著	NT$380
RH1026	告別革命：二十世紀中國對談錄	李澤厚、 劉再復／著	NT$360
RH1027	書寫台灣：文學史、後殖民、後現代	周英雄等／編	NT$400
RH1028	閱讀張愛玲：張愛玲國際研討會論文集	楊澤／編	NT$450
RH1029	史元：十九世紀歐洲的歷史意象（上）	劉世安／譯	NT$300
RH1030	史元：十九世紀歐洲的歷史意象（下）	劉世安／譯	NT$300
RH1031	兩種聲音的回憶	胡洪慶／譯	NT$240
RH1032	德勒茲論傅柯	楊凱麟／譯	NT$300
RH1033	戲戀人生：侯孝賢電影研究	林文淇等／編	NT$350
RH1035	從酷兒空間到教育空間	何春蕤／編	NT$350
RH1036	性／別政治與主題形構	何春蕤／編	NT$300
RH1037	中國現代學術之建立： 以章太炎、胡適之為中心	陳平原／著	NT$420
RH1039	歷史、女性與性別政治：重讀張愛玲	林幸謙／著	NT$380
RH1040	當代小說與集體記憶：敘述文革	許子東／著	NT$320
RH1041	銘刻與再現：華裔美國文學與文化論集	單德興／著	NT$380
RH1042	性別論述與台灣小說	梅家玲／編	NT$380
RH1043	走過關鍵十年（上）	杜正勝／著	NT$220
RH1044	走過關鍵十年（下）	杜正勝／著	NT$220
RH1045	文學香港與李碧華	陳國球／編	NT$240
RH1046	神話與意義	楊德睿／譯	NT$140
RH1047	他者之域：文化身分與再現策略	劉紀蕙／編	NT$420
RH1048	對話與交流： 當代中外作家、批評家訪談錄	單德興／著	NT$360
RH1049	沉默之子：論當代小說	嚴韻／譯	NT$380

RH1050	書寫與拼圖：台灣文學傳播現象研究	林淇瀁／著	NT$250
RH1051	後殖民台灣：文學史論及其周邊	陳芳明／著	NT$320
RH1052	布赫迪厄論電視	林志明／譯	NT$200
RH1053	眾聲喧嘩以後：點評當代中文小說	王德威／著	NT$380
RH1054	行動者的歸來：後工業社會中的社會理論	舒詩偉等／譯	NT$320
RH1055	布赫迪厄社會學的第一課	孫智綺／譯	NT$220
RH1056	眾裡尋她：台灣女性小說縱論	范銘如／著	NT$220
RH1057	防火牆：抵擋新自由主義的入侵	孫智綺／譯	NT$200
RH1058	南洋論述：馬華文學與文化屬性	張錦忠／著	NT$280
RH1059	謊言或真理的技藝：當代中文小說論集	黃錦樹／著	NT$460
RH1060	被壓抑的現代性：晚清小說新論	王德威／著	NT$480
RH1061	伊斯蘭	王建平／譯	NT$240
RH1062	基督宗教	孫尚揚／譯	NT$200
RH1063	猶太教	周偉馳／譯	NT$200
RH1064	佛教	張志強／譯	NT$200
RH1065	印度教	張志強／譯	NT$200
RH1066	道教	劉笑敢／著	NT$160
RH1067	儒教	杜維明／著	NT$220
RH1068	跨世紀風華：當代小說20家	王德威／著	NT$380
RH1069	認識薩依德：一個批判的導論	邱彥彬／譯	NT$360
RH1070	地方知識：詮釋人類學論文集	楊德睿／譯	NT$380
RH1071	文化全球化	吳錫德／譯	NT$240
RH1072	波灣戰爭不曾發生	黃建宏、邱德亮／譯	NT$180
RH1073	西洋情色文學史	賴守正／譯	NT$680
RH1074	重讀石頭記：《紅樓夢》裡的情欲與虛構	余國藩／著	NT$480
RH1075	以火攻火：催生一個歐洲社會運動	孫智綺／譯	NT$220
RH1077	通識人文十一講	馮品佳／主編	NT$320
RH1078	媒體操控	江麗美／譯	NT$200

RH1102	文本風景：自我與空間的相互定義	鄭毓瑜／著	NT$350
RH1103	成為「日本人」：殖民地臺灣與認同政治	鄭力軒／譯	NT$340
RH1104	中國文學的美感	柯慶明／著	NT$450
RH1105	傅柯考	何乏筆、楊凱麟、龔卓軍／譯	NT$250
RH1106	髒話文化史	嚴韻／譯	NT$360
RH1107	文與魂與體：論現代中國性	黃錦樹／著	NT$420
RH1108	德勒茲論文學	李育霖／譯	NT$380
RH1109	並行與弔詭：薩依德與巴倫波因對談錄	吳家恆／譯	NT$280

【文史台灣】

RH6001	後殖民及其外	邱貴芬／著	NT$300
RH6002	殖民地摩登：現代性與台灣史觀	陳芳明／著	NT$380
RH6003	展示臺灣：權力、空間與殖民統治的形象表述	呂紹理／著	NT$420
RH6004	後現代與後殖民：解嚴以來台灣小說專論	劉亮雅／著	NT$350
RH6005	芳香的祕教：性別、愛欲、自傳書寫論述	周芬伶／著	即將出版
RH6006	聖與魔：台灣戰後小說的心靈圖像（1950～2006）	周芬伶／著	即將出版
RH6007	「同化」的同床異夢：日治時期臺灣的語言政策、近代化與認同	陳培豐／著	即將出版

【麥田講堂】

RH8001	想像的本邦：現代文學十五論	王德威等／編	NT$380
RH8002	文化的視覺系統 I：帝國—亞洲—主體性	劉紀蕙／主編	NT$420
RH8003	文化的視覺系統 II：日常生活與大眾文化	劉紀蕙／主編	NT$350
RH8004	文化啟蒙與知識生產：跨領域的視野	梅家玲／主編	NT$360

Rye Field Publications
A division of Cité Publishing Ltd.

廣　告　回　函
北區郵政管理局登記證
台北廣字第000791號
免　貼　郵　票

英屬蓋曼群島商
家庭傳媒股份有限公司城邦分公司
104　台北市民生東路二段 141 號 2 樓

▼
請沿虛線折下裝訂，謝謝！

文學・歷史・人文・軍事・生活

讀者回函卡

謝謝您購買我們出版的書。請將讀者回函卡填好寄回，我們將不定期寄上城邦集團最新的出版資訊。

姓名：＿＿＿＿＿＿＿＿　　電子信箱：＿＿＿＿＿＿＿＿

聯絡地址：□□□ ＿＿＿＿＿＿＿＿＿＿＿＿＿＿

電話：（公）＿＿＿＿＿＿＿＿ 分機 ＿＿＿（宅）＿＿＿＿＿＿

身分證字號：＿＿＿＿＿＿＿＿＿＿＿＿（此即您的讀者編號）

生日：＿＿年＿＿月＿＿日　性別：□男 □女

職業：□軍警 □公教 □學生 □傳播業 □製造業 □金融業 □資訊業 □銷售業
　　　□其他 ＿＿＿＿＿＿＿＿＿＿＿＿＿＿

教育程度：□碩士及以上 □大學 □專科 □高中 □國中及以下

購買方式：□書店 □郵購 □其他 ＿＿＿＿＿＿＿＿＿＿

喜歡閱讀的種類：（可複選）

□文學 □商業 □軍事 □歷史 □旅遊 □藝術 □科學 □推理 □傳記

□生活、勵志 □教育、心理 □其他 ＿＿＿＿＿＿＿＿＿＿

您從何處得知本書的消息？（可複選）

□書店 □報章雜誌 □廣播 □電視 □書訊 □親友 □其他 ＿＿＿＿

本書優點：（可複選）

□內容符合期待 □文筆流暢 □具實用性 □版面、圖片、字體安排適當

□其他 ＿＿＿＿＿＿＿＿＿＿＿＿＿＿＿＿

本書缺點：（可複選）

□內容不符合期待 □文筆欠佳 □內容保守 □版面、圖片、字體安排不易閱讀

□價格偏高 □其他 ＿＿＿＿＿＿＿＿＿＿＿＿

您對我們的建議：＿＿＿＿＿＿＿＿＿＿＿＿＿＿＿
＿＿＿＿＿＿＿＿＿＿＿＿＿＿＿＿＿＿＿＿＿＿
＿＿＿＿＿＿＿＿＿＿＿＿＿＿＿＿＿＿＿＿＿＿